SERMÕES
sobre
Homens
da Bíblia

Novo Testamento

SERMÕES
sobre
Homens
da Bíblia

◆━━━━◆━ ◆═◆═◆ ━◆━━━━◆

Novo Testamento

C. H. SPURGEON

Originally published in English under the title
Sermons on Men of the New Testament, by Charles Haddon Spurgeon
© 2016 Hendrickson Publishers Marketing, LLC
Peabody, Massachusetts 01961-3473 U.S.A.

Coordenação editorial: Adolfo A. Hickmann
Tradução: Djonisio de Castilho
Revisão: Marília Pessanha Lara, Lozane Winter, Rita Rosário
Coordenação gráfica: Audrey Novac Ribeiro
Projeto gráfico e capa: Rebeka Werner

Dados Internacionais de Catalogação na Publicação (CIP)

> Spurgeon, Charles Haddon, 1834–92.
> *Sermões sobre Homens da Bíblia — Novo Testamento*
> Tradução: Djonisio de Castilho – Curitiba/PR, Publicações Pão Diário.
> Título original: *Sermons on Men of the New Testament*
> 1. Sermões 2. Novo Testamento 3. Vida cristã 4. Bíblia

Proibida a reprodução total ou parcial sem prévia autorização, por escrito, da editora.
Todos os direitos reservados e protegidos pela Lei 9.610, de 19/02/1998.
Permissão para reprodução: permissao@paodiario.com

Exceto quando indicado o contrário, os trechos bíblicos mencionados são da edição Revista e Atualizada de João F. de Almeida © 2009 Sociedade Bíblica do Brasil.

Publicações Pão Diário
Caixa Postal 4190,
82501-970 Curitiba/PR, Brasil
publicacoes@paodiario.org
www.publicacoespaodiario.com.br
Telefone: (41) 3257-4028

Código: UF213
ISBN: 978-65-5350-109-6

1.ª edição: 2022

Impresso no Brasil

SUMÁRIO

Apresentação à edição em português 9
Prefácio 11

1. João Batista: o desatar das correias
   de Suas sandálias 15
2. Mateus: um homem chamado Mateus 41
3. Simeão: *Nunc dimittis* 63
4. João: o discípulo a quem Jesus amava 89
5. André: utilidade do dia a dia 115
6. Natanael: debaixo da figueira 141
7. Tomé: "Senhor meu e Deus meu!" 167
8. Zaqueu: Jesus precisa? 193
9. José de Arimateia 213
10. Simão de Cirene: vindo do campo
    e forçado a servir 239
11. Dimas: o ladrão moribundo
    sob uma nova perspectiva 263
12. Estêvão: sua morte 289
13. Paulo: um modelo de conversão 315
14. Onésimo: a história de um escravo fugitivo 341

Índice de versículos-chave 367

*Em memória de Patrícia Klein (1949–2014),
nossa colega e amiga, que dedicou sua vida
com desvelo às palavras e editou esta série.
Ela realmente faz muita falta!*

APRESENTAÇÃO À EDIÇÃO EM PORTUGUÊS

Charles Haddon Spurgeon, o "Príncipe dos pregadores", foi sem dúvida um dos maiores evangelistas do século 19. O legado de fé que ele deixou, seu entendimento e amor pelas Escrituras são claramente perceptíveis por meio de sua vida, suas obras e exemplo de serviço a Deus.

Spurgeon ministrava e cria na Palavra de Deus, a Palavra viva e eficaz capaz de transformar mente e coração. Poder desfrutar de suas abordagens bíblicas, tais como as que estão dispostas neste livro, é um verdadeiro presente e refrigério em uma época quando a Palavra de Deus está sendo reduzida a formatos superficiais. Assim, com maestria, ele consegue discorrer sobre a aplicabilidade da mensagem bíblica a partir de exemplos de personagens, buscando, com isso, levar o leitor a experimentar a eficácia dessa Palavra em sua vida pessoal.

Cada sermão desta coletânea foi reunido dentre os inúmeros sermões ministrados por Spurgeon, ao longo de seu ministério, para compor a proposta de *Sermões sobre Homens da Bíblia — Novo Testamento*. Assim, o leitor perceberá que o número e as datas indicadas são diferenciados, uma vez que eles não foram planejados para seguir uma sequência.

Algo fascinante sobre estes *Sermões sobre Homens da Bíblia — Novo Testamento* é a forma como Spurgeon busca aproximar seus ouvintes da experiência desses homens com Deus. Ele os apresenta de forma singular, ao mesmo tempo em que, por sua abordagem, inspira e desafia seu público à mesma postura que eles tiveram em Deus e para Ele.

Nesta edição, em português, optou-se por indicar as referências bíblicas a fim de diferenciá-las dentre os diálogos e as inferências que Spurgeon faz ao longo de cada sermão. Os textos apresentam uma linguagem mais contemporânea, contudo as características históricas do texto original foram preservadas, bem como termos e lugares comuns à época do autor, tendo em vista também que são sermões ministrados em datas específicas. Outro aspecto importante desta edição é a inclusão de notas explicativas a fim de facilitar a compreensão contextual cada vez que Spurgeon fez referência à cultura geral, a livros cristãos e a pessoas que ajudaram a construir a história eclesiástica.

O leitor poderá constatar que, apesar de pregados há tanto tempo, estes sermões são para os dias atuais, pois abordam com propriedade a condição do homem sem Deus: perdido e sem salvação. Os apelos de Spurgeon a crentes e incrédulos são comoventes diante de uma sociedade que não vive em conformidade com as verdades e maravilhas da Palavra de Deus nem caminha em retidão pelas Suas veredas de justiça.

Spurgeon foi um homem notável, nos diversos papéis que exerceu, durante sua jornada deste lado da eternidade. Seu ministério testifica de sua intimidade com Deus e com as Escrituras. Ele vivenciou a graça em seus pormenores e, em sua dedicação ao Senhor, investiu tudo o que era e tinha em compartilhá-la com outros.

Seja você um dos abençoados por estas palavras, semeadas por Spurgeon, sob a inspiração Espírito Santo que também as regará em seu coração. Que Deus lhe proporcione o crescimento dela de cem por um em sua vida!

—dos editores

PREFÁCIO

Charles Haddon Spurgeon
(1834–92)

Pergunte à maioria das pessoas hoje quem foi Charles Haddon Spurgeon e você pode se surpreender com as respostas. Muitos sabem que ele foi um pregador, outros lembram que ele era batista, e outros ainda conseguem até mesmo lembrar que ele viveu em Londres durante o século 19. Tudo isso é verdade, no entanto, Charles Spurgeon foi muito mais.

Nascido em uma família de congregacionalistas, em 1834, o pai e o avô de Spurgeon eram, ambos, pregadores independentes. Essas designações parecem propícias atualmente, mas, em meados do século 19, elas descreviam uma família comprometida com os Não-conformistas — ou seja, eles não se conformavam à estabelecida Igreja da Inglaterra. Spurgeon cresceu em um vilarejo rural, um local praticamente isolado da Revolução Industrial, que se difundia na maior parte da Inglaterra.

Spurgeon converteu-se ao cristianismo em uma reunião na Igreja Metodista Primitiva, em 1850, aos 16 anos. Logo tornou-se batista (para infelicidade de sua mãe) e, quase imediatamente, começou a pregar. Considerado um pregador prodígio — "o surpreendente garoto do brejo" — Spurgeon atraía grandes públicos e conquistou uma reputação que se estendia desde todo o interior até Londres. Como consequência desse grande sucesso, Spurgeon foi convidado para pregar na Capela de *New Park Street*, em Londres, em 1854, quando tinha apenas 19 anos. Quando pregou nessa igreja pela primeira vez, não foram ocupados nem 200 assentos. Em apenas um ano, todos os 1.200 assentos estavam tomados, chegando até mesmo a exceder a capacidade de lotação. A seguir, ele começou a pregar em locais cada vez maiores e cada um deles ia se tornando pequeno, até que, finalmente, em 1861, o *Metropolitan Tabernacle* foi concluído, onde acomodavam-se 6.000 pessoas. Essa seria a base de Spurgeon por todo o restante de seu ministério, até sua morte, em 1892, aos 57 anos.

Spurgeon casou-se com Susannah Thompson em 1856 e, sem demora, tiveram filhos gêmeos, Charles e Thomas, que mais tarde seguiriam os passos de seu pai em seu trabalho. Spurgeon abriu a *Faculdade para Pastores*, uma escola de treinamento para pregadores, a qual capacitou mais de 900 pregadores enquanto ele viveu. Abriu ainda orfanatos para meninos e meninas desfavorecidos, provendo educação para cada um deles. Ele e Susannah também desenvolveram um programa para publicar e distribuir literatura cristã. Diz-se que ele pregou para mais de 10 milhões de pessoas durante os 40 anos de seu ministério. Seus sermões vendiam mais de 25 mil cópias, semanalmente, e foram traduzidos para 20 idiomas. Spurgeon era grandemente comprometido com a propagação do evangelho por meio da pregação e da palavra escrita.

Durante sua vida, a Revolução Industrial transformou a Inglaterra de sociedade rural e agrícola em uma sociedade urbana e industrializada, com todas as consequentes dificuldades e horrores de uma grande transição social. As pessoas que se deslocaram por conta dessas extensas mudanças — operários nas fábricas e proprietários de lojas — tornaram-se a congregação de Spurgeon. Ele mesmo era proveniente de um pequeno vilarejo e fora transferido para uma cidade grande e inóspita e, por isso, era um homem comum e compreendia, de forma inata, as necessidades espirituais das pessoas comuns. Era um comunicador que transmitia a mensagem do evangelho de forma muito convincente, que falava com brilhantismo às profundas necessidades das pessoas, e os ouvintes acolhiam sua mensagem.

É importante ressaltar que Spurgeon pregava em dias anteriores à existência de microfones ou alto-falantes. Em outras palavras, ele pregava sem o benefício dos sistemas amplificadores. Certa vez, pregou para uma multidão de mais de 23 mil pessoas sem qualquer amplificação mecânica. Ele mesmo era a presença eletrizante na plataforma: não apenas se colocava em pé e lia um sermão elaborado. Usava um esboço, desenvolvendo seus temas espontaneamente e falando "em linguagem comum a pessoas comuns". Seus sermões eram repletos de histórias e poesia, drama e emoção. Ele era impressionante, sempre em movimento, caminhando de um lado para o outro na plataforma. Gesticulava bastante, encenava as histórias, usava humor e trazia vida às palavras. Para Spurgeon, pregar era comunicar a verdade de Deus, e ele usava todo e qualquer talento a seu dispor para realizar essa tarefa.

A pregação de Spurgeon se ancorou em sua vida espiritual, uma vida rica em oração e estudo das Escrituras. Não se deixava influenciar por modismos, fossem eles tecnológicos, sociais ou políticos. A Palavra de Deus era a pedra angular de sua vida e homilética. Era, principalmente, um pregador expositivo, que explorava a passagem bíblica por seu significado dentro do texto, e na vida de cada um dos membros de sua congregação. Para Spurgeon, as Escrituras eram vivas e relevantes para a vida das pessoas, independentemente do status social, situação econômica ou época em que viviam.

Tem-se a sensação de que Spurgeon acolheu completamente a revelação divina: a revelação de Deus por intermédio de Jesus Cristo, por meio das Escrituras e de suas próprias orações e estudos. Para ele, a revelação não era um ato concluído: Deus ainda se revela, se a pessoa se colocar à disposição. Alguns reconhecem Spurgeon como místico, alguém que desejava e almejava explorar os mistérios de Deus, capaz de viver com aquelas porções da verdade que não se conformam com um sistema da teologia em particular, perfeitamente confortável em afirmar: "Disto eu sei; sobre isto não sei, mesmo assim crerei".

Cada um dos sermões nesta coleção foi pregado num momento diferente no ministério de Spurgeon; cada um deles tem características distintas. Estes sermões não formam uma série, uma vez que não foram criados nem planejados para serem sequenciais. Tampouco foram homogeneizados ou editados a fim de soar como se seguissem todos um estilo específico. Em vez disso, eles refletem o próprio pregador, permitindo que a voz desse homem admirável soe claramente à medida que o leitor é conduzido, em um relato em particular ou evento em especial, para experenciar, com Spurgeon, a peculiar revelação divina.

Ouça, à medida que lê. Estas palavras têm a intenção de serem ouvidas, não apenas lidas. Ouça cuidadosamente e você escutará a cadência destas pregações notáveis, os ecos das verdades divinas atemporais que trespassam os tempos. Acima de tudo, usufrua do entusiasmo de Spurgeon, seu fervor, sua devoção, seu zelo, a fim de reconhecer e responder ao convite sempre presente que Deus lhe faz para que você se relacione com o seu Criador.

1

JOÃO BATISTA: O DESATAR DAS CORREIAS DE SUAS SANDÁLIAS [1]

Mas vem o que é mais poderoso do que eu, do qual não sou digno de desatar-lhe as correias das sandálias. —Lucas 3:16

Não era ofício de João cercar-se de seguidores, mas sim direcioná-los a Jesus, e ele cumpriu fielmente sua missão. A opinião dele sobre o seu Mestre, de quem era o arauto, foi muito elevada: reverenciou-o como o ungido do Senhor, como o Rei de Israel; consequentemente, ele não foi tentado a elevar-se como um rival. Ele se deleitou em declarar: "Convém que Ele cresça e que eu diminua" (Jo 3:30). Ao abrir mão de exaltar-se a si mesmo, João Batista usa a referida expressão que foi registrada em cada um dos evangelhos, com algumas

---

[1] Sermão nº 1044, ministrado na manhã de domingo, dia do Senhor, 31 de março de 1872, no *Metropolitan Tabernacle*, Newington.

pequenas variações. Mateus diz assim: "...cujas sandálias não sou digno de levar" (Mt 3:11). João não era digno de carregar as sandálias do seu Senhor. Marcos escreve: "...do qual não sou digno de, curvando-me, desatar-lhe as correias das sandálias" (Mc 1:7); e João expressa isso da mesma maneira que Lucas. Esse ato de calçar as sandálias, tirá-las e guardá-las era uma tarefa que normalmente cabia ao servo mais insignificante; não era uma tarefa que proporcionava qualquer reputação ou honra; no entanto, o Batista sentiu que seria uma grande honra ser um servo humilde do Senhor Jesus. Ele compreendia que o Filho de Deus era infinitamente superior a ele, e, portanto, João seria honrado se apenas lhe fosse permitido ser o mais humilde escravo ao Seu serviço. Ele não permitiria que os homens fizessem comparações entre Jesus e ele. João não consentiria com isso, nem mesmo por um instante. Agora, essa consideração honesta de si mesmo, como menos do que nada comparado ao seu Mestre, deve ser rigorosamente imitada por nós. João deve ser elogiado e admirado por sua atitude, mas melhor ainda: ele deve ser cuidadosamente imitado.

Lembre-se de que João não era, de modo algum, um homem inferior. Entre todos os nascidos de mulher, antes de seu tempo, não houve outro maior que ele[2]. João foi o assunto de muitas profecias, e sua tarefa era peculiarmente nobre: era amigo do grande Noivo, e o apresentou à Sua noiva escolhida. João era a estrela da manhã do dia do evangelho, mas ele não se considerava uma luz na presença do Sol da Justiça o qual ele anunciava. O temperamento de João não era o que se arquejava ou se encolhia; não era um caniço agitado pelo

---

[2] Conforme Lucas 7:28.

vento; ele não era um homem de hábitos corteses apropriados ao palácio do rei. Não! Vemos nele um Elias, um homem de ferro, um filho do trovão; ele rugia como um jovem leão sobre sua presa, e não temia a presença de ninguém. Alguns indivíduos são tão naturalmente domesticados de espírito, para não dizer "de mente fraca", que naturalmente se tornam subservientes e constituem outros como seus líderes. Tais indivíduos estão aptos a errar, ao se diminuírem. Mas João era um homem em toda a sua plenitude; sua grande alma apenas se curvava àquilo que era digno de honra; ele era, na força de Deus, como uma coluna de ferro e como uma parede de bronze, um herói pela causa do Senhor. Mesmo assim, ele se sentou na presença de Jesus, como uma criancinha se senta na escola, aos pés de seu professor, e exclamou: "...do qual não sou digno de, curvando-me, desatar-lhe as correias das sandálias" (Mc 1:7).

Além disso, lembre-se de que João era um homem dotado de grandes habilidades, suficientes o bastante para tornar uma pessoa arrogante. Ele foi profeta, sim, e mais do que um profeta. Quando ele apareceu pregando no deserto, sua eloquência ardente logo atraiu o povo de Jerusalém e de todas as cidades vizinhas, e as margens do Jordão viram uma vasta multidão de ouvintes ansiosos ao redor do homem que usava vestes de pele de camelo[3]. Milhares de pessoas se reuniram para ouvir os ensinamentos de alguém que não havia sido criado aos pés dos rabinos, nem tinha sido instruído em eloquência, à maneira das escolas. João era um homem de discurso

---

[3] Conforme Mateus 3:4-5.

corajoso, simples, eloquente e convincente; ele não era um mentor irrelevante, mas um mestre em Israel. Mesmo assim, ele não evocava ares de grandeza; ao contrário: considerava que o lugar mais baixo no serviço do Senhor seria muito alto para ele. Perceba, também, que ele não era apenas um grande pregador, mas obteve grande sucesso, não apenas em atrair as multidões, mas também em batizá-las. A nação inteira sentiu os efeitos do ministério de João e sabia que ele era um profeta: eles foram balançados, de um lado para o outro, por suas palavras confrontadoras, da mesma forma que o milho do outono é movido pelo sopro do vento.

Quando um homem sente que tem poder sobre a multidão de seus semelhantes, ele fica muito propenso a se exaltar e se enaltecer demasiadamente, mas não João. Ele era fidedigno para o Senhor confiar a ele tão extraordinária popularidade e grande sucesso, pois embora tivesse todas essas honras, ele humildemente as colocava aos pés de Jesus e dizia: "Não sou digno nem mesmo de ser o mais irrelevante dos escravos na casa do Messias".

Recorde-se também que João era um líder religioso e que tinha a oportunidade, se quisesse, de se tornar o líder de uma poderosa seita. As pessoas estavam evidentemente dispostas a segui-lo. Sem dúvida, havia alguns que não teriam seguido o próprio Cristo se João não tivesse pedido que eles fizessem isso, se não tivesse testemunhado: "Eis o Cordeiro de Deus…" (Jo 1:29), e confessado repetidas vezes, dizendo: "Eu não sou o Cristo" (Jo 1:20). Lemos sobre algumas pessoas que, anos após a morte de João Batista, ainda eram seus discípulos; portanto, João teve a oportunidade de desviar uma multidão que teria se tornado seus seguidores e, assim, exaltado seu nome entre os homens. Porém, ele desprezou isso; sua elevada visão acerca de seu Mestre o impediu de nutrir qualquer desejo de liderança pessoal; e, colocando-se não no lugar de um capitão dos anfitriões do Senhor, mas como um dos soldados mais rasos do exército, afirmou: "do qual não sou digno de desatar-lhe as correias das sandálias" (Lc 3:16).

Você já refletiu sobre qual foi o motivo que levou João a manter-se na posição que lhe cabia? Não era porque ele tinha grande consideração por seu Mestre, e profunda reverência por Ele? Ah, irmãos, por causa de nossa escassa consideração por Cristo, é perigoso para o Senhor nos confiar qualquer outra posição senão as mais inferiores. Eu acredito que muitos de nós poderíamos ter sido dez vezes mais úteis; porém, simplesmente não seria seguro para Deus permitir que assim fosse; seríamos presunçosos e, como Nabucodonosor, teríamos nos gabado, dizendo: "Não é esta a grande Babilônia que eu edifiquei..." (Dn 4:30). Muitos homens tiveram de lutar na retaguarda, mas serviram limitadamente ao seu Senhor e desfrutaram de um ligeiro sucesso, visto que não deram a Cristo suficiente reverência, não amaram seu Senhor o bastante; consequentemente, o ego foi entronizado furtivamente para a sua própria ruína, para aflição da Igreja e para a desonra de seu Senhor. Ó, quão elevados pensamentos de Cristo, e pobres pensamentos nossos! Ó, que vejamos Jesus preenchendo tudo, em todas as coisas, e que sejamos menos que nada perante Ele!

Tendo assim introduzido tal assunto, nosso objetivo, nesta manhã, é extrair ensinamentos da expressão que João mencionou aqui e em outras passagens, em relação a si mesmo e a seu Senhor: "do qual não sou digno de desatar-lhe as correias das sandálias".

Percebo, a partir disso, primeiro, que *nenhum serviço sagrado deve ser feito de maneira leviana*; segundo, que *nossa indignidade é evidente diante de qualquer tipo de obra sagrada*; terceiro, que essa *nossa indignidade, quanto mais profundamente sentida, deve nos estimular, em vez de nos desanimar*; pois, sem dúvida, assim ocorreu no caso de João Batista.

1. Então, observe primeiro *que nenhum serviço sagrado deve ser feito de maneira leviana.*

Desatar as correias das sandálias de Cristo pode parecer muito trivial; pode até dar a impressão de que implica na perda do respeito próprio por um homem de posição e influência, ao se rebaixar para executar funções que um servo poderia muito bem desempenhar. Por que eu deveria me sujeitar a fazer isso? Eu aprenderei de Cristo; distribuirei pão à multidão por Cristo; terei meu barco preparado, à beira-mar, para que Cristo possa pregar, ou buscarei o jumentinho no qual Ele montará entrando triunfantemente em Jerusalém; mas que necessidade há para o discípulo se tornar um mero criado? Uma questão como essa fica aqui silenciada para sempre, e o espírito que a dita é, praticamente, censurado. Não há nada de desonroso em um ato pelo qual Jesus é honrado. Nada deprecia um homem cujas ações honram o seu Senhor. Não é possível que qualquer obra piedosa esteja abaixo de nossa dignidade; portanto, devemos compreender que o menor grau de serviço confere dignidade ao homem que o executa de todo coração. Mesmo a forma mais insignificante e incompreensível de servir Cristo é mais elevada e sublime do que somos dignos de empreender.

Agora observe que as pequenas obras realizadas para Cristo, como calçar as sandálias e desatar as correias delas, geralmente *contêm mais da essência de filiação nelas do que em obras maiores*. Na rua, alguém fará uma gentileza a outrem, e a ação realizada é amigável; mas atos filiais você deve encontrar dentro de casa. Lá o filho não empresta dinheiro para o pai, nem faz negócios com ele, mas nos pequenos atos que realiza revela sua identidade de filho. Quem sai ao encontro do pai no fim do dia? E qual é a ação que quase sempre demonstra o amor infantil? Veja a criança cambaleando com os chinelos do pai e correndo com suas botas assim que o pai as descalça. O serviço é pequeno, mas é amoroso e genuíno, e tem mais afeto do filho do que o ato do servo que traz a comida, que arruma a cama ou que executa qualquer outra tarefa mais essencial. Esses atos concedem à criança grande satisfação e expressam seu amor ao pai. Ninguém que não seja meu filho ou que não me ame da mesma forma jamais sonharia em executar tal serviço com tanto contentamento. A pequenez do ato o adapta à capacidade da criança, e há algo nele que o torna uma expressão apropriada do afeto de uma criança. Assim, é o mesmo com as pequenas ações realizadas por Jesus. Muitas vezes, os homens do mundo ofertam seu dinheiro para a causa de Cristo, dando grandes somas para caridade ou missões, mas são incapazes de chorar secretamente pelos pecados de outros homens, ou de expressar uma palavra de conforto para um irmão desolado. Visitar uma pobre mulher doente, ensinar uma criança, resgatar um estranho, orar pelos inimigos ou sussurrar uma promessa aos ouvidos de algum santo abatido pode manifestar mais da filiação do que construir uma fileira de casas de amparo aos pobres ou fazer uma doação para uma igreja.

Nas menores ações feitas para Cristo é bom sempre lembrar que *é tão necessário fazer as pequenas coisas quanto as obras maiores*. Se os pés de Cristo não forem lavados, se Suas sandálias não forem desatadas, Ele pode sofrer, e Seus pés ficarem feridos, de modo que Sua jornada seja encurtada e muitas aldeias sejam privadas da bênção de Sua presença. O mesmo acontece com outras coisas de menor importância. Há tanta necessidade de intercessões silenciosas dos santos como da pregação pública da verdade de Deus diante de milhares de pessoas reunidas. É tão necessário que as crianças sejam instruídas em seus cânticos quanto monarcas sejam repreendidos pelo pecado. Lembramos a velha história de como a batalha foi perdida devido à ausência de um único prego em uma ferradura, e, talvez, até agora a Igreja possa ter perdido sua batalha por Cristo porque algum trabalho menor que deveria ter sido feito para Jesus foi negligenciado. Eu não ficaria surpreso se descobrisse que muitas igrejas não desfrutaram da prosperidade porquanto, embora tenham dado ouvidos ao ministério público e às ordenanças visíveis, foram negligentes em alguma tarefa secundária. Muitas carruagens quebram devido à falta de atenção ao eixo. Um pequeno deslize faz com que a flecha se desvie do alvo. Ensinar uma criança a cantar: Jesus gentil[4] e orientar seu coração juvenil ao Redentor pode parecer insignificante, mas também pode ser uma parte

---

[4] Tradução livre do título do hino *Gentle Jesus*, de Charles Wesley (1707–88).

extremamente essencial, no processo desse trabalho gracioso de uma educação religiosa, pela qual a criança mais tarde se tornará alguém crente em Cristo, um ministro e um ganhador de almas. Omita essa primeira lição, e talvez você tenha contribuído para desviar uma vida.

Veja outro exemplo. Certa vez, um pregador se viu convocado a ministrar em um vilarejo isolado; a tempestade era terrível e, embora o pregador tenha mantido seu compromisso, ele descobriu que apenas uma pessoa havia comparecido ao local da reunião. Ele pregou para aquele ouvinte um sermão tão ousado como se o recinto estivesse lotado. Anos mais tarde, ele soube que havia novas igrejas em todo o distrito, e descobriu que seu único ouvinte naquele dia tinha se convertido e se tornado o evangelista de toda aquela região. Se o pregador tivesse se recusado a ministrar apenas para uma pessoa, quantas bênçãos teriam sido retidas.

Irmãos, nunca deixem de desatar as correias das sandálias de Cristo, pois vocês não sabem o que pode resultar disso. O destino humano muitas vezes gira em uma dobradiça tão pequena que é quase invisível. Nunca diga a você mesmo: "Isso é insignificante" — para o Senhor, não há nada que seja considerado insignificante. Nunca diga: "Mas isso certamente poderia ser deixado de lado sem grandes perdas". Como você poderia saber? Ora, se esse é seu dever, Aquele que lhe atribuiu tal tarefa sabia o que estava fazendo. Não negligencie, de forma alguma, qualquer porção das ordens de Deus, nem mesmo um jota ou til, pois, em todos os Seus mandamentos, há perfeita sabedoria, e seria sensato de sua parte obedecê-los fielmente.

Além disso, as pequenas coisas feitas para Cristo *costumam ser as melhores provas da verdade de nossa religião*. Obediência nas coisas menores tem muito a ver com o caráter de um servo. Se você contratar uma empregada para cuidar de sua casa, você sabe muito bem se ela é uma boa ou uma má empregada com base no fato de que as principais atribuições do dia serão cumpridas: a comida será cozida, as camas serão arrumadas, a casa será varrida e a porta será atendida. Mas a diferença entre uma empregada que é a felicidade do lar e outra que é como uma praga, está numa série de pequenos detalhes que não podem ser, porventura, colocados em uma folha de papel, mas que, em grande parte, constituem conforto ou desconforto doméstico e que, portanto, determinam a essência de uma empregada. O mesmo acontece, creio eu, na vida cristã; não suponho que a maioria de nós omitiria as questões mais importantes da lei; como cristãos, esforçamo-nos para manter a integridade e justiça em nossas ações e procuramos gerir nossas casas no temor do Senhor, na maioria dos assuntos. Mas é mantendo os olhos postos em Deus que o espírito de obediência se manifesta melhor, nos pequenos detalhes; é quando mantemos nosso olhar voltado para o Senhor, da mesma forma como os olhos das servas olham atentamente para sua patroa sobre as ordens do que deve ser feito diariamente. O espírito verdadeiramente obediente deseja saber a vontade de Deus, em qualquer assunto, e mesmo em questões que parecem insignificantes para o mundo, pelo mesmo motivo, o espírito obediente diz: "Obedecerei a este assunto para mostrar ao meu Senhor que, mesmo nos pequenos detalhes, desejo submeter minha alma à Sua vontade". Nos pequenos detalhes, revelam-se as verdadeiras intenções. Qualquer hipócrita pode assistir aos cultos de adoração, mas nem todos irão às reuniões de oração, ou lerão a Bíblia em segredo, ou conversarão com outros santos sobre as verdades de Deus. Essas coisas são menores, julgam eles; por isso, ignoram-nas e caem na condenação.

Onde a fé é profunda, a oração é amada; onde a fé é superficial, a atenção é dada apenas aos atos públicos de adoração. Você encontrará essa mesma verdade em relação a outras coisas. É muito provável que uma pessoa que não seja cristã não lhe dirá que o branco seja preto; mas, sem hesitar, irá declarar que bege é branco — a pessoa irá nessa direção. Mas o cristão não iria metade do caminho da falsidade; de fato, ele se recusaria a avançar até mesmo um centímetro nessa estrada. Uma vez que ele não trairia você com duas mil libras esterlinas, também não o trairia com míseros dois centavos. Ele não tira um centímetro ou um metro se não for sua propriedade. O caráter de um cristão genuíno é evidente, mesmo no pouco; o selo do ourives é minúsculo, mas é por ele que a prata legítima é reconhecida. Há uma grande diferença entre aquele que carrega as sandálias de Cristo de bom grado e aquele que nunca se rebaixará a nada que considere inferior ao seu nível.

Até mesmo um fariseu pode convidar Cristo a sua casa para um jantar; ele está disposto a dividir a mesa com um grande líder religioso; mas nem todo mundo vai se abaixar para desatar as correias das sandálias do Senhor, porque o mesmo fariseu que ofereceu o banquete não lhe trouxe água para lavar os pés de Jesus, nem lhe deu um beijo de boas-vindas; ao esquecer os pequenos detalhes, tornou evidente a falta de sinceridade de sua hospitalidade. E estou inclinado a pensar que Marta e Maria nunca se esqueceram de desatar as correias das sandálias do Mestre e que Lázaro nunca permitiu que os pés de Jesus ficassem sujos. Então, como cristãos a serviço de

Cristo, eu rogo para que vocês prestem atenção às coisas que não brilham, a tudo o que não recebe o reconhecimento dos homens, às coisas que aparentemente não têm honra alguma, pois nesses detalhes o amor de vocês será provado.

Observe também que, em relação às pequenas tarefas, quase sempre *há um certo grau de comunhão pessoal com Cristo nelas, e que isso não é percebido nas tarefas maiores*. Por exemplo, naquele que está diante de nós, desatar as correias de Suas sandálias me coloca em contato com Ele, mesmo que seja apenas para tocar Seus pés; e eu creio que, se eu tivesse que escolher entre sair para expulsar demônios, pregar o evangelho e curar os enfermos, ou ficar ao Seu lado e sempre desatar as correias de Suas sandálias, eu preferiria esta última opção. Judas fez a primeira parte: ele saiu com os doze e viu Satanás cair do Céu como um raio, mas ele pereceu visto que negligenciou os pequenos atos que nos colocam em contato direto com o Senhor; Judas sendo o tesoureiro de Cristo, revelou ser um ladrão; beijando Cristo, legitimou-se como um traidor. Mas a pessoa íntegra é aquela que não negligencia aquilo que a relaciona pessoalmente com Cristo: ela evidencia a retidão do coração. Nunca houve ação maior, debaixo das estrelas, do que quando a mulher quebrou o frasco de alabastro com um perfume fino e o derramou sobre Jesus; embora os pobres não se beneficiaram e nenhum doente foi curado com isso, esse ato foi realizado exclusivamente para Jesus e, portanto, tinha uma doçura peculiar. Muitas vezes, há ações semelhantes que não afetam os outros, porque as desconhecem; e pode ser que essas ações não tenham grande valor para ninguém e sejam consideradas insignificantes. Mas se forem feitas para Cristo, tem um encanto peculiar, pois se encerram em Sua bendita pessoa. A verdade é que se trata de apenas desatar as correias das sandálias; mas são as sandálias de Jesus, e isso enobrece tal ação.

Queridos irmãos, vocês sabem o que quero dizer, embora eu não possa expressar isso em uma linguagem mais clara nesta manhã. O que quero dizer é que se houver algo pequeno que eu possa fazer por Cristo, mesmo que meu pastor não saiba, mesmo que os diáconos e os presbíteros não percebam, mesmo que ninguém repare, e se eu não o fizesse mais ninguém sofreria qualquer calamidade por isso; mas se eu o fizer, será do agrado do meu Senhor, e terei prazer em tê-lo feito por Ele; portanto, ficarei atento para fazê-lo, pois, se for para Ele, não é algo insignificante.

Mais uma vez, observe também, a respeito daquelas ações graciosas que quase ninguém estima, mas sabemos que *Deus aceita nossa adoração nas pequenas coisas*. Ele permitiu que Seu povo trouxesse bois, outros trouxessem carneiros como oferta; e, nesses casos, é porque eram pessoas abastadas o suficiente para oferecer um sacrifício de seu gado ou rebanho; mas Deus também permitiu que os pobres oferecessem um par de rolinhas ou dois pombinhos; e, em nenhum lugar da Palavra de Deus, encontrei que a oferta das duas rolinhas agradasse menos a Deus do que o sacrifício de um boi. Também sei com certeza que nosso bendito Senhor, quando viveu na Terra, amava os louvores das crianças. Elas não trouxeram ouro nem prata como os sábios do Oriente, mas exclamavam "Hosana", e o Senhor não se aborrecia com suas hosanas, mas aceitava seus louvores infantis. E lembramos que uma viúva que lançou no gazofilácio duas pequenas moedas[5] que

---
[5] Conforme Marcos 12:42-43.

somavam apenas alguns centavos; mas como era todo o seu sustento, Jesus não rejeitou a oferta; pelo contrário, registrou aquele ato para a honra e memória daquela viúva. Estamos acostumados a ouvir sobre esse acontecimento; mas, por tudo isso, é muito maravilhoso. Duas pequenas moedas de pouco valor monetário, mas de imensurável valor ao Deus infinito! Alguns centavos aceitos pelo Rei dos reis! Alguns centavos reconhecidos por aquele que criou os Céus e a Terra, e que declarou: "Se eu tivesse fome, não lhes diria, pois sou dono do gado nos milhares de colinas"[6]. Duas moedas recebidas com satisfação pelo Senhor de tudo! Foi como derramar uma gota d'água no oceano, mas para o Senhor não era pouco. Portanto, não mensure as pequenas ações segundo as medidas e critérios humanos, mas avalie-as como Deus o faz, pois o Senhor considera o coração de Seu povo; Deus não pesa tanto as ações em si, mas os motivos por trás delas. Portanto, valorize a tarefa de desatar as correias das sandálias do Senhor e não despreze "...o dia dos humildes começos..." (Zc 4:10).

2. Agora, irmãos e irmãs, neste segundo ponto, desejo levá-los a considerar a *nossa própria indignidade*, que certamente sentiremos quando praticarmos qualquer serviço cristão verdadeiro.

Acredito que, em geral, a pessoa que não faz absolutamente nada conserva uma alta consideração sobre si mesma. Você pode perceber que normalmente os críticos mais afiados são

---

[6] Aqui Spurgeon fez um recorte do Salmo 50:10,12 e trabalhou a ordem dos versículos de forma invertida (12,10). A citação no texto é da versão bíblica NVT.

aqueles que nunca escrevem; e que os mais severos juízes de batalhas são aqueles que mantêm uma distância segura das armas. Os cristãos do tipo "luvas de pelica", que jamais ousam tentar salvar almas, têm uma rapidez maravilhosa para nos dizer quando somos muito austeros ou muito serenos em nossa fala; e eles detectam facilmente se nosso modo de agir é inconstante ou muito entusiasmado. Têm um faro muito aguçado para detectar qualquer fanatismo ou desordem. De minha parte, sinto-me bastante seguro quando conto com a censura desses senhores; pois não estamos demasiadamente errados quando eles nos condenam. Assim que alguém começa a trabalhar arduamente para o Senhor Jesus, rapidamente perceberá que é indigno de ocupar até o lugar mais irrelevante, a serviço de alguém tão glorioso. Vamos considerar esse fato por um momento.

Queridos irmãos e irmãs, quando nos lembramos de quem éramos, tenho certeza de que nos sentimos indignos de fazer o menor dos serviços para Cristo. Vocês sabem como Paulo descreve a maldade de alguns de seus adversários, e ele acrescenta: "Tais fostes alguns de vós…" (1Co 6:11). Quanta dureza de coração alguns de nós tínhamos para com Deus! Quanta rebelião! Quanta obstinação! Quanto apagamento de Seu Espírito! E quanto amor pelo pecado! Mas se eu me curvar para desatar as correias das sandálias daquele que foi crucificado por mim, umedecerei a marca do prego com minhas lágrimas e direi: "Meu Salvador, seria-me permitido sempre tocar em Seus pés?". Certamente, o filho pródigo, se alguma vez desatou as correias das sandálias de seu pai, poderia dizer: "Essas mãos alimentavam os porcos, essas mãos muitas vezes ficavam manchadas de prostituição; eu vivia na impureza e fui primeiro um animal festeiro e, depois, cuidava dos porcos; e é um amor maravilhoso que me permite agora servir a um tão bondoso pai". Os anjos do Céu invejam a pessoa a quem é permitido executar as tarefas mais humildes para Cristo, embora eles nunca tenham pecado. Ó, que grande favor temos, que depois de sermos contaminados pelo pecado, somos chamados a servir ao Salvador em quem não há pecado!

Mas, então, outra reflexão nos sobrevém: precisamos *lembrar o que somos e o que éramos*. Eu digo "o que somos", pois embora tenhamos sido lavados no sangue de Jesus e recebido um coração limpo e um espírito reto, somos como uma flecha torta, pois a corrupção habita em nós. Às vezes, é difícil manter até mesmo um pouco de fé; somos tão inconstantes[7], tão instáveis, tão quentes, tão frios, tão convictos e, então, tão negligentes: somos tudo, exceto o que devemos ser, de modo que podemos nos maravilhar de que Cristo nos permita fazer o menor trabalho para Ele. Se Ele nos colocasse na prisão e nos mantivesse lá, enquanto não nos executasse, e sem nos dar o que realmente merecemos, ainda assim estaria nos tratando com misericórdia. No entanto, Ele nos chama para fora da prisão e nos coloca a Seu serviço; por isso, devemos sentir-nos indignos de realizar até mesmo as tarefas mais simples em Sua casa.

Além disso, amados, até mesmo *as tarefas que consideramos pequenas requerem uma disposição de coração melhor do que costumamos ter*. Tenho certeza de que a tarefa de pregar o evangelho aqui apresenta minha própria indignidade muito

---

[7] Conforme Tiago 1:8.

mais do que eu poderia ver de outra forma. Se é pela graça que podemos ver nosso pecado, agradeço a Deus por pregar o evangelho, pois me faz ver minha própria condição. Às vezes, pregamos sobre Jesus Cristo e queremos glorificá-lo, mas sem fervor no coração, e não damos ao Senhor o Seu justo valor; e embora o texto do qual estamos pregando o coloque no trono mais alto, o nosso coração não o faz.

Ó, então pensamos que poderíamos arrancar nosso coração para remover todas aquelas manchas de depravação que nos impedem de viver plenamente em união com a gloriosa verdade diante de nossos olhos. Talvez em outras ocasiões tenhamos que fazer um convite ao pecador e tentar conduzi-lo a Cristo, e essa tarefa requer tanta compaixão que, se Cristo estivesse pregando nosso sermão, Ele o regaria com Suas lágrimas. Porém nós ministramos com olhos secos, quase sem emoção; e então açoitamos nosso coração empedernido que não se comove e não pode ser obrigado a sentir.

Acontece exatamente o mesmo em outras tarefas. Você já não pensou: "Tenho que dar minha aula à tarde, mas não estou preparado; fiquei preocupado a semana toda com muitos problemas, e minha mente não está à altura agora para cumprir este dever; desejo amar meu Senhor, mas não estou convicto se o amo ou não. Eu deveria ser sincero com esses meninos e meninas, mas provavelmente não o serei; vou sentar-me e dar minha aula como um papagaio, sem vida, sem amor"? Sim, então, dolorosamente, você reconhece que não é digno de desatar as correias das sandálias do seu Senhor.

É possível que esta tarde você visite um homem em seu leito de morte e você tentará contar a ele sobre o caminho para o Céu. Ele é um incrédulo. Você gostaria de ter uma língua de fogo para falar com ele; em vez disso, sua língua é de gelo. Assim, você diz: "Ó, Senhor, como posso me sentar ao lado daquela cama e pensar naquele pobre homem, que estará nas chamas do inferno, talvez daqui a uma semana, a menos que ele receba Cristo? E, apesar disso, não trato friamente esse tremendo perigo como se fosse um assunto extremamente irrelevante?". Sim, sim, sim, centenas de vezes nos sentimos incapazes de executar qualquer tarefa. Se o Senhor quisesse ajudantes em Sua cozinha, Ele poderia ter encontrado pessoas melhores do que nós; e, se Ele precisasse de alguém para tirar o lixo de Sua casa, Ele poderia ter encontrado homens melhores do que nós para essa tarefa. Diante de um Mestre como Ele, não somos dignos de ser Seus servos.

O mesmo sentimento surge de outra maneira. Não deveríamos confessar, irmãos e irmãs, em vista do que temos feito por Cristo, que, *em nossa conduta, olhamos muito mais para nós mesmos?* Nós escolhemos nosso trabalho, e essa escolha é guiada pelo instinto de respeito próprio. Se somos solicitados a fazer algo que gostamos, nós fazemos. Se formos chamados a participar de uma reunião em que seremos aclamados, ou para realizar um serviço que nos elevará na escala social, ou que nos dará uma opinião melhor aos olhos de outros cristãos, nós o aceitamos prontamente, como um peixe abocanha a isca. Mas suponha que tal tarefa nos traga vergonha; suponha que exponha nossa ineficácia, ao invés de nossa habilidade; nós nos desculpamos e a recusamos. O mesmo sentimento que Moisés experimentou quando o Senhor o chamou está sobre muitos de nós. "Se eu tivesse que falar sobre Cristo", alguém diz, "começaria a gaguejar". Como se Deus não tivesse criado a boca do gago e a boca do eloquente; e como se, ao escolher

Moisés, Deus não soubesse tudo sobre ele. Moisés deve falar por Deus, pois, gaguejando irá glorificá-lo, mas Moisés não gosta disso; e muitos, em casos semelhantes, não tiveram a graça suficiente para realizar o trabalho. Se não posso honrar ao Senhor com dez talentos, vou me recusar a servi-lo com um? Se não posso voar pelos Céus como um anjo com asas poderosas e tocar a trombeta estridente para despertar os mortos, recusarei ser uma abelhinha e colher mel, cumprindo a ordem do Senhor? Só porque eu não posso ser um leviatã, vou me recusar a ser uma formiga? Que loucura e que rebelião se formos tão perversos.

E, se você já realizou alguma obra sagrada, não notou que o orgulho está à espreita? Deus dificilmente permitirá que sejamos bem-sucedidos em todos os trabalhos, pois tendemos a nos tornar arrogantes. "Ó, como fizemos isso bem." Não queremos que ninguém diga: "Isso foi feito de forma muito inteligente, bem-feito, com muito cuidado e dedicação", pois já dizemos tudo isso a nós mesmos, e acrescentamos: "Sim, você foi zeloso sobre esse trabalho; você fez o que muitos não teriam feito e você também não se gabou disso. Você não chamou os vizinhos para ver; você tem feito isso simplesmente por seu amor a Deus; por isso, você é alguém excepcionalmente humilde; ninguém pode dizer que você é orgulhoso". Ai de mim! Ó, que elogio; mas a verdade é que "Enganoso é o coração, mais do que todas as coisas, e desesperadamente corrupto..." (Jr 17:9). Não somos dignos de desatar as correias das sandálias de Jesus porque, se o fizermos, começamos a dizer a nós mesmos: "Como somos eficientes; pois nos foi permitido desatar as correias das sandálias do Senhor". Se não contarmos com grande alegria para o outro, pelo menos dizemos para nós mesmos e sentimos que valemos alguma coisa, que somos alguém e que a nossa boa reputação não é pequena.

Meus irmãos, devemos sentir que não somos dignos de fazer nem mesmo as tarefas mais humildes para Cristo, pois *quando descemos para o nível mais baixo, Jesus sempre vai além, a um nível ainda mais baixo do que fomos*. É algo pequeno carregar Suas sandálias? Então, o que dizemos sobre a atitude do Senhor quando lavou os pés de Seus discípulos? Suportar um irmão mal-humorado, ser gentil com ele, e dizer: "Vou ceder a ele em tudo porque sou cristão", isso é descer para um nível mais baixo; mas nosso Senhor suportou muito mais por nós; Ele foi paciente com a fraqueza de Seu povo e perdoou até setenta vezes sete[8]. E suponha que estejamos dispostos a assumir a posição mais baixa na igreja; mas o Senhor Jesus assumiu uma posição ainda mais baixa porque Ele tomou o lugar da maldição: "Aquele que não conheceu pecado, Ele o fez pecado por nós; para que, nele, fôssemos feitos justiça de Deus" (2Co 5:21). Às vezes, estou disposto a ir às portas do inferno para salvar uma alma; mas o Redentor foi mais longe, pois sofreu a ira de Deus pela humanidade. Se há um cristão tão humilde aqui que não tem pensamentos arrogantes sobre si mesmo, mas prefere ser o último entre seus irmãos, esse desfruta de grande graça; mas saiba, meu querido irmão, que você não chegou a um nível tão baixo quanto Cristo, porque Ele "…a si mesmo se esvaziou…" (Fp 2:7), e você ainda tem algo de si mesmo; Ele, no entanto, assumiu a forma de servo, "tornando-se obediente até à morte e morte de cruz" (v.8). Você não chegou a esse ponto — a morte de um criminoso pendurado no madeiro — e nunca

---

[8] Referência a Mateus 18:22.

chegará a esse nível! Ó, quão profundo e maravilhoso é o amor do Redentor! De agora em diante, observemos o quão baixo podemos chegar lado a lado com o Senhor. Entretanto quando chegarmos ao nosso ponto mais baixo, lembre-se de que Ele vai além, desce ainda mais baixo, para que possamos sentir verdadeiramente que o lugar mais baixo é muito alto para nós, porque Ele ainda foi mais abaixo.

Caros amigos, para colocar tais coisas de maneira prática, pode parecer que falar a uma única pessoa sobre o estado de sua alma é um dever muito pequeno para qualquer um de vocês. Se você fosse convidado para pregar para cem pessoas, você o faria. Assim, peço-lhe solenemente, em nome de Deus, que não permita que o Sol se ponha hoje sem que você tenha falado com um homem ou uma mulher a respeito da situação da alma dele ou dela. Você não o fará? Isso parece pouco para você? Então eu preciso ser claro com você e dizer-lhe que você não é digno de fazê-lo. Fale hoje a um menino sobre a condição da alma dele. Não diga: "Ó, não podemos conversar com as crianças, não podemos nos rebaixar ao nível delas". Que tal pensamento não ocupe nossa mente, pois mesmo que o trabalho seja como o desatar as correias das sandálias do Mestre, devemos fazê-lo. David Brainerd[9], quando estava morrendo e não podia mais pregar aos índios, ensinou um menino indígena que ficava ao lado de sua cama a ler; quando alguém o visitou, Brainerd comentou: "Eu pedi a Deus que não me deixasse viver mais do que pudesse continuar a ser útil; então, já que não posso mais pregar, estou ensinando este humilde menino a ler a Bíblia". Jamais devemos pensar que estamos

---

[9] David Brainerd (1718–47) foi um missionário norte-americano cujo ministério alcançou a vida de índios nos estados de Nova Iorque, Nova Jersey e ao leste da Pensilvânia.

nos rebaixando quando ensinamos crianças; mas, se isso significa nos rebaixar, então vamos nos rebaixar.

Talvez haja alguns aqui que têm a oportunidade de fazer o bem às mulheres de natureza decaída. Você recusaria envolver-se em tal trabalho? Essa é a reação de muitos, pois, acham que podem fazer qualquer coisa, exceto falar com esse tipo de mulher. Por acaso isso não é o desatar as correias das sandálias de seu Mestre? Portanto, é uma tarefa honrosa; experimente, irmão. Não é humilhante se você fizer isso por Jesus; de fato, está mesmo acima do seu melhor, pois você não é digno de fazer isso. Possivelmente, perto da sua casa, há um bairro com gente extremamente carente. Você não gosta de se misturar com eles, pois eles são sujos e talvez tenham infecções e doenças. Bem, é uma pena que os que vivem na miséria quase sempre sejam tão sujos, mas o orgulho é imundo. Você diz: "Não posso ir lá"? Por que não? Você é um cavalheiro tão pomposo que tem medo de sujar as mãos? Agindo assim, você não desatará as correias das sandálias de seu Senhor. O Senhor viveu entre os pobres e era ainda mais pobre do que eles; porque Ele não tinha onde reclinar a cabeça[10]. Ó, que vergonha, servo arrogante e perverso, que tem um Senhor tão amoroso e condescendente! Cumpra o seu dever e desate as correias das Suas sandálias imediatamente! Em vez de pensar que fazer esse ou aquele trabalho por Jesus o humilharia, eu lhe digo, seria uma honra para você. Na verdade, você não é qualificado para fazer isso; essa honra é grande demais para você e recairá sobre a seara de pessoas melhores.

---

[10] Conforme Lucas 9:58.

Amados, tudo se resume a isto: qualquer tarefa que pode ser feita para Cristo é boa demais para nós. Precisa-se de alguém para vigiar a entrada; alguém que queira cuidar das últimas fileiras; alguém para ensinar os ignorantes esfarrapados; alguém para convidar as pessoas a irem ao local de adoração, oferecer-lhes o seu lugar e levantar-se para que outros se sentem. Ora, que assim seja; pois prefiro ser o porteiro da casa do Senhor, ou mesmo o capacho, a ser contado entre os mais nobres nas tendas dos iníquos. Tudo por Jesus, quanto mais baixo melhor; tudo por Jesus, quanto mais humilde melhor; tudo por Jesus. Quanto mais fundo descemos e quanto mais fundo mergulhamos os braços na lama até o cotovelo para encontrar pedras preciosas, quanto mais o fizermos, melhor. Esse é o verdadeiro espírito da religião cristã! Pois não consiste em subir para sentar-se entre os coralistas e cantar em grande estilo; não consiste em vestir as túnicas finas com mangas largas para pregar; não é a realização de cerimônias imponentes e deslumbrantes — tudo isso é próprio da Babilônia. Mas sim em arregaçar as mangas para lutar a batalha por Cristo e sair para estar entre o povo como servo humilde, determinado a resgatar alguém por qualquer meio. É isso que o seu Senhor quer que você faça, visto que nisso consiste o desatar das correias das sandálias dele.

3. E agora, nosso último tópico é o seguinte: *tudo isso deve nos estimular, e não nos desanimar.*

Embora não sejamos dignos de realizar a referida tarefa, é por essa razão que devemos nos apropriar da graça que nos concede a honra de cumprir tal empreendimento. Não diga: "Não sou digno de desatar as correias das sandálias do Senhor, portanto, não vou mais pregar". Ó, não, pelo contrário, vamos pregar com mais fervor. João fez isso e, em sua pregação, ele acrescentou advertências. As pessoas devem ser advertidas quando ministramos a elas. Devem ser informadas sobre o julgamento que vem separar o precioso do vil. Devemos realizar nossa obra de todas as maneiras possíveis, sem omitir as partes mais dolorosas, fazendo tudo o que Deus designou para nós. João foi chamado para dar testemunho de Cristo, ele se sentiu indigno de fazer isso, mas não se esquivou de tal responsabilidade. O tema de toda a sua vida foi anunciar e proclamar: "Vejam, contemplem! 'Eis o Cordeiro de Deus!'"[11]. E ele o fez intensamente; jamais interrompeu o seu apregoar. Ele também se ocupou com o batismo. Era o rito de iniciação da nova dispensação e estava constantemente imergindo aqueles que acreditavam. Nenhum trabalhador foi tão incansável como João Batista. Ele entregou-se com toda sua alma a seu ministério, pois sentiu que não era digno de fazer tal obra.

Irmãos e irmãs: se vocês estiverem ociosos, seu sentimento de indignidade, infelizmente, irá prejudicá-los; mas se o amor de Deus estiver em sua alma, vocês dirão: "Já que, quando eu faço o meu melhor, o resultado é tão imperfeito, farei sempre o melhor que puder. Já que meu trabalho se torna ínfimo, quando faço o melhor que posso, sempre farei o meu máximo". Eu poderia ofertar todo o meu sustento a Jesus e dar a Ele toda minha vida; e, depois, entregar meu corpo para ser queimado[12], mas seria apenas uma pequena retribuição

---

[11] Conforme João 1:36.

[12] Referência a 1 Coríntios 13:3.

por um amor tão admirável, tão divino, como o que tenho experimentado. Portanto, se eu não puder fazer tudo isso, de qualquer maneira, eu darei ao Senhor tudo que eu puder; vou amá-lo em tudo que puder, vou clamar a Ele tanto quanto puder, falarei sobre Ele tudo o que puder e compartilharei Seu evangelho a todos com quem puder; e não haverá tarefa que seja irrelevante demais para eu fazer se a causa de Cristo assim requerer.

Irmãos, a vida de João não foi fácil, pois sua comida era "gafanhotos e mel silvestre" (Mt 3:4); suas vestes não eram macias e finas, como daqueles que vivem em palácios; ele se vestia com peles ásperas de camelo; e assim como sua vida foi bem difícil, sua morte também o foi. Sua coragem o levou a um calabouço; sua fidelidade corajosa rendeu-lhe o martírio. Aqui está um homem que viveu negando a si mesmo e morreu testemunhando a verdade e a justiça; e tudo isso porque tinha o seu Mestre na mais alta estima. Que a nossa estima pelo Senhor cresça e aumente de tal forma que possamos resistir a tudo por Cristo, até mesmo entregar a nossa vida por amor ao Seu nome!

Alguns missionários moravianos, nos antigos tempos da escravidão, foram para uma das ilhas das Índias Ocidentais para pregar, mas descobriram que não lhes era permitido ensinar lá, a menos que eles próprios se tornassem escravos; e assim o fizeram. Eles se venderam como escravos para nunca mais voltar, para que pudessem salvar almas entre os escravos. Ouvimos falar de outros dois homens santos que se submeteram a ser confinados em uma casa de leprosos para salvar almas, entre os enfermos, plenamente conscientes de que nunca mais teriam permissão para sair. Eles foram lá sabendo que seriam infectados com lepra e morreriam; mas, ao fazer isso, eles poderiam salvar almas. Eu li sobre um, Thomé de Jesus[13], que foi para o Norte da África para viver entre os cristãos cativos, e lá ele viveu e morreu como um fora-da-lei e um escravo, a fim de encorajar seus irmãos e pregar sobre Jesus.

Irmãos, jamais alcançamos esse nível de devoção; estamos muito aquém do que Jesus merece. Nós damos a Ele pouquíssimo, damos a Ele apenas o que teríamos vergonha de não dar. Muitas vezes, entregamos nosso zelo a Ele por um ou dois dias; e então nos acalmamos; acordamos, de repente, mas depois voltamos a dormir mais profundamente. Hoje parece que vamos atear fogo no mundo, e amanhã mal mantemos nossas lâmpadas preparadas. Fazemos votos e prometemos que empurraremos a igreja para frente e arrastaremos o mundo atrás de nós; e tão logo nos tornamos como as carruagens de Faraó: sem rodas e arrastando-se pesadamente. Ó, quem dera se tivéssemos uma fagulha do amor de Cristo em nossa alma! Ó, se uma chama viva do altar do Calvário iluminasse todo o nosso ser com entusiasmo divino por Cristo que se entregou por nós para nos dar a vida! A partir deste momento, apropriem-se da intenção solene da sua alma com esta profunda resolução: "Vou desatar as Suas sandálias; procurarei as coisas pequenas, o desprezado, o humilde; e o farei como ao Senhor, e não aos homens[14]. Que Cristo Jesus me aceite como me salvou, pelo Seu precioso sangue". Amém.

---

[13] Religioso português da ordem dos eremitas de Santo Agostinho (1529–82).
[14] Conforme Colossenses 3:23.

2

MATEUS: UM HOMEM CHAMADO MATEUS [15]

Partindo Jesus dali, viu um homem chamado Mateus sentado na coletoria e disse-lhe: Segue-me! Ele se levantou e o seguiu. —Mateus 9:9

Aqui está um pouco de uma autobiografia. Mateus escreveu esse versículo referindo-se a si mesmo. Posso imaginá-lo, com sua tinta e pena, escrevendo o texto do evangelho de sua autoria; mas posso considerar que, quando ele chegou a essa passagem muito pessoal, pôs de lado sua pena, por um momento, e enxugou as lágrimas de seus olhos. Era um incidente de sua própria vida, muito emocionante e inesquecível, e ele o registrou tremendo de emoção. "Partindo Jesus dali, viu um homem chamado Mateus...". O evangelista não poderia dizer mais nada sobre si mesmo senão: "Ele viu um

---

[15] Sermão nº 2493, ministrado na noite de domingo, dia do Senhor, 12 de abril de 1885, no *Metropolitan Tabernacle*, Newington.

homem chamado Mateus sentado na coletoria e disse-lhe: Segue-me! Ele se levantou e o seguiu". Acho que nenhuma outra parte do evangelho de Mateus o tocou mais do que essa pequena porção em que escreveu a história do amor divino por ele, e a maneira como ele mesmo foi chamado para ser discípulo de Cristo.

Percebo uma grande diferença entre a maneira de Mateus registrar seu chamado e o estilo geral de muitos hoje ao falar sobre suas experiências. A pessoa fala com ousadia, empolgação e com um tom de orgulho, gritando que foi o pior dos canalhas de todos os tempos; conta, com grande ostentação, como ele costumava amaldiçoar e proferir palavras torpes; fala como se houvesse algo para se orgulhar em toda essa maldade. Sente-se, senhor; sente-se e conte-nos uma história neste estilo: "Partindo Jesus dali, viu um homem chamado Mateus" — isso é tudo que queremos saber. Contenos resumidamente como o Senhor o chamou e o capacitou a segui-lo. Nessa narrativa, há modéstia; mas não é uma falsa modéstia, de forma alguma. Não há encobrimento dos fatos do caso; a graça de Cristo não se obscurece, mas o que se esconde é a pessoa de Mateus. Ele menciona que era um publicano; na lista que fornece os nomes dos apóstolos, ele se autodenomina "...Mateus, o publicano..." (Mt 10:3). Os outros evangelistas quase nunca se referem a ele como publicano; eles nem mesmo o chamam de "Mateus"; via de regra, eles conferem mais respeitabilidade a ele: "Levi", e fornecem mais informações sobre Mateus do que o pouco que ele diz sobre si mesmo. É sempre melhor, se há algo de bom a ser dito sobre nós, que não o digamos nós mesmos, mas que deixemos que outra pessoa o faça. Irmão, se seu trompetista estiver ausente, guarde o trompete. Quando for necessário tocá-lo, haverá um trompetista pronto a fazê-lo; não cabe a você soprá-lo.

Esse versículo me parece tão doce que não consigo expressar exatamente como me sinto. Ao escrever esta história, tentei imaginar-me como se eu fosse Mateus e tenho certeza de que, se não tivesse sido inspirado como Mateus, nunca a teria escrito tão bem como ele, pois contém na íntegra tudo o que é comovente, terno, tímido, verdadeiro e gracioso: "Partindo Jesus dali, viu um homem chamado Mateus sentado na coletoria e disse-lhe: Segue-me! Ele se levantou e o seguiu".

Por favor, observe — talvez você já tenha notado em sua leitura — o lugar onde Mateus colocou essa história: imediatamente após um milagre. Na tentativa de harmonizar os evangelhos, algumas questões foram levantadas sobre a posição exata desse relato: se aconteceu exatamente onde Mateus o narra, ou se sua ênfase está mais no efeito do que na cronologia. Às vezes, os autores dos evangelhos aparentemente ignoram a posição cronológica de uma afirmação e a colocam fora do lugar original para que se encaixe melhor em outro contexto, de acordo com algum outro propósito. Bem, eu não sei sobre a cronologia desse evento, mas me parece muito admirável, da parte de Mateus, que seu chamado esteja registrado exatamente onde está.

"Bem aqui", ele disse, "vou contar a vocês sobre um milagre do Salvador, que fez um paralítico tomar o seu leito e andar; depois contarei outro milagre, ainda maior, acerca de outro homem que tinha uma paralisia pior — um homem que estava acorrentado aos seus lucros, em um negócio nocivo, mas que, por ordem de Cristo, renunciou àquela ocupação e a todos os seus ganhos, a fim de seguir o seu Mestre divino"[16]. Caro amigo, cada vez que você pensar em sua própria conversão considere isso um milagre, e sempre repita para si mesmo: "Foi um ato da maravilhosa graça do Senhor. Se a conversão de alguém foi um milagre de misericórdia, muito mais foi a minha; foi uma consideração extraordinária da parte de Cristo olhar para um pecador como eu; e somente um milagre da graça poderia ter me salvado".

Assim, Mateus nos conta sua história de uma maneira muito terna, mas muito sugestiva, pois a situa logo após um milagre notável; e creio que o evangelista pensava que havia alguma semelhança entre aquele milagre e sua própria conversão, visto que nas coisas espirituais não há nada que paralise mais um homem do que o seu desejo excessivo por ouro. Deixe alguém se envolver em extorsão e opressão, como tais publicanos, e sua consciência será cauterizada como se tivesse sido queimada por um ferro em brasa; e o usurpador provavelmente não sente ou deseja fazer o que é certo. Mas aqui temos um homem, tomado até o pescoço em uma atividade maligna e, em um momento, pelo chamado divino, ele é separado de todos os lucros que ele projetou para seguir a Cristo. Foi um milagre semelhante e da mesma dimensão da cura do paralítico que se levantou, pegou seu leito e andou.

E você também, caro amigo, talvez possa encontrar um paralelo entre a sua conversão e algum dos milagres realizado pelo Mestre. No seu caso, foi a expulsão de demônios? Foram os olhos abertos do cego? Foi a cura de ouvidos surdos e da língua que não falava? Foi o trazer de volta à vida

---

[16] Referência a Mateus 9:6-9.

os mortos, ou ainda, o chamado para sair da degradação do túmulo, como quando Jesus bradou: "...Lázaro, vem para fora!" (Jo 11:43), e Lázaro saiu? Em todo caso, convido vocês que conhecem o Senhor a simplesmente, no silêncio da alma, fazer uma pausa e pensar, não em Mateus, mas em si mesmos. Eu refletirei sobre "um homem chamado Spurgeon", e vocês podem pensar em "um homem chamado John Smith", ou "Thomas Jones", ou qualquer que seja o seu nome. Se o Senhor olhou para você com amor, você pode colocar seu nome no texto que lemos e dizer: "Partindo Jesus dali, viu um homem chamado "Tiago", ou "João", ou "Tomé", e vocês mulheres também podem colocar seu nome, "Maria", "Jane", e assim por diante. Apenas sente-se e pense como foi que, para cada um de vocês, Jesus disse: "Segue-me!", e como, naquele momento feliz, você se levantou e o seguiu; e, a partir daquele instante, você pôde verdadeiramente cantar, assim como tem feito muitas vezes, desde então:

Está feito! A grande transação está feita:
Eu sou do meu Senhor, e Ele é meu:
Ele me atraiu para si, e eu segui em frente,
Encantado de confessar a voz divina.

Alto céu, que ouviu o juramento solene,
Esse voto renovado deve ser ouvido diariamente:
Até a última hora da vida, eu me curvo,
E abençoa, na morte, um vínculo tão querido.[17]

---

[17] Tradução livre de estrofes do hino *Rejoicing in our covenant engagements to God*, baseado em 2 Crônicas 15:15, de Philip Doddridge (1702–51), publicado em 1755, na coletânea *Hymns Founded on Various Texts in the Holy Scriptures* (hino 23).

De forma sucinta, tentarei guiar seus pensamentos por vários pontos dessa interessante história e muito instrutiva.

1. O primeiro é que *esse convite ao homem chamado Mateus parecia acidental e improvável.*

"Partindo Jesus dali" — parece que Ele estava ocupado com algum outro trabalho, talvez saindo de Cafarnaum, ou simplesmente caminhando por uma das ruas da cidade. Esse evento ocorreu quando Jesus estava "partindo dali". Quando o Senhor passou, "viu um homem chamado Mateus". É assim que falamos quando nos referimos a coisas que simplesmente "acontecem", coisas que sucedem sem que saibamos o porquê. Agora, caro amigo, sua conversão também foi assim? Não sei há quanto tempo foi, mas ela ocorreu, não é? No entanto, não lhe pareceu algo muito provável de lhe acontecer.

Voltando ao caso de Mateus, parece-nos que deve ter sido algo muito improvável que ele tenha se tornado um seguidor de Jesus. *Cafarnaum era a cidade onde Cristo morava, então Ele transitava por lá muitas vezes, mas Mateus ainda não havia sido salvo.* Cristo não tinha visto aquele "homem chamado Mateus", daquela maneira especial como Ele o viu naquela ocasião particular. E você, caro amigo, certamente foi a algum local de culto muitas vezes antes de sua conversão; talvez você tenha ido lá regularmente desde a infância. No entanto, não foi antes daquele dia específico, da manifestação da graça, que algo especial aconteceu com você, assim como nada havia acontecido até o momento registrado em nosso texto de hoje, onde algo muito especial aconteceu ao homem chamado Mateus.

Além disso, naquela ocasião, *parecia que Jesus estava ocupado com outros afazeres*, pois, lemos: "Partindo Jesus dali". E talvez, no seu caso, pode ser que o pregador estava ocupado com outro objetivo em mente quando sua mensagem o tocou. Talvez o pregador estivesse confortando os crentes, mas Deus enviou essa palavra diretamente a você, um pobre e perdido pecador. Não lhe parece estranho isso ter ocorrido tanto no caso de Mateus quanto no seu?

Também, naquele momento, *havia muitas outras pessoas em Cafarnaum; no entanto, Cristo não as chamou*. Ele as viu, mas não da maneira particular como viu o homem chamado Mateus. E, da mesma forma, naquele dia de misericórdia, quando você recebeu a bênção da salvação, talvez houvesse uma congregação inteira reunida; mas, até onde você saiba, a bênção não alcançou a todos da mesma forma que alcançou você. Então, por que essa graça lhe foi concedida? Você não pode saber, a menos que tenha aprendido a olhar atrás das cortinas do Santo Lugar e a ver com a luz do candelabro o que há dentro do véu[18]. Se você já olhou lá dentro, sabe que, quando Jesus Cristo passa por um lugar, o que as pessoas consideram coincidências são todas ações intencionais, pois os relances de Seu olhar são todos ordenados desde a eternidade; e quando Ele vê alguém, Ele age de acordo com o propósito eterno e a presciência de Deus. O Senhor tinha visto esse homem chamado Mateus muito tempo antes; então, na plenitude dos tempos, Jesus Cristo deveria passar por aquele caminho e olhar com amor e misericórdia para o homem de nome Mateus. Naquele momento, o Senhor o viu porque, muito antes, Ele o antevira.

---

[18] Referência a Êxodo 26:33.

Meu caro amigo, eu não conheço sua situação e nem como você veio parar aqui. Talvez você seja um estrangeiro em Londres, e totalmente desconhecido neste Tabernáculo; mas acredito que você foi trazido aqui para que meu Senhor e Mestre possa vê-lo — sim, *você*, "um homem chamado Mateus", ou "João", ou "Tiago", ou "Tomé" ou qualquer que seja seu nome. Ah! Eu oro para que hoje seja o dia em que você possa ver Jesus e ouvi-lo dizer: "Segue-me"; e então, você sentirá uma força bendita que o constrangerá a segui-lo, sem receios ou hesitação. Diante disso, abandone, imediatamente, a vida de pecado que você possa ter vivido e se torne um seguidor de Cristo.

Portanto, primeiramente, o chamado de Mateus parecia acidental e improvável, mas aconteceu de acordo com o propósito de Deus; como tal, foi feito na hora certa e prontamente respondido.

2. Em segundo, *esse convite ao homem chamado Mateus foi completamente impensável e indesejado por ele.*

Mateus não estava empenhando em oração quando Cristo o chamou. *Ele estava trabalhando em um negócio degradante*: "sentado na coletoria". Ele não estava ouvindo a pregação do Salvador; estava tirando de seus compatriotas, contra a vontade deles, os impostos para o imperador romano. Tanto quanto posso ver, ele nem sequer havia pensado em Cristo. Não creio que Mateus tenha sido chamado anteriormente para ser um discípulo de Cristo, e que desta vez ele fora chamado para ser um apóstolo; pois não consigo pensar que alguém que já havia sido salvo por Cristo pudesse voltar à prática dos publicanos.

Era um trabalho de extorsão, o tempo todo; e quem foi chamado a seguir a Cristo não pratica extorsão contra seus semelhantes. Se essa era a ocupação de Mateus antes de sua conversão, ele a abandona quando se converte a Cristo.

Além disso, Mateus *estava envolvido em um negócio atrativo*. Nada prende uma pessoa mais fortemente do que o amor ao lucro. Coisas pegajosas são o ouro e a prata que muitos apreciam tanto. [São como o visgo colocado nos galhos para pegar pássaros] e que aquele terrível passarinheiro[19] das almas, o diabo, usa; e muitos já foram destruídos por isso. Os publicanos geralmente ganhavam dinheiro extorquindo as pessoas, cobrando mais do que deveriam; e, no momento que foi chamado, Mateus não estava entregando o dinheiro coletado a alguém, mas estava "sentado na coletoria".

Não sei se, *ainda que Mateus tivesse cogitado seguir a Cristo, ele ousaria fazê-lo*. Certamente pensava que ele era muito indigno de seguir a Cristo; e se ele tivesse arriscado segui-lo, posso supor que *ele teria sido rejeitado pelos outros apóstolos*. Eles o teriam desprezado dizendo: "Quem você pensa que é para estar entre nós?". Eles não se atreveram a fazer isso depois que o próprio Cristo chamou Mateus para segui-lo, mas certamente não há nada que indique que esse homem chamado Mateus estava buscando a Cristo, ou mesmo ponderando sobre Ele. No entanto, enquanto Mateus separava os impostos e taxas, Jesus veio até ele e disse: "Segue-me".

Ah, meu caro ouvinte, se você já experimentou a conversão, pode ser que algo semelhante tenha acontecido no seu caso! Seja como for, eu sei que isto é verdade: você não procurou

---

[19] Referência a Salmo 91:3.

Cristo primeiro; pelo contrário, foi Ele quem primeiramente o encontrou. Você era uma ovelha perdida e não amava o aprisco; mas o doce amor do Pastor o alcançou. Sua graça o tornou solícito e o levou a orar; o Espírito Santo soprou em você o primeiro fôlego de vida espiritual e, então, você achegou-se a Cristo. Assim aconteceu e estou certo disso. Você não buscou a Cristo, mas Ele primeiro foi ao seu encontro. Assim, nós que somos salvos oremos para que muitos dos que nunca buscaram ao Senhor aqui o possam encontrar, pois está escrito: "Fui buscado pelos que não perguntavam por mim; fui achado por aqueles que não me buscavam; a um povo que não se chamava do meu nome, eu disse: Eis-me aqui, eis-me aqui" (Is 65:1). Portanto, veja a liberdade da graça de Deus, a soberania de Sua escolha. Admire-a no homem chamado Mateus; admire-a ainda mais em você, qualquer que seja seu nome.

3. O terceiro ponto é que *esse chamado de Mateus foi feito pelo Senhor Jesus em Seu pleno conhecimento.*

Não é dito que Mateus primeiro viu o Senhor, mas que "Partindo Jesus dali, viu um homem chamado Mateus" (Mt 9:9). Eu gostaria de me deter um momento nessas palavras: "...viu um homem chamado Mateus", pois creio que contém muito ensinamento nessas palavras.

Cristo provavelmente parou bem na frente de onde Mateus estava sentado e, olhando para ele, *viu todo o pecado que havia nele e todo o mal que permanecia sobre ele.* Jesus "viu um homem chamado Mateus". O olhar de Cristo investiga, discerne, detecta. Ele olhou Mateus da cabeça aos pés e viu tudo o que nele havia, e tudo o que estava oculto e secreto para os outros se manifestou com o Seu olhar penetrante. Jesus "viu um homem chamado Mateus", e eu acredito que o Senhor viu mais em Mateus do que realmente havia naquele homem. O que quero dizer é que o amor de Jesus viu a bondade e a graça que poderia existir em Mateus; sim, Ele viu isso nele.

Eu não sei, mas parece que Mateus sempre foi chamado de "Levi" anteriormente. O Senhor Jesus Cristo não viu "um homem chamado Levi". Esse era seu antigo nome. Em vez disso, *Ele viu Mateus como ele deveria ser*. Jesus "viu um homem chamado Mateus". Ó, meus amados, quando o Senhor olhou para vocês, mesmo quando vocês eram pecadores, Ele pôde ver santos em vocês; embora essa realidade só pudesse ser vista por Ele. Tudo o que Jesus queria fazer em sua vida, Ele já tinha visto, e Ele o amou como quem se tornaria um de Seus servos redimidos.

Também creio que, quando o Senhor Jesus Cristo viu Mateus com a pena na mão, Ele disse a si mesmo: "Que agilidade em sua escrita; *ele é o homem para escrever o primeiro dos quatro evangelhos*". Jesus viu Mateus decifrando, escrevendo nomes de pessoas e valores pagos, e Ele disse a si mesmo: "Este é o homem para escrever um dos evangelhos mais bem ordenados e estruturados. Há uma habilidade de escritor nele, e é um bom contador; este é o homem adequado para o meu serviço".

Caro amigo, não sei o que o Senhor viu em você. Não sei o que Ele viu quando me olhou. Temo que não tenha visto nada em mim a não ser o pecado, o mal e a vaidade; mas creio que Ele pensou: "Vejo alguém a quem posso ensinar minha verdade; e, quando ele aprender essa verdade, ele se apegará a ela e nunca a deixará ir; alguém que não terá medo de proclamar a minha verdade onde quer que esteja". Então o Senhor viu em mim como eu poderia ser útil para Ele, e eu me pergunto como você pode ser útil para o Senhor. Aquietem-se, filhos amados de Deus, e fiquem maravilhados pelo fato de o Senhor usá-los da maneira que Ele tem feito. E se alguém está começando a pensar no Senhor Jesus Cristo, aquiete-se, e cada um de vocês questione: "De que forma Ele gostaria de me usar?".

Há muitas aptidões que Deus colocou no homem para serem utilizadas para o serviço do Senhor no futuro, mesmo antes da sua conversão. Lucas, como sabemos, era qualificado para escrever seu evangelho porque era médico; e Mateus conseguiu escrever o evangelho, o qual temos hoje, de maneira tão especial porque era publicano. Pode haver algo em seus hábitos, em sua constituição e em sua condição de vida que o qualificará para exercer uma atividade especial na Igreja do Senhor, agora, ou mesmo no futuro. Que dia feliz quando Jesus o vê e o chama para segui-lo! Que dia feliz, quando Ele viu alguns de nós e nos julgou dignos de receber o Seu amor, para nos tornar vasos da Sua misericórdia prontos para sermos úteis ao serviço do Mestre!

4. Ao aprofundarmos um pouco mais, gostaria que você percebesse que *o chamado de Mateus foi uma escolha graciosa*: "Partindo Jesus dali, viu um homem chamado Mateus sentado na coletoria e disse-lhe: Segue-me" (Mt 9:9).

Cristo escolheu Seus seguidores, mas *como Ele pôde escolher um publicano?* O jugo de Roma era tão detestável para qualquer filho livre de Abraão que ele não podia suportar o fato de que um romano, idólatra, governasse a Terra Santa. Então, se os romanos precisassem de judeus para coletar os impostos, só poderiam fazê-lo por meio de pessoas que haviam perdido todo o senso de honra pública. Eles poderiam não ser piores do que outras pessoas; talvez não fossem, mas os compatriotas os viam como escória e párias de sua raça. Mas o Senhor Jesus Cristo vê esse publicano e lhe diz: "Segue-me". Ele não trará uma boa reputação ao seu Mestre, então alguns começam a dizer: "Veja como este homem, Jesus, anda por aí e escolhe as piores pessoas, os *restos* da sociedade. Ele está admitindo um publicano para ser Seu seguidor — alguém que serviu aos opressores e que foi, ele mesmo, um opressor — Jesus *o* aceita. Agora, se o Nazareno, ao passar ali, tivesse visto um rabino muito culto ou um fariseu com seus filactérios[20], com roupas largas, se Jesus tivesse chamado a *este*, isso lhe traria mais respeito junto à comunidade". Sim, mas acontece que o Senhor Jesus Cristo não se interessa por esse tipo de respeitabilidade. Ele mesmo já é respeitável, no mais alto sentido, tem honra suficiente e pode concedê-la ao Seu povo; com toda consideração e sem risco, pode escolher "um homem chamado Mateus" para fazer parte de Seus companheiros mais próximos, para ser um de Seus seguidores pessoais, mesmo que Mateus seja um cobrador de impostos a serviço de Roma.

---

[20] Cada uma das duas caixinhas que contêm uma faixa de pergaminho com passagens bíblicas que os judeus trazem junto à testa e ao braço esquerdo (Houaiss eletrônico, 2009). Nessas pequenas tiras estão escritos quatro textos da *Torá*: Êxodo 13:1-10; Êxodo 13:11-16; Deuteronômio 6:4-9 e Deuteronômio 11:18-21. Tal prática se baseia em Êxodo 13:9,16. Os judeus modernos chamam os filactérios de *tephillin* ("orações").

"Ó", alguém diz, "mas eu sequer consigo imaginar que um dia Jesus possa me chamar". Sim, mas eu acredito que Ele vai! Lembre-se de John Newton[21], que tinha sido um traficante de escravos, e muito pior, ele próprio tinha sido um escravo, literalmente um escravo, e um escravo com as piores ambições. Mas permita a Igreja de Santa Maria Woolnoth nos dizer como de seu púlpito o glorioso evangelho do bendito Deus ressoou por muitos anos dos lábios de alguém que havia sido o blasfemador da África, mas que se tornou um dos melhores e mais nobres servos de Cristo. Sim, o Senhor Jesus Cristo ama ver os *publicanos*, os mais baixos de todos, e dizer-lhes: "Segue-me. Junte-se a mim. Acompanhe-me. Torne-se meu servo e lhe confiarei meu evangelho. Eu quero usar sua vida". Jesus ainda chama pessoas assim para serem proclamadores de Sua Palavra; sim, Ele está chamando você!

"Bem", você diz, "o Senhor teve muita consideração ao chamar Mateus, o publicano". Sim, mas Ele não teve a mesma consideração quando chamou você e eu? Ó, homem ou mulher, seja qual for o seu nome, sente-se, maravilhe-se e adore o amor condescendente que escolheu até mesmo você para ser seguidor de Cristo!

---

[21] John Newton (1725–1807) tinha 20 anos quando desembarcou na África Ocidental. Ele foi acusado de roubar o traficante de escravos inglês para quem trabalhava, assim por um ano e meio viveu como escravo, recebendo o mesmo tratamento de pessoas que tinham sido escravizadas com a ajuda dele. Ele foi resgatado e levado de volta à Inglaterra, mas depois retornou ao tráfico de escravos como capitão de um navio negreiro, entretanto Deus em Sua graça o alcançou. Alguns anos depois da sua conversão, tornou-se pastor, compositor de hinos e um dos maiores defensores do fim da escravidão na Grã-Bretanha.

5. Mais uma vez, caros amigos — espero que não se cansem das minhas tentativas de apresentar o caso de Mateus, sempre com o desejo de poder ver a nós mesmos nele — notemos então que *o chamado de Mateus foi sublimemente simples*. Aqui o temos em poucas palavras: "...disse-lhe...".

Não foi João quem disse a ele, nem Tiago, nem qualquer um dos apóstolos; mas *Ele* "disse-lhe." E não é a minha pregação, nem a sua pregação, nem a pregação de um arcebispo que pode salvar almas. É porque *Ele* "disse-lhe", pois quando o Senhor Jesus Cristo, pelo Espírito divino, diz para alguém "*segue-me*", então a obra decisiva é realizada. O Senhor não disse às trevas primitivas "Haja luz!", e houve luz?[22] E Deus, o onipotente e eterno, só tem que falar ao ser humano, e algo semelhante acontecerá. "...e disse-lhe: Segue-me!"; e, imediatamente, da maneira mais simples, o texto relata: "*Ele se levantou e o seguiu*". Não há palavreado, nem discurso bem elaborado, nem ritos clericais, nem sacramentalismo. "E disse-lhe: Segue-me!", e Mateus "se levantou e o seguiu". Esse é o caminho da salvação; Cristo propõe a você, enquanto você está em pecado: deixe-o. E você o deixa. Ele convida você a confiar nele, e você confia; e por confiar nele, você é salvo, pois "...quem crê no Filho tem a vida eterna..." (Jo 3:36).

É assim que você foi salvo, caro amigo? Eu sei que sim. Entretanto, você costumava alardear, inquietar-se e dizer a si mesmo: "Eu quero sentir, eu quero ver, eu quero experimentar". Agora que você tem clareza sobre esses erros, espero que

---

[22] Conforme Gênesis 1:3.

para você não haja nada mais sublime do que a sua conversão, porque não há nada mais simples. E aos meus prezados amigos que procuram sinais e milagres, visto que se não os verem não crerão, gostaria que vocês abandonassem essa ideia tola, pois não há nenhum sinal ou milagre que se compare a este, quando Cristo diz ao coração morto: "Viva", e ele vive; quando Cristo diz ao coração incrédulo: "Acredite", e ele acredita. Em nome de Jesus Cristo, o Nazareno, eu digo a você, pecador: "Crê no Senhor Jesus Cristo..." (At 16:31). E, se Ele realmente está falando por meu intermédio, você crerá nele, vai se levantar e segui-lo.

Portanto, o chamado de Mateus para seguir a Cristo foi sublimemente simples.

6. Observe também que foi imediatamente eficaz. O Senhor Jesus Cristo disse-lhe: "Segue-me" e "ele se levantou e o seguiu". Portanto, *Mateus o seguiu imediatamente.*

Talvez alguns outros esperariam um pouco mais para juntar mais dinheiro; mas, aparentemente, Mateus não o fez: "...ele se levantou e o seguiu". Ele não disse a Cristo: "Eu preciso preencher pelo menos esta página com as somas; há muitas pessoas aqui com cestos de peixes, e eu tenho que ver o quanto consigo tirar delas, para terminar meus cálculos". Não! Ele simplesmente se levantou e seguiu o Senhor. Eu acredito que, quando alguém se converte, tal conversão é um acontecimento definitivo e a pessoa abandonará qualquer mal que esteja praticando. Ouvi falar de um publicano (quero dizer outro tipo de publicano, não um coletor de impostos) que gostava muito de beber, era dono de um bar, e por meio do alcoolismo conduziu muitas pessoas à perdição; mas, no dia de sua conversão, despedaçou a placa do bar e afastou-se daquele comércio maligno para sempre. Quando há algo errado, seja o que for, gosto de ver como as pessoas o despedaçam e abandonam aquilo. Limpe sua casa de qualquer vestígio desse mal; não tente economizar nem um pouco para fazer algo errado e depois dizer: "Vou dar o lucro para o Senhor Jesus Cristo". Ele não aceitará dinheiro manchado com o sangue das almas. Desista do comércio maligno e livre-se dele completamente. Todo tipo de pecado e qualquer traço de maldade, o que quer que seja, devem ser abandonados quando a graça efetiva alcança a pessoa. Eu não acredito que alguém pode se arrepender aos poucos; pois é um ato feito de uma vez por todas, é seguir e obedecer imediatamente ao chamado do Senhor: "Segue-me". Jesus disse a Mateus: "Segue-me", e ele se levantou e o seguiu.

Alguém pode dizer: "Ah, mas será que foi assim mesmo?". Sim, foi; não estou falando de assuntos que são questionáveis, estou falando de fatos: "Partindo Jesus dali, viu um homem chamado Mateus sentado na coletoria e disse-lhe: Segue-me! Ele se levantou e o seguiu" (Mt 9:9). Eu conheço outro homem, não chamado Mateus, mas Charles, e o Senhor disse-lhe: "Segue-me", e ele também se levantou e o seguiu. E se eu pedisse para que se levantassem todos os homens crentes aqui — João, Tiago, Samuel ou seja qual for o nome, você que ouviu Cristo Jesus chamá-lo dizendo: "Segue-me" e você o seguiu — esperaria que muitos de vocês não permanecessem sentados. E vocês também, mulheres piedosas, saibam que foi apenas a voz do Senhor Jesus Cristo que as trouxe a Ele naquele momento.

O chamado de Mateus foi o chamado da graça efetiva. "Porque a palavra *do* rei tem autoridade suprema..." (Ec 8:4); e a palavra de Cristo Jesus direcionada a Mateus era a palavra do Rei. Ele disse: "Segue-me", e Mateus o seguiu. Ouvi dizer que, quando a rainha manda chamar alguém, ela não "pede o prazer da sua presença", mas manda sua ordem para que a pessoa compareça. É assim que falam os reis e rainhas, e é assim com o Senhor Jesus Cristo, Rei dos reis e Senhor dos senhores; Ele diz: "Segue-me".

E quando pregamos em Seu nome, não dizemos: "Caro amigo, se você achar conveniente, busque a conversão"; mas dizemos na autoridade do Espírito: "Crê no Senhor Jesus Cristo e serás salvo..." (At 16:31), essa ordem é acompanhada pelo poder da palavra de um rei, para que os pecadores recebam a salvação. Jesus disse a Mateus: "Segue-me, e ele se levantou e o seguiu".

7. Agora, por último, *o chamado de Mateus foi uma porta de esperança para outros pecadores.*

Tenho falado principalmente sobre conversão pessoal, e talvez alguém possa dizer: "Sabe, senhor, além de nós mesmos, devemos pensar nos outros". Sem dúvida, pois nenhuma pessoa que é salva quer entrar no Céu sozinha. Então, quando o Senhor Jesus viu "um homem chamado Mateus" e disse àquele publicano para segui-lo, *sua salvação encorajou outros publicanos a irem a Jesus*. O Senhor Jesus Cristo viu muitos outros publicanos e pecadores que Ele queria atrair para si por meio desse "homem chamado Mateus". Ele se tornaria um chamariz para atrair uma grande multidão de pessoas como ele.

Em seguida, *ao abrir sua casa, Mateus deu a seus amigos a oportunidade de ouvir Jesus.*[23] Assim que Mateus foi chamado e começou a seguir o Senhor Jesus, ele disse a si mesmo: "Agora, o que posso fazer pelo meu novo Senhor? Tenho uma sala grande, onde costumo guardar as posses que confisquei das pessoas até que paguem seus impostos — uma *alfândega aduaneira*, onde armazeno suas mercadorias retidas. Por favor, João, Tomé, Maria, venham me ajudar a limpar este depósito! Vamos colocar uma mesa comprida bem no meio. Vou convidar todos os meus velhos amigos; eles sabem que tipo de pessoa eu tenho sido, e vou convidar todos eles para jantar; e não será apenas um jantar qualquer; será o melhor jantar da vida deles". Levi deu um grande banquete em sua própria casa e disse ao Senhor Jesus: "Senhor, Tu me pediste para te seguir e estou tentando fazer isso; e uma maneira de demonstrá-lo é que vou oferecer um grande banquete em minha casa esta noite, e vou trazer todos os meus velhos amigos. Meu Senhor, podes nos honrar com Tua presença, sentar-se à cabeceira da mesa e falar com eles? Eles estarão de bom humor e dispostos a ouvi-lo depois de um delicioso jantar. Tu poderias vir e quando eles estiverem todos felizes em volta da minha mesa, o Senhor, por favor, poderia fazer por eles o mesmo que fizeste por mim? Talvez, Senhor, se disseres que agora Mateus é um seguidor Teu, eles dirão: 'O quê? Mateus? Ele segue a Cristo? Quem é então este Cristo que tem seguidores como Mateus? Certamente Ele também nos aceitará, pois somos como Mateus, e poderemos segui-lo assim como Mateus o faz. Basta Ele nos dizer a palavra dele de poder como

---

[23] Conforme Mateus 9:10.

aconteceu com Mateus'". Portanto, o chamado de Mateus foi o meio pelo qual Cristo levou muitos perdidos ao conhecimento da verdade e à salvação eterna.

Bem, foi esse o seu caso, caro amigo? Homens chamados João, Tomé, Samuel; mulheres chamadas Maria, Jane ou qualquer outro nome — *você* trouxe outras pessoas a Cristo? Você trouxe seus filhos a Jesus? Suas orações trouxeram seu marido a Jesus? Suas súplicas trouxeram seus irmãos a Cristo? Se sua resposta é não, você está falhando em cumprir a tarefa mais importante de sua vida. Peça ao Senhor para ajudá-lo hoje mesmo. Comece com alguém de seu próprio círculo social, com quem você possa conversar com a maior confiança e influência. Tente conversar com aqueles que foram seus colegas da escola sobre o dia de sua conversão. Você se converteu em seu local de trabalho? Então não hesite em compartilhar sua fé com seus colegas de trabalho. Você é uma pessoa de influência? Você ocupa uma posição elevada no mundo dos negócios? Não tenha vergonha de seu Senhor, mas apresente Cristo nas salas de reuniões e permita-o andar entre os mais poderosos da região. Que cada um, segundo o seu chamado, diga: "Aquele que me chamou para o seguir, também me chamou para que outros, por meu intermédio, venham a segui-lo", e que Deus os abençoe nesta obra sagrada!

Penso que deveria encerrar minha abordagem apenas dizendo que, assim como o Senhor viu "um homem chamado Mateus", e assim como o Senhor viu você, tente retribuir esse olhar de amor e enxergá-lo. Considere quão grande Ele é; e, assim como Cristo foi à mesa de Mateus, agora eu convido todos os que são crentes no Senhor Jesus Cristo a virem à Sua mesa. E, embora vocês não estejam mais entre publicanos e pecadores, mas entre Seu povo redimido, ainda assim, que a maior alegria de vocês seja maravilharem-se por estar sentados à mesa com o Senhor, e por Ele ainda se dignar a comer com publicanos e pecadores. Que Deus os abençoe e salve toda esta grande congregação, em Seu bendito nome! Amém.

3

SIMEÃO:
NUNC DIMITTIS [24, 25]

Agora, Senhor, podes despedir em paz o teu servo,
segundo a tua palavra; porque os meus olhos já viram
a tua salvação. —Lucas 2:29-30

Ó, como você foi abençoado, Simeão, porque carne e sangue não revelaram isso a você; nem o capacitaram a dizer adeus ao mundo com tanta alegria. A carne se apega à Terra; é pó e tem afinidade com o solo de onde foi retirada; ela sente repulsa de se separar da mãe Terra. Mesmo a velhice, com todas as suas enfermidades, não faz com que o ser humano realmente esteja disposto a deixar este mundo. Por natureza, nos apegamos à vida com terrível tenacidade.

---

[24] Sermão nº 1014, ministrado na manhã de domingo, dia do Senhor, 15 de janeiro de 1871, no *Metropolitan Tabernacle*, Newington.

[25] *Nunc dimittis*: Também conhecida como cântico de Simeão (Lc 2:29-30), é uma locução latina que se refere às primeiras palavras do cântico: *Nunc dimittis servum tuum*, Domine... (Agora despede o Teu servo, Senhor).

Mesmo quando somos movidos pelos males da vida, quando reclamamos de suas tragédias e dizemos que queremos partir, é mais provável que nossa disposição de partir seja apenas superficial, porque, no fundo de nosso coração, não queremos verdadeiramente ir.

Não foram a carne e sangue que revelaram a Simeão e permitiram que seus olhos vissem a salvação de Deus naquele bebê que ele pegou dos braços de Maria e abraçou com tanta alegria. A graça de Deus mostrou a ele que Aquele era o Salvador; e, ao mesmo tempo, a graça de Deus desamarrou as cordas que o prendiam às coisas terrenas e o fizeram sentir-se atraído para partir para uma pátria melhor. Bem-aventurado é o homem que recebeu, pela graça, uma disposição pelo Céu e o desejo de partir para uma terra melhor: que ele louve ao Senhor que fez uma obra tão grande nele. Como Paulo diz, "...dando graças ao Pai, que vos fez idôneos à parte que vos cabe da herança dos santos na luz" (Cl 1:12). Certamente, nenhum de nós era adequado por natureza — nem mesmo Simeão. As qualidades daquele venerável ancião foram obra das mãos de Deus, assim como seu anseio em obter a herança para a qual Deus o havia preparado. Eu creio, irmãos, ao considerarmos esta manhã a preparação dos santos para o Céu, ao dirigirmos nossa atenção para tais reflexões que nos deixarão prontos para partir, que o Espírito Santo de Deus, enviado pelo Pai, também nos tornará dispostos para deixar essas praias mortais e nos lançarmos no mar eterno, seguindo o chamado de Deus, nosso Pai.

Nesta manhã, observaremos, primeiro, que *todo crente em Cristo pode ter certeza de partir em paz*; em segundo, *alguns crentes sentem uma disposição especial para partir* neste instante:

"Agora, Senhor, podes despedir em paz o teu servo..."; e, terceiro, *há palavras de encorajamento para produzir em nós a mesma disposição*: "...segundo a tua palavra...". Há palavras, nas Sagradas Escrituras, que proporcionam o mais rico consolo acerca da perspectiva da partida.

1. Primeiro, então, iniciemos com o grande princípio geral, que é cheio de conforto; nomeadamente isto, que *todo crente em Cristo pode ter a certeza de partir em paz.*

Isso não é um privilégio exclusivo de Simeão; é comum a todos os santos, visto que os fundamentos sobre os quais se assenta esse privilégio não são monopólio de Simeão, mas pertencem a todos nós.

Observe primeiro que *todos os santos viram a salvação de Deus*; portanto, todos devem partir em paz. É verdade que não podemos segurar o menino Jesus em nossos braços, mas Ele foi formado em nós, "...a esperança da glória..." (Cl 1:27). É verdade que não podemos vê-lo com nossos olhos mortais, mas o contemplamos com os olhos imortais, que a morte não pode apagar — os olhos do nosso próprio espírito que foram abertos pelo Espírito de Deus. Ver Cristo com olhos naturais não nos concede a salvação, pois milhares o viram e clamaram: "Crucifica-o! crucifica-o!" (Jo 19:6). Acima de tudo, no caso de Simeão, era o olho espiritual que o enxergava, aquele olho da fé que realmente contemplava o Cristo de Deus; pois havia muitos outros no Templo que também viram o bebê; havia o sacerdote que realizava o ato da circuncisão e os outros oficiais que se reuniam em torno do grupo; mas não sabemos se mais alguém enxergou a salvação de Deus. Eles puderam ver a criança inocente que foi levada por seus pais, mas não viram nada de extraordinário nele; talvez Simeão e Ana, dentre todos os que estavam no Templo, viram com seus olhos espirituais o verdadeiro Ungido de Deus revelado em um frágil bebê.

Portanto, mesmo que vocês e eu não tenhamos visto Cristo fisicamente, não devemos nos lamentar, pois isso é secundário como privilégio; porque, se vimos o Deus encarnado com nossos olhos interiores e o aceitamos como nosso Salvador, somos abençoados como o santo Simeão. Abraão viu o dia de Cristo, antes mesmo que esse dia amanhecesse; e, ainda hoje, depois de tanto tempo, nós contemplamos esse mesmo dia com o fiel Abraão e nos regozijamos. Nós olhamos para Jesus e nossos olhos foram iluminados. Vimos "o Cordeiro de Deus, que tira o pecado do mundo" (Jo 1:29). No "...desprezado e o mais rejeitado entre os homens..." (Is 53:3), vimos o Salvador ungido; crucificado e sepultado, que ao terceiro dia ressuscitou e ascendeu à glória, vimos a salvação plena, gratuita e completa. Por que, então, devemos nos considerar menos favorecidos do que Simeão? Resultados semelhantes surgem de causas semelhantes: partiremos em paz, porque vimos a salvação de Deus.

Além disso, os crentes em Cristo já desfrutam de paz tanto quanto Simeão desfrutou. Ninguém pode partir em paz se não viveu em paz; mas quem alcançou a paz em sua vida também terá paz em sua morte e uma eternidade de paz após a morte. "Justificados, pois, mediante a fé, temos paz com Deus por meio de nosso Senhor Jesus Cristo..." (Rm 5:1). Jesus nos legou paz, quando disse: "Deixo-vos a paz, a minha paz vos dou..." (Jo 14:27). "Porque ele é a nossa paz..." (Ef 2:14), e "...o fruto do Espírito é [...] paz..." (Gl 5:22). "Fomos reconciliados com Deus mediante a morte do seu Filho" (Rm 5:10). Estou certo de que a paz que fluiu do coração de Simeão não era mais divina em qualidade do que aquela que habita em todo cristão verdadeiro. Se o pecado é perdoado, o assunto está encerrado; se a expiação é feita, a paz é estabelecida — a paz de uma aliança eterna. Agora somos guiados por caminhos de paz; caminhamos ao longo da estrada do Rei, da qual está escrito: "Ali não haverá leão..." (Is 35:9); somos conduzidos para junto das águas tranquilas e repousamos em pastos verdejantes[26]. Com Deus, o medo da escravidão não nos assola, embora Ele seja "...um fogo consumidor..." (Êx 24:17), mesmo para nós. Já não trememos quando nos aproximamos de Sua presença, pois Ele nos concedeu a honra de chamá-lo de nosso Pai. O precioso sangue derramado sobre o propiciatório o tornou um lugar seguro para recorrermos, em todos os momentos; a ousadia tomou o lugar do medo. O trono de Deus é agora nosso deleite, embora já tenha sido nosso terror.

O lugar que antes era de terrível ira,
E que lançava chamas devoradoras;
Nosso Deus surgiu como "fogo consumidor",
E vingança era o Seu nome.[27]

Portanto, irmãos, se tivermos paz com Deus, podemos ter certeza de que podemos "partir em paz". Não há necessidade de temer que o Deus de toda a consolação, que nos enriqueceu

---

[26] Conforme Salmo 23:2.

[27] Tradução livre de uma das estrofes do hino *Come, Let Us Lift Our Joyful Eyes*, de Isaac Watts (1674–1748).

na comunhão consigo mesmo e com a paz em Cristo Jesus, irá nos abandonar no último momento. Ele nos ajudará a entoar o canto do cisne[28] — a canção da despedida — e nosso tabernáculo aqui será desmontado, para ser reconstruído permanentemente naquele belo país além do Jordão.

Além disso, podemos ter certeza de que teremos a mesma paz que Simeão possuía, porque, se formos verdadeiros crentes, também somos *servos de Deus*. O texto diz: "Agora, Senhor, podes despedir em paz o *teu servo*". Mas, neste caso, um servo não pode exigir um privilégio especial, colocando-se acima de todos os outros servos da casa. Se tivermos a mesma posição diante de Deus, teremos a mesma recompensa de Deus. Simeão era um servo; e você também, irmão, é um servo; e aquele que diz a Simeão que ele pode "partir em paz", também lhe dirá o mesmo. O Senhor tem muita consideração por Seus servos idosos e zela por eles quando suas forças acabam. O amalequita que tinha um servo egípcio, mas o abandonou quando ele adoeceu, e aquele servo teria morrido se Davi não tivesse tido compaixão dele[29]. Nosso Deus, porém, não é como esse senhor amalequita, dono de escravos; Ele não abandona Seus servos cansados e enfermos. "Até à vossa velhice, eu serei o mesmo e, ainda até às cãs, eu vos carregarei; já o tenho feito; levar-vos-ei, pois, carregar-vos-ei e vos salvarei" (Is 46:4).

Davi sentiu essa realidade, porque ele orou a Deus dizendo: "Não me rejeites na minha velhice; quando me faltarem as

---

[28] A expressão tem origem na lenda de que o cisne branco, nos momentos que precediam a sua morte, emitia um melodioso canto como seu o último e significativo feito. Pelo sentido poético inserido nela, a expressão tornou-se comum para referir-se à obra derradeira de um grande artista.

[29] Conforme 1 Samuel 30:11-13.

forças, não me desampares" (Sl 71:9). Se o seu Senhor deu a você o uniforme de gala da Sua graça e o ensinou a obedecer à Sua vontade, Ele nunca o deixará ou o desamparará; Ele não venderá você, entregando-o nas mãos do seu adversário, nem permitirá que a sua alma pereça. Um verdadeiro mestre sabe que proteger seus servos faz parte de sua responsabilidade, e nosso Grande Senhor e Príncipe se levantará em favor do mais humilde de Seus seguidores, e levará cada um deles para o descanso reservado ao Seu povo. Você realmente serve a Deus? Lembre-se de que "...a quem obedeceis sois servos..." (Rm 6:16). O Espírito ensinou você a obedecer aos mandamentos do amor? Você se esforça para andar em santidade? Nesse caso, não tema a morte; ela não poderá lançar seus terrores sobre você. Todos os servos de Deus partirão em paz.

Há também outra reflexão que fortalece nossa convicção de que todos os crentes em Cristo partirão em paz, e é esta: que até hoje, *todas as coisas em sua experiência foram segundo a Palavra de Deus*. O fundamento da esperança de Simeão de partir em paz era "segundo a tua palavra"; e certamente nenhum texto das Escrituras é de interpretação privada nem é reservado apenas para um crente, excluindo os demais. As promessas de Deus, que em Cristo Jesus "têm o sim e o amém"[30] são seguras para todos os filhos: a promessa não foi feita apenas para alguns dos filhos, mas para todos os herdeiros que nasceram de novo pela graça. Não há nenhuma promessa especial que foi dada a alguns santos dos tempos antigos, como Simeão, mas a todos nós que estamos em Cristo, o cabeça, participamos da aliança eterna, "...em tudo

---

[30] Conforme 2 Coríntios 1:20

bem-definida e segura" (2Sm 23:5). Portanto, se Simeão, como um crente no Senhor, tinha a promessa de partir em paz, eu também tenho essa promessa se eu estiver em Cristo. Simeão se agarrou ao que Deus havia dito em Sua Palavra, e ninguém poderia contradizê-lo; mas se eu, com a mesma fé que nos foi dada pela graça, também me apropriar dessa Palavra, quem vai contestar o meu direito? Deus não vai quebrar Sua promessa com nenhum de Seus filhos, favorecendo mais a um do que a outro, e é por isso que quando for a nossa vez de recolher nossos pés na cama e entregar nosso espírito, alguma passagem preciosa das Sagradas Escrituras será para nós como uma vara e um cajado para que não temamos o mal.

Estas quatro considerações, retiradas do próprio texto, podem nos dar uma certeza quádrupla de que todo crente em Cristo, quando chegar a hora de sua partida, terá paz.

Agora, por um momento, vamos revisar cuidadosamente as palavras do longevo santo, pois há muito ensino nelas. Todo crente deverá, na morte, partir da mesma maneira que Simeão. A palavra usada aqui é sugestiva e muito encorajadora: pode ser interpretada ao mesmo tempo como o ato de escapar de um confinamento ou de se livrar de um trabalho exaustivo e penoso. O cristão hoje é como um pássaro numa gaiola: seu corpo aprisiona sua alma. É verdade que Seu espírito atinge o Céu e a Terra, e ri das limitações da matéria, do espaço e do tempo; mas, apesar de tudo isso, a carne é um pobre invólucro indigno da alma reluzente, uma pobre cabana, inadequada para o espírito majestoso, um obstáculo, um fardo e uma algema. Quando vigiamos e oramos, vemos claramente que o espírito está pronto, mas a carne é fraca. "Pois nós, os que estamos neste tabernáculo, gememos angustiados"

(2Co 5:4 NAA). O fato é que somos pássaros engaiolados; mas está chegando o dia em que o grande Mestre abrirá a gaiola e libertará os prisioneiros. Não precisamos temer o ato de abrir essa porta, pois isso dará à nossa alma a liberdade pela qual hoje ela anseia. E então, ela voará com asas de uma pomba, cobertas de prata cujas penas maiores têm o brilho flavo do ouro; embora ela repousasse antes entre as cercas dos apriscos, agora ela voará para o seu lugar de origem, cantando ao longo de todo o caminho com uma alegria indescritível.

Simeão viu sua morte como uma forma de ser liberto — um resgate da prisão vil, uma fuga do cativeiro, uma libertação da escravidão. Essa redenção também nos será concedida. Quantas vezes já senti que minha alma é como um pintainho dentro de sua casca, aprisionada em um invólucro tão fino, na escuridão e no desconforto! Por dentro, a vida se esforça para quebrar esse revestimento, para saber um pouco mais sobre o grande universo da verdade e para ver com mais clareza a infinitude do amor divino. Ó, que dia feliz, quando tal casca deverá se romper e a alma, completa à imagem de Cristo, deverá adentrar à liberdade para a qual está se preparando! Ansiamos por isso e é o que teremos. Deus, que nos fez aspirar à santidade, à espiritualidade e à semelhança com Ele mesmo, nunca colocou em nós essas aspirações para zombar de nós. Ele queria satisfazer esses anseios sagrados; do contrário, Ele não os teria despertado em nosso coração. Em breve, como Simeão, partiremos — isto é, teremos a permissão para partir em paz.

Eu disse que a palavra também significa se livrar de um trabalho exaustivo e penoso. É como se Simeão estivesse de pé à mesa de seu Mestre como um servo aguardando as ordens de seu Senhor. Você conhece a parábola na qual Cristo diz que um senhor não pede ao seu escravo que jante primeiro, mas lhe ordena dizendo: "...cinge-te e serve-me..." (Lc 17:8). Veja então que Simeão está lá, cingido e servindo a seu Mestre; mais tarde, porém, quando o Senhor achou conveniente, ele olhou para Simeão e disse: "Agora você pode ir e desfrutar de sua comida; seu trabalho acabou". Ou podemos usar outro exemplo e imaginar Simeão sentado à porta da casa do rei, como Mordecai, pronto para cumprir qualquer tarefa que lhe fosse atribuída. Mas o tempo de seu serviço já passou, e o grande monarca ordena que Simeão se retire em paz. Ou ainda, podemos vê-lo como um ceifeiro, labutando em meio à colheita, sob o sol escaldante, cansado e com sede; e então, eis o grande Boaz, que vem ao campo e, após cumprimentar o servo, diz: "Você já completou a jornada de seu trabalho: pegue o seu salário e vá em paz". Assim será com todos os verdadeiros servos de Cristo; vão descansar de seus labores, onde nenhum cansaço os afligirá, e "...não cairá sobre eles o sol, nem ardor algum" (Ap 7:16). Eles entrarão na alegria de seu Senhor e desfrutarão do descanso reservado para eles. Se meditarmos sobre isso, encontraremos grande conforto.

Mas observe as palavras novamente. Podemos ver que a partida dos filhos de Deus é *ordenada* pelo Senhor. "Agora, *Senhor, podes despedir* em paz o teu servo" (Lc 2:29). O servo não deve se ausentar de seu serviço sem a permissão de seu mestre; caso contrário, ele é um desertor e desonra sua posição. O bom servo não se atreve a se mover até que seu mestre diga: "Pode retirar-se em paz". Simeão contentou-se em esperar até receber permissão para se retirar; e isso é o mesmo para todos nós: devemos nos sujeitar de bom grado às instruções do Senhor, quer Ele prolongue ou encurte os dias de nossa vida. Temos certeza de que, se não for pela vontade de Deus, nada nos moverá. Nenhum vento do deserto levará nossa alma para a terra das trevas, nenhum demônio com gritos horríveis poderá nos arrastar para o profundo do abismo, e nenhuma mortandade que assola ao meio-dia, nem peste perniciosa que se propaga nas trevas[31] pode interromper nossa carreira mortal. Não morreremos até que Deus nos diga: "Meu filho, retira-te do campo de serviço e da estreiteza deste teu tabernáculo e entra no teu descanso". Até que Deus ordene, não morreremos; e quando Ele nos chamar para partir, será doce para nós deixarmos este mundo.

Note também que as palavras diante de nós mostram claramente que a partida do crente em Cristo ocorre com *a renovação dessa bênção divina*. "Podes partir em paz", diz o Senhor. É uma despedida, como a que damos a um amigo; é uma bênção, como a de Arão, o sacerdote de Deus, que pode se pronunciar sobre aquele cujo sacrifício foi aceito. Eli disse a Ana: "Vai-te em paz, e o Deus de Israel te conceda a petição que lhe fizeste" (1Sm 1:17). Junto ao leito do pecador moribundo, começa a se formar uma tempestade, e ele pode ouvir o rugido da tempestade eterna: sua alma está partindo, entre o trovão de maldições profundas e estridentes, ou entre a calmaria tensa que antecede o furacão. "Apartai-vos de mim, malditos..." (Mt 25:41) são as palavras terríveis que os ouvidos do ímpio ouvirão. Mas não é assim para os justos. Ele sente em sua cabeça a mão da bênção de seu Pai, e os braços eternos que o sustentam. Para ele, o melhor vinho foi

---

[31] Conforme Salmo 91:6.

guardado. Há um brilho no crepúsculo; e, à medida que o seu sol se põe, fica cada vez mais glorioso e ilumina tudo a sua volta com um brilho celestial; por isso, as pessoas exclamam com espanto: "Que eu morra a morte dos justos, e o meu fim seja como o dele" (Nm 23:10). Uma jornada feliz espera o peregrino a quem o Senhor diz: "Podes partir em paz". Este é o dedo de seu terno Pai que fecha suas pálpebras e garante que ele acordará feliz onde "Deus enxugará dos olhos toda lágrima" (Ap 21:4).

Não posso detê-los nessas palavras. Basta acrescentar que o que tenha pertencido a Simeão nessa bênção não deve ser considerado algo exclusivo apenas para ele, mas é a bênção, em sua proporção, que pertence a todos os que creem. "...esta é a herança dos servos do Senhor e o seu direito que de mim procede, diz o Senhor" (Is 54:17).

2. Mas agora, em segundo, devemos lembrar que *alguns crentes são conscientemente dotados de uma prontidão especial para partir em paz.*

Quando eles se sentem assim? Resposta: primeiro, *quando a manifestação da graça do Senhor está em pleno vigor sobre eles.* Todos os cristãos têm manifestações de graça, mas ela não é dada na mesma proporção a todos, nem está sempre no mesmo grau de força em todos. Em certos crentes, a *fé* é forte e ativa. Agora, quando a fé se torna "...a certeza de coisas que se esperam, a convicção de fatos que se não veem" (Hb 11:1), então a alma pode dizer com certeza: "Agora, Senhor, podes despedir em paz o teu servo" (Lc 2:29). A fé traz ao deserto cachos de uvas tão grandes que são necessários dois homens para carregá-los[32], e faz com que as tribos desejem estar na terra que mana leite e mel. Quando os antigos Gauleses bebiam os vinhos da Itália, diziam a si próprios: "Atravessemos os Alpes e tomemos posse das vinhas que nos dão bebidas tão generosas". Portanto, quando a fé nos faz perceber a alegria do Céu, então a nossa alma prepara-se para o voo e espera ansiosamente pelo sinal que vem daquela terra gloriosa.

O mesmo acontece com a graça da *esperança*, pois a esperança aparece nas coisas invisíveis. Isso nos aproxima dos portões dourados da Cidade Eterna. Como Moisés, nossa esperança sobe ao cume de Pisga[33] e contempla a Canaã do verdadeiro Israel. Moisés ficou encantado com a visão da Terra Prometida quando ele olhou do topo do monte Nebo e foi capaz de ver de Dã a Berseba. Da mesma forma, a esperança se alimenta da perspectiva encantadora da boa terra e do Líbano, e então exclama com alegria: "Agora, Senhor, podes despedir em paz o teu servo". O Céu esperado e almejado pela esperança torna o pensamento da partida muito precioso ao coração.

E o mesmo também é o efeito da graça do amor sobre nós. O amor coloca o coração como um sacrifício no altar e então busca o fogo celestial e o acende; e tão logo o coração comece a queimar e a brilhar como um sacrifício, qual é o resultado? Como colunas de fumaça, sobe ao trono de Deus. É o próprio instinto de amor que nos aproxima da pessoa que amamos; e quando o amor de Deus permeia a alma, o espírito clama: "Vem depressa, amado meu, faze-te semelhante ao gamo ou

---

[32] Referência a Números 13:23.
[33] Conforme Deuteronômio 3:27.

ao filho da gazela, que saltam sobre os montes aromáticos" (Ct 8:14). O amor perfeito que lança fora todo o medo, ergue sua voz e diz: "Levante-se! Vamos para longe daqui".

Contigo quero estar, onde Tu habitas,
Meu Salvador, meu eterno descanso!
Pois, somente então, este coração inquieto,
Será completo e para sempre abençoado.[34]

Eu poderia seguir mencionando todas as manifestações da graça, mas deixe-me falar apenas de mais uma, que quase sempre passa despercebida, mas que é preciosa como o ouro de Ofir: a graça da *humildade*. Não é estranho que quanto mais baixo um homem desce em sua própria estima, mais alto sobe aos olhos de seu Deus? Não está escrito: "Bem-aventurados os humildes de espírito, porque deles é o reino dos céus" (Mt 5:3)? Simeão não se gabava de sua própria importância no mundo; caso contrário, teria dito: "Senhor, deixe-me ficar e ser Seu apóstolo. Certamente você vai precisar de mim neste momento para lhe ajudar nesta era tão promissora que está apenas começando". Mas não! Ele se sentia tão pequeno, tão insignificante, que havendo alcançado o desejo de seu coração e visto a salvação de Deus, estava pronto para partir em paz. A humildade, ao fazer-nos assumir uma posição inferior, ajuda-nos a ter Deus em alta estima e, por conseguinte, leva-nos a desejar estar com Ele. Ó, que as manifestações da graça, em nós, floresçam, pois então estaremos sempre preparados para partir e prontos para

---

[34] Tradução livre de uma das estrofes do hino *Let Me Be with Thee*, de Charlotte Elliott (1789–1871).

nos oferecer a Deus. A graça limitada nos enreda, mas a abundância da graça nos faz viver nas cercanias da Nova Jerusalém.

    Outra circunstância que torna os crentes dispostos a partir é quando eles esclarecem onde reside a sua segurança. Nem sempre é assim, mesmo com os cristãos mais maduros, e alguns verdadeiros santos falharam em ter essa garantia; eles são salvos e têm fé genuína, mas como a segurança é a nata da fé, o leite não descansou o suficiente para produzir a nata; eles ainda não alcançaram a flor da segurança, visto que sua fé é apenas uma tenra planta. Dê a um homem a garantia do Céu e ele estará ansioso para desfrutá-la. Mas enquanto ele duvida de sua própria segurança, ele vai querer permanecer aqui. Ele é como o salmista que pediu a Deus que permitisse recuperar suas forças antes de partir e deixar de existir. Algumas coisas ainda não estavam em ordem na vida de Davi, e ele queria ficar um pouco mais para tentar consertá-las. Mas quando o navio está todo carregado, a tripulação a bordo e as âncoras são levantadas, você quer que a brisa sopre a seu favor para que a embarcação possa acelerar sua jornada. Quando alguém está preparado para sua jornada, pronto para partir, ele não se importa de permanecer nesses vales escuros, mas aspira a chegar aos picos brilhantes do monte de Deus, onde está o palácio do grande Rei. Que o homem saiba que repousa no precioso sangue de Cristo; que, examinando-se diligentemente, perceba em si mesmo as marcas da regeneração; que pelo testemunho de seu próprio espírito e pela testificação infalível do Espírito Santo em seu interior, esteja ele convicto de que é nascido de Deus. A consequência natural disso tudo o levará a dizer: "Que eu me desprenda de tudo o que é terreno e que eu entre no descanso que me foi assegurado como herança".

Vocês que perderam sua garantia por viverem de maneira negligente, pelo pecado cometido ou por alguma outra forma de transgressão, não me surpreende que se apeguem tanto ao mundo, pois temem que não tenham outra porção; mas como é diferente para aqueles que têm certeza de possuir mansões celestiais. Eles não pedirão para ficar neste exílio, mas cantarão no coração deles, como nós acabamos de fazer:

Jerusalém, meu doce lar,
Um nome sem igual para mim;
Quando minhas lutas findarão?
E sua alegria e paz, quando as verei?[35]

Além disso, meus amados, os santos estão mais dispostos a partir quando a *sua comunhão com Cristo é íntima e prazerosa*. Quando Cristo se esconde, temos medo de falar da morte ou do Céu; mas quando Ele se revela, mesmo espreitando pelas grades, podemos ver aqueles olhos que "...são como os das pombas junto às correntes das águas, lavados em leite, postos em engaste" (Ct 5:12), quando nossa alma se comove pelo sentimento de Sua proximidade e o vemos através de um vidro escuro. Ó, então gostaríamos de estar em casa, e nossa alma clama pelo dia em que poderemos ver o Rei em toda a Sua beleza, naquele lugar longe daqui. Você já sentiu saudades do Céu? Você já ansiou em ir para casa? Certamente, quando seu coração se encheu da beleza do Noivo e sua alma foi arrebatada por Seu precioso e doce

---

[35] Tradução livre de uma das estrofes do hino *Jerusalem, My Happy Home*, de Joseph Bromehead (1747–1826).

amor, você disse: "Antes que refresque o dia e fujam as sombras, volta, amado meu" (Ct 2:17). "Por que tarda em vir o seu carro?" (Jz 5:38). Você padeceu, por assim dizer, doente de amor por seu precioso Salvador e tem sede de vê-lo como Ele é e de ser como Ele. O mundo perde suas cores quando Cristo brilha. Ah, este mundo torna-se um mero amontoado de cinzas; enquanto Ele é absolutamente desejado por nós. Quando o precioso Cristo se manifesta ao nosso espírito, sentimos que poderíamos ver Jesus e morrer. Feche esses olhos, pois, se eles já viram *o Senhor*, não há mais nada para ser visto. "Sol escuro", disse Samuel Rutherford[36], "Lua escura, estrelas escuras, mas inconcebivelmente brilhante e glorioso é o Senhor Jesus". Quantas vezes esse homem devoto escreveu palavras como estas: "Ah, se eu tivesse que nadar pelos sete infernos para alcançá-lo, e se Ele me dissesse como a Pedro: 'Vem!' Eu iria até Ele, não somente sobre as águas[37], mas pelas ondas de fogo do inferno, se eu pudesse alcançá-lo e chegar-se até Ele". Farei uma pausa aqui para compartilhar as próprias palavras de Rutherford:

> *"Confesso que não tenho descanso, nem encontro calma, até estar totalmente submerso no mar do amor. Se o amor de Cristo (aquela fonte de delícias) fosse apresentado a mim tão visível quanto eu gostaria, ah, como eu beberia, sim, eu beberia em abundância! Eu quase chamo Sua ausência de crueldade; e o véu e máscara no rosto de Cristo é uma cobertura cruel que esconde um rosto tão belo desta alma*

---

[36] Pastor presbiteriano escocês, teólogo e autor (1600–61).
[37] Referência a Mateus 14:29.

doente. Não me atrevo a culpá-lo, mas Sua ausência é uma montanha de ferro que pesa em meu coração. Ó, quando nos encontraremos? Ó, quanto tempo teremos que esperar até o amanhecer para o dia do casamento? Ó, doce Senhor Jesus, apresse Seus passos; ó, meu Senhor, venha sobre as montanhas em um só passo! Ó meu amado, venha como uma gazela, como um cervo jovem pelas montanhas que nos separam. Ó, se Ele dobrasse os céus como um manto velho, e varresse o tempo e os dias que restam, e se apressasse-se em preparar a esposa do Cordeiro para seu Marido! Desde que Ele olhou para mim, meu coração não é mais meu; Ele correu para o céu e o levou consigo".[38]

Quando essas fortes angústias, essas dores ardentes de desejo insaciável chegam à alma que está totalmente repleta com o amor de Cristo, por ter reclinado a cabeça em Seu peito e por ter recebido os beijos de Seus lábios, então é a hora em que a alma diz: "Agora, Senhor, podes despedir em paz o teu servo" (Lc 2:29).

Assim, meus amados, os santos levantaram suas âncoras e içaram suas velas quando *conseguiram se separar de tudo o que há neste mundo*; e geralmente isso acontece quando eles se agarram ao mundo vindouro. Para muitos, este mundo terreno é muito doce e bom, mas Deus coloca ervas amargas no cálice de Seus filhos; quando seu ninho é muito confortável, Ele o enche de espinhos para fazê-los voar. Tenha cuidado,

---

[38] Tradução livre de um dos trechos da carta 180 do livro *Letters of Samuel Rutherford with Biographical Sketches of his correspondents* (Edinburgh, 1863). As cartas de Rutherford foram publicadas postumamente em 1664. Spurgeon as considerava "a coisa mais próxima da inspiração que pode ser encontrada em todos os escritos de meros homens".

pois é assim que deve ser, mas parece que alguns servos de Deus decidiram encontrar descanso sob a Lua. Mas são alienados aqueles que nutrem tal esperança.

Nesta nação, atacada pela praga, cada casa está carcomida por vermes e está cheia de goteiras que deixam passar a chuva e o vento; minha alma anseia por encontrar seu descanso entre os palácios de marfim de Seu reino, ó Emanuel.

Meus irmãos, a perda de um ente querido, a traição daqueles em quem confiamos, ou nossas doenças ou tristezas, nos ajudam a nos libertar das forças que nos acorrentam a esta vida, e então podemos dizer como Davi em um de seus salmos mais preciosos de todo o livro: "Pelo contrário, fiz calar e sossegar a minha alma; como a criança desmamada se aquieta nos braços de sua mãe, como essa criança é a minha alma para comigo" (Sl 131:2). Muitas vezes pensei que se Davi tivesse dito: "Minha alma é como uma criança desmamada", seria muito mais parecida com a maioria do povo de Deus. Mas sendo desmamados, completamente desmamados do mundo, afastando-nos de todos os seus consolos, isso é o que nos faria clamar: "Agora, Senhor, podes despedir em paz o teu servo…" (Lc 2:29). Assim como o salmista quando disse: "E eu, Senhor, que espero? Tu és a minha esperança" (Sl 39:7).

Uma vez mais, os santos estão prontos para partir quando seu trabalho estiver próximo de ser concluído. Talvez não seja o caso de muitos dos presentes aqui, mas foi assim para Simeão. Que homem bom! Ele tinha sido muito constante em suas devoções, mas desta vez ele foi ao Templo e ali mesmo, nos é dito, ele pegou o bebê nos braços e bendisse a Deus. Mais uma vez, ele rendeu sua alma em adoração; mais uma vez ele misturou seu louvor com as canções dos anjos. E ao fazer isso, abertamente ele confessou sua fé — outra obra importante para todo crente, pois ele disse: "porque os meus olhos já viram a tua salvação" (Lc 2:30). Ele deu testemunho público do menino Jesus e declarou que Ele seria uma "luz para revelação aos gentios" (v.32). Ao fazer isso, ele concedeu sua bênção paternal aos pais do bebê, José e Maria; ele os abençoou e disse à mãe: "Eis que este menino está destinado tanto para ruína como para levantamento de muitos em Israel" (v.34).

Ainda sobre o salmista, lemos que "...tendo Davi servido à sua própria geração, conforme o desígnio de Deus, adormeceu..." (At 13:36). Quando o trabalho de um homem termina, é hora de dormir. Simeão sentiu que já tinha feito tudo. Ele havia bendito a Deus, declarado sua fé, dado testemunho de Cristo, concedido sua bênção aos piedosos pais e, então, concluiu: "Agora, Senhor, podes despedir em paz o teu servo". Ó, cristãos, vocês nunca estarão prontos para partir se continuarem ociosos. Vocês, inertes e preguiçosos, que pouco ou nada fazem por Cristo; vocês, servos lentos, cujo jardim está cheio de ervas daninhas, não me surpreende que não queiram ver o seu Senhor! Sua passividade os acusa e os torna covardes. Somente aquele que aplicou seus talentos diligentemente está disposto a prestar contas de sua mordomia. Mas quando um homem reconhece, sem reivindicar nenhum crédito para si mesmo, que lutou o bom combate, que encerrou sua carreira e que guardou a fé[39], ele se alegra com a coroa que o espera no Céu e anseia por usá-la. Esforcem-se na obra do Senhor, amados irmãos, coloquem todas as suas forças nisso; não economizem em seus recursos: que seu espírito, alma e corpo

---

[39] Conforme 2 Timóteo 4:7.

sejam totalmente consagrados a Deus e usados em todo o seu potencial. Trabalhem enquanto é dia, pois quanto mais cedo você terminar seu trabalho, e tiver realizado tudo no seu dia adequadamente, mais cedo e mais doce chegará o momento em que as sombras se alongarão e Deus dirá a você, como um servo fiel: "Podes partir em paz!".

Há outro assunto que deixa os santos mais dispostos para partir, *é quando eles veem ou preveem o triunfo da Igreja do Senhor*. O bom Simeão viu que Cristo seria uma luz para revelação aos gentios e a glória de seu povo Israel; portanto ele disse: "Agora, Senhor, podes despedir em paz o teu servo" (Lc 2:29). Eu conheci um diácono muito piedoso que viu uma igreja murchar e declinar, seu ministério tornar-se infrutífero e os membros ficarem divididos entre si. Esse pobre homem derramou sua alma em agonia diante de Deus, e quando finalmente o Senhor enviou um homem para buscar o bem de Israel e a igreja foi edificada, ele se encheu de alegria e disse: "Agora, Senhor, podes despedir em paz o teu servo".

Para John Knox[40], no momento de sua morte, deve ter sido reconfortante ver que a Reforma havia sido firmemente plantada em toda a Escócia. O querido Latimer[41], amarrado à fogueira, encheu-se de alegria ao poder dizer: "Coragem irmão, acenderemos uma vela na Inglaterra hoje, que pela graça de Deus, nunca se apagará". Davi conclamou: "Orai pela paz de Jerusalém!..." (Sl 122:6). Sim, façamos isso e busquemos sua

---

[40] John Knox (1514–1572), foi o principal líder reformista escocês, o porta-voz da Reforma na Escócia a partir de 1547. Após um período de prisão e exílio na Inglaterra e na Europa, Knox retornou à Escócia em 1559, onde supervisionou a preparação da constituição e liturgia da Igreja Reformada Escocesa.

[41] Hugh Latimer (1485–1555), protestante inglês que promoveu a causa da Reforma na Inglaterra por meio de sua contundente pregação e da inspiração por seu martírio.

prosperidade, e se pudermos ver Cristo glorificado, o erro derrotado, a verdade estabelecida, pecadores sendo salvos e santos santificados, nosso espírito sentirá que tem tudo o que deseja. Que como o salmista em seus últimos momentos, quando expressou: "...da sua glória se encha toda a terra" (Sl 72:19), possamos nos recolher para nossa cama e morrer, visto que nossas orações, como as de Davi, filho de Jessé, foram atendidas. Oremos por essa paz e prosperidade, e quando contemplarmos o que está por vir, isso trará calma e descanso ao nosso espírito, para que estejamos prontos para partir em paz.

3. Agora, por um breve momento, quero chamar sua atenção para o terceiro ponto: *há palavras que nos encorajam a ter essa disposição para partir.*

Segundo a Tua palavra. Agora vamos para a Bíblia e nos deter em sete versículos selecionados, todos destinados a alegrar nosso coração sobre a disposição de partir. O primeiro é este: "Ainda que eu ande pelo vale da sombra da morte, não temerei mal nenhum, porque tu estás comigo; o teu bordão e o teu cajado me consolam" (Sl 23:4). "Nós andamos" — o cristão não acelera o passo quando morre; ele andou antes e ele não tem medo da morte, por isso anda com calma. É uma caminhada pela "sombra". Não há substância na morte; é apenas uma sombra. Quem tem medo de uma sombra? Não é um passeio solitário — "Tu estás comigo". Nem é uma caminhada que deve produzir terror; "não temerei mal nenhum": não só por não haver mal, mas porque nenhum medo atrapalhará minha hora de morrer. Será uma partida cheia de consolação: "o teu bordão e o teu cajado" — esta dupla concepção significa que temos consolo total. "O teu bordão e o teu cajado me consolam".

Vejamos outro versículo e, assim, sigamos a direção conforme a palavra do Senhor: "Observa o homem íntegro e atenta no que é reto; porquanto o homem de paz terá posteridade" (Sl 37:37). Se formos íntegros (isto é, sinceros) e se formos justos (ou seja, honestos de coração), nosso fim certamente será de paz.

O terceiro é este: "Preciosa é aos olhos do Senhor a morte dos seus santos" (Sl 116:15). A morte de um santo não é um evento comum; é um acontecimento extraordinário, estimado aos olhos do Senhor. Assim como os reis se deleitam em contemplar suas pérolas e diamantes, e os consideram preciosos, o mesmo ocorre no leito de morte dos santos, Deus olha Seus preciosos tesouros.

Outro versículo é: "E entra na paz; descansam no seu leito os que andam em retidão" (Is 57:2). Para o santo há uma entrada em paz, descanso em seu leito de morte, descanso para seu corpo na sepultura, descanso para seu espírito no seio de seu Senhor e um caminho de retidão na imortalidade. "Segundo a tua palavra." Quanta força há nessas poucas sílabas! Quando você pode pregar a Palavra de Deus, você é vitorioso. Nada concede tanta nutrição e sustento quanto um texto das Escrituras. Ela contém em si uma força de consolação própria. O quinto versículo é este: "Porque tudo é vosso: seja Paulo, seja Apolo, seja Cefas, seja o mundo, seja a vida, seja a morte, sejam as coisas presentes, sejam as futuras, tudo é vosso" (1Co 3:21-22). Ora, se a morte é nossa, não há razão para temer o que nos foi dado como parte de nossa herança.

Em seguida, vejamos o sexto: "E, quando este corpo corruptível se revestir de incorruptibilidade, e o que é mortal se revestir de imortalidade, então, se cumprirá a palavra que está escrita: Tragada foi a morte pela vitória. Onde está, ó morte, a tua vitória? Onde está, ó morte, o teu aguilhão? O aguilhão da morte é o pecado, e a força do pecado é a lei. Graças a Deus, que nos dá a vitória por intermédio de nosso Senhor Jesus Cristo" (1Co 15:54-57). Com uma palavra como esta, não há razão para temermos nossa partida.

E assim, eis o último versículo que citarei, o sétimo, e nesse número sete reside a perfeição do testemunho: "Então, ouvi uma voz do céu, dizendo: Escreve: Bem-aventurados os mortos que, desde agora, morrem no Senhor. Sim, diz o Espírito, para que descansem das suas fadigas, pois as suas obras os acompanham" (Ap 14:13).

E agora, atrevo-me a afirmar o que muitos de vocês já disseram: "Gostaria de receber uma palavra de Deus, como Simeão, para me encorajar na hora da minha morte". Ora, você tem isso diante de você; aqui estão os sete versículos que acabei de ler, sete palavras de testemunho confiável, e elas farão bem se você as considerar, pois são luz que brilha nas trevas. Essas promessas pertencem a todos os que acreditam em nosso precioso Senhor e Salvador Jesus Cristo. Portanto, não tenhamos medo, mas declaremos: "Agora, Senhor, podes despedir em paz o teu servo..." (Lc 2:29).

Já concluí o sermão, mas preciso fazer um fechamento dele. Apenas algumas palavras para aqueles que não podem morrer em paz visto que não são crentes em Cristo: você nunca viu a salvação de Deus nem é servo de Deus. Devo falar com você da mesma maneira que falei com os santos. Eu lhes expliquei os textos das Escrituras, porque a nossa passagem de hoje diz: "segundo a tua palavra"; e também lhes darei algumas passagens das Escrituras, que falam para aqueles que não têm esperança de partir em paz.

A primeira é negativa, pois mostra quem não pode entrar no Céu e, por isso, não pode partir em paz. Considerem o que Paulo afirma: "Ou não sabeis que os injustos não herdarão o reino de Deus?" (1Co 6:9). Os injustos, os opressores, os trapaceiros "não herdarão o reino de Deus". Vou ler essas palavras; não há necessidade de explicá-las, mas que todos os que as ouvem e caem sob seus flagelos se submetam à Palavra de Deus. "Não vos enganeis: nem impuros" — e há muitos em Londres — "nem idólatras" — e não é necessário adorar um deus de madeira ou pedra para ser idólatra. Se você adora qualquer coisa que não seja Deus, você é um idólatra — "nem adúlteros, nem efeminados, nem sodomitas, nem ladrões, nem avarentos, nem bêbados" — infelizmente, alguns deles vêm a esta casa regularmente — "nem maldizentes", isto é, caluniadores, mentirosos, faladores e aqueles que usam palavras obscenas, "nem roubadores" (vv.9-10) — vocês cobram 20% de juros, senhores, esmagando os pobres ao conceder empréstimos a eles com juros abusivos?! Nenhum destes herdará o reino de Deus. Nem mesmo um! Se você se enquadra nesta lista, a menos que Deus renove seu coração e o transforme, os portões sagrados do Céu se fecharão diante da sua face.

Agora, outro texto, de caráter positivo: "O vencedor herdará estas coisas, e eu lhe serei Deus, e ele me será filho. Quanto, porém, aos covardes..." (Ap 21:7-8) — isto é, aqueles que se envergonham de Cristo, que não se atrevem a sofrer pela causa do Senhor, que creem em tudo e ao mesmo tempo em nada creem, e assim negam a verdade, pois não resistem à perseguição; "aos incrédulos" — isto é, aqueles que não confiam em um Salvador — "aos abomináveis" — e estes não são poucos; existem abomináveis entre os pobres, e também existem os "corretos respeitáveis" que deveriam ser chamados de "corretos abomináveis"; sim, e pior que isso, ainda há pessoas cujos vícios as tornam abomináveis diante de toda a nação; "aos assassinos" — "Todo aquele que odeia a seu irmão é assassino" (1Jo 3:15); "aos impuros, aos feiticeiros" — aqueles que têm ou fingem ter relações com demônios e espíritos, médiuns de todo tipo; "aos idólatras e a todos os mentirosos" — e estes estão em toda parte, eles mentem na página impressa e também mentem na voz audível; "...todos os mentirosos, a parte que lhes cabe será no lago que arde com fogo e enxofre, a saber, a segunda morte" (Ap 21:8).

Note que tais palavras não são minhas, mas são palavras de Deus; e se elas o condenam, você está condenado; e se esta é a sua condição, corra imediatamente para Jesus. Arrependa-se e converta-se, e você terá o perdão, como diz o evangelho, por meio de Jesus Cristo. Amém.

4

JOÃO: O DISCÍPULO A QUEM JESUS AMAVA[42]

O discípulo a quem Jesus amava, o qual na ceia se reclinara sobre o peito de Jesus. —João 21:20

Nosso Senhor amou os Seus discípulos: "...tendo amado os seus que estavam no mundo, amou-os até ao fim" (Jo 13:1). E disse a todos os apóstolos: "Já não vos chamo servos, porque o servo não sabe o que faz o seu senhor; mas tenho-vos chamado amigos, porque tudo quanto ouvi de meu Pai vos tenho dado a conhecer" (Jo 15:15).

Entretanto dentro desse círculo de amor havia um lugar ainda mais íntimo e o amado João foi agraciado de ali habitar: na montanha do amor do Salvador havia uma pequena colina, um pouco mais alta que o restante da montanha, e

---

[42] Sermão nº 1539, ministrado na manhã de domingo, dia do Senhor, 23 de maio de 1880, no *Metropolitan Tabernacle*, Newington.

lá João fora colocado, mais perto de seu Senhor. Pelo fato de João ter sido agraciado por esse amor especial, não devemos pensar que Jesus amava menos Seus demais eleitos, ou que o grau do Seu amor por eles era menor. Eu compreendo, irmãos, que quem pode demonstrar um amor extraordinário por uma pessoa é muito mais capaz de demonstrar um grande afeto por muitos; portanto, por Jesus amar João de uma maneira especial, estou convicto do amor do Senhor pelos outros discípulos. Nem por um instante devemos supor que alguém tenha sofrido por causa da suprema amizade de Jesus com João. O "discípulo amado" foi elevado e os demais não foram rebaixados, pelo contrário, foram elevados também com João. Todos os crentes são seres preciosos escolhidos pelo Salvador, comprados com Seu sangue, Sua porção e herança, as joias de Sua coroa. Se, no caso de João, um é maior do que o outro no amor, todos eles são eminentemente grandes, e, portanto, é por isso que não devemos nos atrever a sonhar em chegar à altura de João, e não podemos imaginar sermos distinguido acima dos outros como "o discípulo a quem Jesus amava", sem dúvida, devemos ter profunda gratidão por fazer parte da irmandade que pode expressar: "...[Ele] me amou e a si mesmo se entregou por mim" (Gl 2:20). Se você não conseguiu igualar-se aos três principais guerreiros[43], alegre-se por pertencer à multidão dos que seguem o filho de Davi. É um privilégio incomparável e uma honra indescritível poder usufruir do amor de Jesus, mesmo que estejamos apenas marchando entre os soldados rasos, nas fileiras do Seu exército de amor. O amor

---

[43] Referência a 2 Samuel 23:19.

de nosso Senhor demonstrado a cada um de nós contém alturas imensuráveis e profundezas insondáveis, e ultrapassa a todo entendimento.

Contudo eu não diria tais palavras de encorajamento para fazer você ficar estagnado e satisfeito com um baixo nível de graça; antes, quero encorajá-lo para que você se eleve ao ponto mais alto do amor; pois se o Senhor já o amou com um amor eterno, se já o escolheu e o chamou, o guardou e o instruiu, se já o perdoou e se revelou a você, por que você não almejaria subir mais um ou dois degraus, para assim chegar ao ponto mais alto de eminência? Por que você não poderia ser considerado como Daniel, "...homem muito amado..." (Dn 10:11), ou como João, "o discípulo a quem Jesus amava"?

Ser amado como João, com um amor especial, é a forma mais íntima daquela mesma graça que todos os crentes em Cristo são favorecidos. Em minha tentativa de mostrar alguns aspectos bondosos e positivos do caráter de João, você não deve pensar e nem chegar a conclusões de que o amor de Cristo por João era independente da lei da graça; pois quaisquer características amáveis em João foram depositadas nele pela graça de Deus. De acordo com a lei das obras, João certamente teria sido condenado assim como qualquer um de nós; não havia nada em João que o tornasse legalmente digno do favor de Cristo. Assim como a graça escolhe o pecador mais vil entre os ímpios, essa graça também distinguiu João. Embora possamos admitir que João tinha certas características naturais que o tornavam amável, Deus é o criador de tudo o que é estimável no ser humano, e tais características se tornaram agradáveis a Cristo Jesus somente depois que o natural foi transformado e transfigurado pela graça no espiritual.

Irmãos, não falamos de João hoje como se ele tivesse sido amado por suas obras ou preferido no coração de Cristo por seus méritos pessoais, dos quais ele poderia se orgulhar. Ele, junto com todos os seus irmãos, era amado por Jesus porque Jesus é todo amor e escolheu dispor Seu coração para João. Nosso Senhor exerceu a soberania do amor e escolheu João por amor ao Seu nome; e ao mesmo tempo havia em João traços criados por Deus que eram objetos do amor de Cristo. O amor de Jesus foi derramado em abundância no coração de João, e assim João obteve uma deliciosa fragrância deste amor. Tudo foi pela graça: qualquer outra suposição está fora de cogitação. Para mim, esta forma especial do amor de nosso Senhor é um daqueles "melhores dons" (1Co 12:31) que somos ordenados a buscar. Mas, veja, é uma dádiva, um dom, e não um salário ou um bem que possamos adquirir. O amor não pode ser comprado e ele nunca menciona preço ou oferta. Sua essência é de um favor gratuito. "...Ainda que alguém desse todos os bens da sua casa pelo amor, seria de todo desprezado" (Ct 8:7). Então, de acordo com a analogia da graça, deve-se buscar o amor supremo da mesma forma como homens agraciados buscam maior graça; não como os legalistas que barganham e argumentam por sua recompensa e méritos. Se algum dia conseguirmos adentrar nas câmaras superiores do palácio do amor, o próprio amor nos ajudará a subir as escadas, sim, o amor deve ser a própria escadaria para nossos pés dispostos. Ó, clamo pela ajuda do Espírito Santo para poder falar de um assunto como este!

1. E agora, caros amigos, para nos aproximarmos do texto, *consideremos a própria expressão*, "o discípulo a quem Jesus amava".

Nossa primeira observação a esse respeito *é a seguinte: é uma designação que João dá a si mesmo*. Acho que ele repete isso cinco vezes. Nenhum outro autor do Novo Testamento refere-se a João como "o discípulo a quem Jesus amava". É assim que João se identificou, e todos os antigos autores cristãos o reconhecem com esse título. No entanto, não alimentemos suspeitas e acusações de petulância de sua parte. Este é um daqueles momentos em que a petulância está totalmente fora de cogitação. Naturalmente, você e eu não aceitaríamos esse título tão facilmente, mesmo que acreditássemos que tal designação seria merecida, pois estaríamos preocupados com nossa reputação e teríamos medo de parecermos presunçosos; mas esquecendo de si mesmo com doçura e ingenuidade, João se apropriou das palavras que bem conhecia para descrevê-lo com exatidão, não se importando com o que os outros pensariam. Longe de ser qualquer orgulho, esta atitude apenas mostra a simplicidade de seu espírito, a abertura, a transparência de seu caráter e um absoluto esquecimento de si mesmo. Sabendo que se tratava da verdade, ele não hesita em dizê-la: estava convicto de que Jesus o amava mais do que aos outros e, embora se maravilhasse com isso mais do que os outros, ele se alegrou tanto com o fato que não se importou em torná-lo público, não importando quais fossem as consequências para si mesmo.

Muitas vezes há mais orgulho em deixar de dar testemunho daquilo que Deus fez por nós do que em testemunhá-lo.

Tudo depende do espírito que nos move. Ouvi um irmão que demonstrou grande humildade ao falar com plena certeza do amor divino e, embora alguns pensem que ele estava se exibindo, senti em meu interior que seu testemunho positivo estava em perfeita sintonia com a mais profunda humildade, e que sua simples modéstia fazia com que se esquecesse de si mesmo e corresse o risco de parecer ousado e arrogante. Ele estava pensando em como glorificar a Deus, e a aparência de glorificar-se a si mesmo não o assustava, pois havia se esquecido de si mesmo em seu Senhor. Eu gostaria que pudéssemos suportar ser ridicularizados e acusados de sermos orgulhosos por causa do Senhor. Jamais teremos o título que João deu a si mesmo até que, como ele, ousemos nos apropriar dele sem corar.

É um título no qual João se esconde. Ele é muito cauteloso e não menciona o nome João. Ele fala de "outro discípulo" e "daquele outro discípulo" e, em seguida, do "discípulo a quem Jesus amava". Com esses títulos, ele tem um "codinome" para caminhar pelo texto de seu próprio evangelho. No entanto, conseguimos reconhecê-lo porque o disfarce é muito transparente, e ainda assim ele tenta se esconder atrás de seu Salvador; ela usa o amor de seu Senhor como um véu, embora seja um véu de luz. Ele poderia ter recebido o título de "o discípulo que teve visões de Deus", mas ele prefere falar de amor em vez de profecia. Na Igreja Primitiva encontramos escritos sobre João no qual ele é chamado de "o discípulo que se apoiou no peito de Jesus", que ele mesmo menciona em nosso texto. João poderia ter sido reconhecido como "o discípulo que escreveu um dos evangelhos" ou "o discípulo que sabia mais sobre o coração de Cristo do que qualquer outra pessoa"; mas ele dá preferência ao amor. João não é o discípulo que fez isso ou aquilo, mas o que recebeu amor de Jesus; e ele não é aquele discípulo que amou Jesus, mas o discípulo "a quem Jesus amava". João é o homem da máscara prateada[44]; mas conhecemos o homem e suas declarações e o ouvimos dizer: "E nós conhecemos e cremos no amor que Deus tem por nós. Deus é amor, e aquele que permanece no amor permanece em Deus, e Deus, nele" (1Jo 4:16).

Essa é uma designação com a qual João se sentia muito à vontade. Nenhum outro título o teria descrito melhor. Seu próprio nome, João, significa "presente de Deus" e ele foi um precioso presente de Deus Pai para Seu Filho sofredor e um grande conforto para o Salvador durante os anos em que transitou entre os humanos. Certamente Jesus o considerava o Seu Jônatas[45], Seu João, Seu presente de Deus, e o valorizava como tal; mas João não pensava muito no seu serviço ao seu Senhor, mas no que o seu Senhor era para ele. Ele se autodenomina "o discípulo a quem Jesus amava", pois reconheceu a aprazível obrigação que vem de um grande amor e quis estar sempre sob essa influência real. João olhava para o amor de Jesus como fonte e raiz de tudo o que era gracioso e louvável que havia nele. Se João teve coragem, se foi fiel, se teve algum grau de sabedoria, foi porque Jesus, com o Seu amor, derramou tais virtudes nele. Todas as belas flores do jardim do seu coração foram plantadas ali pela mão do amor de Cristo; por

---

[44] Provavelmente uma referência a um fato ocorrido na França. Existiu um prisioneiro na Ilha de Santa Margarida, que morreu aos 70 anos, em 1703, sem que nada se soubesse sobre sua identidade. Conta-se que quando havia necessidade de deslocamento, ele usava uma máscara metálica sobre a face.

[45] Referência a 1 Samuel 18:1-4.

isso, quando João se autodenomina "o discípulo que Jesus amava", sente que chegou ao fundo e à raiz da questão, o que explica a razão principal de ser o que ele era.

Esse título afetuoso era muito especial para João, pois evocava as mais belas lembranças de toda a sua vida. Aqueles curtos anos em que esteve com Jesus devem ter sido considerados por ele em sua velhice com grande êxtase como a coroa e glória de sua existência terrena. Não me surpreende que João tenha visto Cristo novamente em Patmos, depois de tê-lo visto na Palestina como ele o viu, pois tais visões são muito prováveis de ocorrerem novamente. Refiro-me a essas visões, pois o que João viu de seu Senhor não era algo comum. Às vezes, as visões têm ecos, assim como os sons; e quem quer que tenha visto o Senhor com o olho de águia de João, com seu olho interior profundo, é o homem com maior probabilidade de vê-lo novamente em visão, assim como João o viu entre as rochas do mar Egeu. Todas as memórias da melhor parte de sua vida foram despertadas pelo título que carregava, e a força desse título muitas vezes renovou sua íntima comunhão com o Cristo vivo, comunhão que o havia sustentado durante os horrores da crucificação e que durou até o fim de seus dias. Esse título encantador fez todos os sinos de sua alma tocarem; não soa um tanto musical: "O discípulo a quem Jesus amava"?

Esse título foi para ele um poderoso impulso de ação ao longo de sua vida. Como ele poderia trair Aquele que o amava tanto? Como ele poderia se recusar a prestar testemunho do evangelho do Salvador que o amava assim? Quantos quilômetros de estrada seriam demais para os pés do discípulo a quem Jesus amava? Que multidão de pessoas cruéis poderiam amedrontar o coração do discípulo a quem Jesus amava?

Que tipo de punição ou morte poderia intimidar aquele a quem Jesus amava? Absolutamente nenhuma, pois, a partir disso, no poder implícito nesse título, João se torna ousado e fiel, servindo seu amado Amigo de todo o coração. Por isso, afirmo que este título deve ter sido algo muito precioso para João, visto que nele esse discípulo se sentia à vontade; as fontes mais secretas de seu ser foram tocadas por essa identidade, e ele sentiu todo o seu ser, coração, alma, mente, memória, tudo incluído nas palavras "o discípulo a quem Jesus amava".

Além disso, *este título era uma designação que nunca foi contestada*. Você não vai encontrar ninguém reclamando de João por se descrever dessa forma. O consenso lhe concedeu o título. Seus irmãos ficaram um pouco chateados com ele quando sua querida mãe, Salomé, queria tronos para seus dois filhos, à direita e à esquerda do Messias. Mas o amor de Jesus por João nunca causou complicações entre seus irmãos, e João também não tirou proveito disso. Acredito que os apóstolos tacitamente reconheceram que seu Senhor estava perfeitamente correto em Sua escolha. Havia algo em João que fazia seus irmãos amá-lo, então eles não ficaram surpresos que seu Senhor fizera dele Seu amigo mais próximo. Quem é verdadeiramente amado por Deus geralmente recebe o amor dos irmãos, sim, e até de certo modo o amor dos ímpios; visto que quando os caminhos do homem agradam ao Senhor, Deus faz com que até os seus inimigos tenham paz com ele[46]. Quando Davi caminhava com Deus, todo o Israel o amava, e até Saul teve que afirmar: "…Mais justo és do que eu…" (1Sm 24:17). João era tão amoroso que atraía o amor em todos

---

[46] Conforme Provérbios 16:7.

os lugares. Podemos até ansiar pela bênção de tal escolha do Senhor, pois entre todos os tesouros conhecidos só o amor de Cristo não provoca inveja entre os irmãos, pelo contrário, traz uma alegria piedosa. Embora todos os santos desejem ardentemente receber grande amor, eles se alegram quando encontram alguém que já obteve essa bênção. Se já temos o cheiro de mirra, aloés e cássia, ficamos felizes em encontrar quem já tem um perfume delicioso em suas roupas. Não encontramos João dando discursos a seus irmãos ou agindo como senhor da herança de Deus, mas com toda gentileza e humildade ele justifica o carinho que nosso Senhor demonstrou por ele.

2. Até o momento, falamos a respeito do título. Mas agora, em segundo, *daremos uma olhada no caráter que respalda o título*.

Receio que possa fornecer apenas uma miniatura de João. No curto espaço de um sermão, é impossível o retratar por completo; e na verdade, mesmo que me arriscasse a fazê-lo, não sou um bom artista para realizar tal tarefa. Há muito no caráter de João que podemos admirar.

Primeiro, vamos olhar para *sua personalidade como indivíduo*. Ele tinha um coração muito grande e caloroso. Talvez sua principal força esteja na intensidade de sua natureza. João não é arrojado, mas é profundo e forte. Tudo o que João fez, ele fez com todo o seu coração. João era simples, um homem em quem não havia engano: não havia divisões em sua natureza, ele estava completo e indivisível em tudo o que sentia ou fazia. Não viveu questionando os fatos, não foi enganador, não estava inclinado a espionar as falhas dos outros e, em termos de dificuldades, mentais ou outras quaisquer, felizmente parece que ficou livre delas. Depois de considerar algo e chegar a uma conclusão, toda a sua natureza se movia como um pelotão em marcha firme. Aonde quer que ele fosse, João ia integralmente, com total determinação. Algumas pessoas seguem duas direções, ou ziguezagueiam, ou alcançam seu objetivo indiretamente; mas João avança a todo vapor, com os motores funcionando a toda velocidade.

Toda sua alma estava comprometida com a causa de seu Senhor, pois ele era um pensador profundo, um aluno silencioso e, então, um protagonista enérgico. Não era impetuoso com a pressa de Pedro, mas era decidido e meticuloso, e com zelo consumidor.

João era consistente, vivia o que acreditava e apegava-se firmemente ao que havia aprendido de seu Senhor. Leia suas epístolas e veja quantas vezes ele diz "sabemos", "sabemos", "sabemos". Não havia "e se" com ele; João foi um crente profundo e forte. Seu coração consente sem hipocrisia.

Em João percebemos um calor humano intenso. Ele amava seu Senhor; amava seus irmãos; amava de todo seu coração, porque sua essência era nobre. Amava constantemente, e amava de tal maneira que demonstrava coragem por seu Mestre, pois era um homem sem medo, um verdadeiro filho do trovão[47]. Ele estava pronto para ir para a linha de frente se solicitado, mas de uma forma muito tranquila, sem afobação e sem fazer alvoroços: João não era uma cachoeira estrondosa, mas sim, o fluir constante de um rio profundo.

---

[47] Conforme Marcos 3:17.

Juntando tudo o que sabemos sobre sua personalidade, olhamos para ele como um homem que é o oposto do típico filho da desconfiança: frio, calculista e fraco. Você sabe de que tipo de pessoa estou falando, pessoas que são muito boas à sua maneira, mas nada fascinantes ou dignas de serem imitadas. João era o oposto daqueles irmãos secos, inférteis, desprovidos de natureza humana; homens que são quase perfeitos porque não têm vida suficiente neles para pecar. Eles não fazem nada de errado, visto que eles nunca fazem nada. Conheço algumas dessas pessoas encantadoras, que criticam severamente os outros e são, elas mesmas, irrepreensíveis, exceto por esta única coisa: de não terem coração. João era um homem de coração cordial; um homem de intelecto, mas também de alma — uma alma que se estendia até a ponta de seus dedos; um homem mergulhado em uma vida intensa, mas tranquila; um homem a ser amado. Sua vida não era uma planta congelada, mas uma rosa vermelha. Ele exalava o verão em seu rosto, energia em seus modos, força constante em todos os seus movimentos. Ele era como aquele outro João de quem ele havia sido discípulo, uma "lâmpada que ardia e alumiava" (Jo 5:35). Havia luz e calor nele simultaneamente. Por natureza, João era intenso, sincero e generoso, e uma plenitude de graça repousava sobre ele que santificou essas virtudes.

Vamos agora olhar para ele *em seu relacionamento com seu Senhor*. O título que ele atribui a si mesmo é "o discípulo a quem Jesus amava". Jesus o amava como discípulo. Que tipo de discípulo os professores amam? Aqueles que já ensinaram jovens sabem bem que, se os professores pudessem escolher, certas pessoas seriam selecionadas antes de outras.

Se ensinamos, amamos aqueles que têm vontade de aprender, João era assim. Ele era um homem disposto a aprender. Ele não era como Tomé, lento, argumentativo, cauteloso; antes, visto que sabia com certeza que tinha diante de si um verdadeiro mestre, João se entregou completamente e estava disposto a receber tudo o que o Mestre tivesse a lhe revelar.

Ele era um discípulo com uma visão muito aguçada, pois podia ver o âmago dos ensinamentos de seu instrutor. Seu emblema na Igreja Primitiva era uma águia — uma águia que voa alto, mas também uma águia que pode ver à distância. João viu o significado espiritual das representações e emblemas; ele não se ateve apenas aos símbolos exteriores, como alguns discípulos fizeram, mas sua alma penetrante lia as profundezas da verdade. Você pode ver isso tanto em seu evangelho quanto em suas epístolas. Ele é um homem de orientação espiritual; não se detém apenas na letra, mas mergulha profundo, muito além da superfície. Ele perfura a casca exterior e atinge o ensinamento interior. O seu primeiro professor foi João Batista, e ele era um discípulo tão bom que foi o primeiro a deixar seu instrutor. Talvez você pense que isso não demonstra que João foi um bom discípulo. Mas de fato ele foi, pois o objetivo de João Batista era conduzir seus seguidores a Jesus. O próprio João Batista declarou: "...Eis o Cordeiro de Deus, que tira o pecado do mundo!" (Jo 1:29) e João era um seguidor tão bom do precursor de Cristo que imediatamente começou a seguir o Senhor pessoalmente, conforme João Batista o apresentara. E essa transição não foi brusca nem violenta: seu progresso foi natural e suave. Paulo veio a Jesus com um grande começo e uma grande mudança, quando ele se arriscou na estrada para Damasco; mas João moveu-se suavemente para o Batista, e então do Batista para o Senhor Jesus. João não era teimoso, nem hesitante, mas era ensinável, e assim progredia constantemente em seu aprendizado. Esse é o tipo de discípulo que é certamente muito amado por seu mestre e, portanto, João era "o discípulo a quem Jesus amava" (Jo 21:20).

João estava cheio de fé para aceitar o que estava sendo ensinado. Ele acreditava, e acreditava sem reservas, confiava plenamente. Ele não acreditava como algumas pessoas acreditam, com as pontas dos dedos de seu entendimento, mas agarrou-se à verdade com as duas mãos. João a guardou em seu coração e permitiu que a essência dela fluísse e inundasse todo o seu ser. Ele acreditava até nos recônditos mais íntimos de sua alma; João creu quando viu sangue e água [jorrar de Jesus][48] na cruz, e também creu quando ao entrar no sepulcro viu "o lenço que estivera sobre a cabeça de Jesus [...] deixado num lugar à parte" (Jo 20:7).

Sua fé produziu nele um amor forte e duradouro, visto que a fé age pelo amor. Ele acreditava em seu Senhor de uma forma docemente familiar: "No amor não existe medo; antes, o perfeito amor lança fora o medo..." (1Jo 4:18). Tal discípulo confiante e fiel é certamente amado por seu mestre.

João teve grande receptividade, absorveu tudo o que lhe foi ensinado. Era como o novelo de lã de Gideão, pronto para ser encharcado com orvalho do céu[49]. Toda a sua natureza absorveu a verdade que está em Jesus. Ele não era prolixo: creio que era um discípulo bastante quieto. João falou tão pouco que temos apenas uma expressão dele registrada nos

---

[48] Conforme João 19:34.
[49] Referência a Juízes 6:36-38.

evangelhos. Alguém pode dizer: "Discordo, pois me lembro de duas ou três ocasiões". Talvez você queira me lembrar quando ele pediu para sentar-se à direita de Cristo? Não me esqueci disso, mas digo que naquela ocasião foi Salomé, a mãe de João, quem falou isso. E novamente você pode me lembrar da pergunta de João sobre o traidor, na Ceia: "...Senhor, quem é?" (Jo 13:25). Sim, mas foi Pedro quem colocou essa pergunta em seus lábios. A única expressão de que me lembro no evangelho que veio exclusivamente de João foi "junto do mar de Tiberíades" (Jo 21:1), quando ele disse a Pedro: "...É o Senhor!..." (v.7). Foram poucas palavras, porém de profundo significado: o reconhecimento do seu Senhor, feito com toda a certeza pelo olhar vigilante do amor. Ele, que vivia muito perto do Senhor Jesus, pôde discernir melhor quem era aquele que estava na praia. "É o Senhor!", este é o grito alegre do amor, transbordando de alegria ao ver seu Bem-amado. Isso poderia ser o lema de João: "É o Senhor!". Ó, que nós também pudéssemos no meio da escuridão e tumulto discernir o Salvador e nos alegrar em Sua presença! "Bem-aventurados os limpos de coração, porque verão a Deus" (Mt 5:8); e assim era o discípulo amado.

Um traço muito importante no caráter de João como discípulo era seu intenso amor por seu Mestre. João não apenas recebeu a verdade, mas recebeu o próprio Senhor. Acredito que o coração humano é traído mais por seus defeitos do que por suas virtudes. Pode parecer uma observação estranha, mas é verdade. Um coração sincero demonstra claramente suas fraquezas, bem como sua excelência. Quais foram os pontos fracos de João, de acordo com a opinião de alguns? Em uma ocasião, ele foi intolerante. Certas pessoas estavam expulsando demônios, e ele as proibiu porque não faziam parte do grupo de discípulos. Ora, essa intolerância, embora fosse um erro, surgiu do amor ao seu Mestre; Ele estava tentando impedir que esses intrusos se tornassem rivais de seu Senhor e queria que eles se submetessem ao senhorio do seu amado Jesus. Em outra ocasião, os samaritanos não os receberam, e ele perguntou ao Mestre se ele podia pedir que caísse fogo do Céu sobre eles. Não vamos elogiá-lo por isso, mas essa iniciativa também foi motivada pelo seu amor a Cristo visto que sentiu grande indignação pelo comportamento mesquinho para com seu melhor amigo. Ele ficou tão indignado pela rejeição daqueles homens que se recusaram a receber o Salvador, que veio ao mundo para abençoá-los, que queria fazer descer fogo do Céu. Isso mostrou seu fervoroso amor por Jesus. Mesmo quando sua mãe pediu que ele e seu irmão se sentassem em tronos à direita e à esquerda de Cristo, foi uma fé profunda e racional em Jesus que sugeriu isso. Sua ideia de honra e glória estava ligada a Jesus. Se ele cedeu à ambição, foi uma ambição de reinar com o desprezado Galileu. Ele não quer sentar-se em um trono a menos que seja ao lado de seu Líder. Além do mais, quanta fé existe em tal pedido! Não que eu queira justificá-lo, mas direi algo para moderar a condenação desse caso. Nosso Senhor estava a caminho de Jerusalém para ser cuspido, humilhado e morto, e ainda assim João estava tão envolvido na carreira de seu Senhor que ele alegremente comandaria o destino de seu grande César, certo de que no final o Senhor subiria ao trono. João está feliz por ser batizado com Seu batismo e por beber de Seu cálice; ele está apenas pedindo para ser um participante com Jesus em todas as coisas. Como comentou um bom escritor, isso nos lembra a coragem daquele romano que decidiu comprar uma casa dentro dos muros de Roma quando ela caiu nas mãos do inimigo: João pede heroicamente um trono ao lado daquele que está prestes a morrer na cruz, porque tem certeza de Seu triunfo. Quando parecia que a causa e o reino de Cristo estavam prestes a serem extintos, João guardou de todo o coração sua fé em Deus e seu amor por seu amado Senhor, de forma que sua maior ambição era estar com Jesus e participar com Ele em tudo o que Ele seria e faria. Então você vê que em todos os momentos ele amou o seu Senhor com todo o seu coração, e, portanto, Jesus Cristo o amou; ou permita-me dizer com outras palavras — o Senhor amou João e, portanto, João amou o Senhor Jesus. Para colocar em suas próprias palavras: "Nós [o] amamos porque ele nos amou primeiro" (1Jo 4:19).

Devo pedir você que mais uma vez veja João como uma pessoa instruída. Ele era um discípulo amado, e continuou sendo um discípulo, mas então ele cresceu conhecendo mais e mais, e nessa capacidade eu diria dele que, sem dúvida, nosso Senhor Jesus o amava pela ternura produzida nele, pela graça, a partir de sua cordialidade natural.

Ele foi muito terno com Pedro, após a dolorosa queda do apóstolo, visto que, bem cedo pela manhã, João foi com ele até o sepulcro. Ele foi o homem que restaurou aquele que havia caído. Foi tão terno que nosso Senhor não disse a João: "...apascenta os meus cordeiros" (Jo 21:15), pois Ele já sabia que certamente João o faria; e o Senhor não disse: "...pastoreia as minhas ovelhas" (v.16), como disse a Pedro, pois sabia que João o faria pelos instintos de sua natureza amorosa. Ele foi um homem que, sob a orientação de Cristo, cresceu para ser um líder muito profundo e espiritual. As palavras que João usa em suas epístolas são simples, quase todas monossílabas, mas que significado poderoso elas contêm! Se pudéssemos comparar um escritor inspirado a outro, diríamos que nenhum outro autor dos evangelhos é comparável a ele em profundidade. Os outros contam-nos os milagres de Cristo e alguns dos Seus sermões, mas os Seus discursos mais profundos e a Sua incomparável oração [sacerdotal] foram reservados ao discípulo a quem Jesus amava. Onde algum assunto toca as profundezas de Deus, aí está João, com a sublime simplicidade da sua expressão, declarando as coisas que provou e tocou. De todos os discípulos, João era o mais parecido com Cristo, como diz o ditado popular: "A fruta não cai longe do pé". Jesus amava João pelo que viu de si mesmo em seu discípulo, criado por Sua graça. E é por isso que eu creio que você verá que, sem supor que João tinha qualquer mérito, havia elementos em seu caráter pessoal, em seu caráter de discípulo e em seu caráter de homem culto e espiritual, que justificavam nosso Salvador fazer dele o alvo de Sua afeição mais íntima.

3 Agora, em terceiro e muito brevemente, *vamos rever a vida que cresceu a partir desse extraordinário amor de Cristo.*

Em que consistia a vida de João? Primeiro, foi uma vida de *comunhão íntima*. João estava onde quer que Cristo estivesse. Aparte dos outros discípulos, estão presentes Pedro, Tiago e João. Quando todos os discípulos estão sentados à mesa, nem mesmo Pedro está sentado ao lado de Jesus, mas é João quem reclina a cabeça sobre o peito do Senhor. A relação de Jesus com João era muito próxima e afetuosa, eles eram uma nova versão de Davi e Jônatas. Se você é muito amado, viverá sua vida em Jesus; sua comunhão será dia a dia com Ele.

A vida de João foi uma vida de *instrução especial*. Ele aprendeu coisas que outros não sabiam, pois não podiam suportá-las. No final de sua vida, ele fora agraciado com visões que até o próprio Paulo, embora fosse um dos principais apóstolos, nunca tinha visto. Pela grandeza do amor de seu Senhor por ele, foi permitido a João ver as coisas que estavam por vir, e o Senhor ergueu o véu para mostrar-lhe o reino e a glória. Quem ama mais poderá ver mais; aos que mais dedicam o coração à doutrina mais será ensinado.

A partir de então, João se tornou um homem em cuja vida havia uma *profundidade maravilhosa*. Se, como regra geral, ele quase nunca falava quando seu Senhor estava com ele, é porque João estava absorvendo tudo, guardando suas palavras para uso posterior. João viveu uma vida interior. Ele era um filho do trovão, e poderia fazer a verdade trovejar bravamente, porque da mesma forma que uma nuvem de tempestade é carregada de eletricidade, assim João reuniu a força misteriosa da vida, do amor e da verdade de seu Senhor. Quando João quebrou o silêncio e falou, havia nele uma voz semelhante a voz de Deus; nele estava um profundo, misterioso e avassalador poder de Deus. Que grande clarão de luz é o Apocalipse! Que terríveis trovões estão escondidos dentro de suas taças e trombetas! Sua vida foi uma vida de poder divino por causa da grande chama que ardia em seu interior. Não era o lampejo de galhos secos de espinheiro queimando debaixo de uma panela fervendo, mas o brilho das brasas de uma fornalha onde toda a massa se derrete em um fogo consumidor. João é o rubi entre os Doze; ele brilha como uma luz quente que reflete o amor que Jesus esbanjou sobre ele.

Portanto, sua vida foi uma vida de *utilidade especial*. A ele foi confiado responsabilidades que implicavam em grande honra. O Senhor o encarregou de realizar um trabalho muito terno e delicado, que eu temo que Ele não poderia confiar a alguns de nós. Enquanto morria, pendurado no madeiro, o Redentor viu que Sua mãe estava entre a multidão e Ele não a confiou a Pedro, mas a João. Pedro certamente teria ficado feliz com tal atribuição, tenho certeza, assim como Tomé e Tiago; mas o Senhor disse a João: "Eis aí tua mãe" (Jo 19:27). E à sua mãe: "Mulher, eis aí o teu filho" (v.26). E "dessa hora em diante, o discípulo a tomou para casa" (v.27) e cuidou dela. João era tão modesto, tão reservado, eu diria até que ele era um cavalheiro, pois foi João quem cuidou dessa mãe que estava com o coração partido. E será que estou errado em dizer que ele era um cavalheiro? Se analisarmos a palavra, ele certamente foi o mais gentil dos homens. João tinha um comportamento gracioso e modos atenciosos necessários para cuidar de uma mulher de honra. Pedro era bom, mas rude; Tomé era bondoso, mas insensível; porém João era terno e afetuoso. Quando você ama Jesus sem reservas, Ele confia a você até mesmo Sua mãe. Com isso quero dizer Sua Igreja e os mais pobres dela, como as viúvas, os órfãos e ministros em necessidade. Jesus vai confiá-los a você porque o amor dele por você é abundante. Jesus não escolhe qualquer pessoa para esse trabalho. Alguns de Seu povo são muito severos e possuem coração de pedra, com mais qualidades para serem cobradores de impostos do que distribuidores de ofertas de amor. Eles poderiam facilmente se tornar capitães de um exército, mas não enfermeiros em um hospital.

Se você ama muito a Jesus, terá que realizar muitas tarefas delicadas que serão provas da confiança do Senhor em você e sinais renovados do amor dele por você.

Além disso, a vida de João tinha uma sensação extraordinária do Céu. Ele foi chamado de João, o Divino, e de fato ele o foi. Suas asas de águia o levaram às alturas, nos lugares celestiais, e ali João contemplou a glória do Senhor. Seja em Jerusalém ou Antioquia, Éfeso ou Patmos, o assunto de sua conversa era o Céu. Quando o Dia do Senhor o encontrou, João estava no espírito, esperando Aquele que vem nas nuvens e aguardando de tal forma que Aquele que é o Alfa e o Ômega se apressou em se revelar para ele. Foi o amor de seu Senhor que assim o preparou para ter visões gloriosas. Se tal amor não tivesse acendido o Seu próprio amor em João a fim de sustentá-lo fielmente junto à cruz durante toda a agonia, ele nunca seria capaz de contemplar o trono. João seguiu com amor Aquele indicado como o "Cordeiro de Deus" e, por isso, pôde vê-lo como o Cordeiro no centro do trono, adorado por anjos e santos redimidos, cujas harpas e instrumentos de cordas o engrandecem em Seu louvor. Ó, que nós também sejamos libertos dos fardos desta Terra e elevados às puras atmosferas celestiais e espirituais.

4. Termino dizendo, em poucas palavras: *aprendamos as lições* daquele discípulo a quem Jesus amava. Que o Espírito Santo seja quem as dite no mais íntimo de nosso coração.

Primeiramente, falo para aqueles que ainda são jovens. Se você quer ser "o discípulo a quem Jesus amava", *comece cedo*.

Presumo que João tinha entre 20 e 25 anos quando se converteu. Seja como for, ele era bastante jovem. Todas as representações pictóricas de João que chegaram até nós, embora eu não lhes dê muito valor, concordam em apresentar João como um jovem. A piedade juvenil contém em si a grande oportunidade de se tornar piedade eminente. Se você começar a caminhar com Cristo cedo, melhorará seu ritmo e o hábito crescerá em você. Aquele que se torna cristão nos últimos anos de sua vida raramente atinge os graus mais elevados da vida espiritual, por falta de tempo e por causa da influência de antigos hábitos que os atrapalham; mas você que começa cedo está plantado em solo bom, com bastante sol e deve atingir a maturidade.

Em seguida, se gostaríamos de ser amados por Cristo como João foi, *devemos dedicar os melhores pensamentos do coração às coisas espirituais*. Irmãos e irmãs, não vamos nos deter nos aspectos exteriores da ordenança, antes busquemos seu significado interior. Nunca permita que sua alma seja grata e feliz simplesmente por ter estado na casa de oração, no domingo, por exemplo. Antes, pergunte a si mesmo: "Eu realmente o adorei? Minha alma experimentou comunhão com Deus?". Nas duas ordenanças: Batismo e Santa Ceia, não fique com a casca, mas procure chegar ao cerne de seu significado. Não descanse até que o Espírito de Deus realmente habite em você. Lembre-se de que "...a letra mata, mas o Espírito vivifica" (2Co 3:6). O Senhor Jesus Cristo não se agrada daqueles que amam usar filactérios largos, nem de múltiplos sacramentos, rituais sagrados e observâncias supersticiosas. O Pai procura por adoradores que "o adorem em espírito e em verdade" (Jo 4:24). Seja espiritual, pois assim é mais provável que você esteja entre aqueles que são muito amados.

Depois disso, *anseie por um santo ardor*. Não reprima suas emoções e não congele sua alma. Você já conhece o tipo de irmãos que são dotados com o poder do resfriamento. Quando você aperta a mão deles, tem a sensação de estar com um peixe na mão: um frio que penetra na alma. Ouça-os quando eles cantam. Ó não, você não pode ouvi-los! Sente-se no banco ao lado, e você nunca ouvirá nem o mais leve suspiro — e eles acham que estão cantando. Lá fora, em suas ocupações seculares, são ouvidos a centenas de metros de distância, mas se oram em adoração, é necessário esforçar-se para ouvir o que dizem. Eles realizam todo o serviço cristão como se fossem trabalhadores assalariados de um mau empregador que paga salários miseráveis. Quando estão no mundo, trabalham como se sua preciosa vida estivesse em jogo. Esses irmãos não sabem ser afetuosos. Nunca encorajam um jovem porque temem que suas palavras de encorajamento o exaltem demais. Um pouco de encorajamento ajudaria muito o jovem que está lutando, mas esses irmãos não oferecem nada. Eles calculam, recalculam e agem com prudência; mas qualquer coisa que se pareça a uma confiança corajosa em Deus, eles rejeitam como se fosse uma loucura precipitada. Que Deus nos torne mais temerários; sim; pois aquilo que as pessoas consideram como imprudência pode vir a ser a maior coisa debaixo do Céu. Entusiasmo é um sentimento que esses tais refrigeradores não apreciam. O lema deles é: "Como era no princípio, assim é hoje, e assim será, pelos séculos dos séculos, amém". Eles não conseguem entender nem um pouco do que é feito por Cristo nem a pressa em salvar almas. Preste atenção nisto: se você observar esses irmãos em suas casas, descobrirá que eles têm pouca alegria em si mesmos e trazem pouquíssima alegria aos outros. Nunca conseguem ter a plena certeza da salvação deles, e se eles mesmos não estão certos disso, podemos supor que eles pensam que nem os outros a têm. A força que deveria ter sido investida em amor ardente é desperdiçada em pensamentos ansiosos. Eles nasceram no Polo Norte e vivem perpetuamente numa nevasca; nem mesmos todas as peles do Canadá poderiam aquecê-los. Em torno deles você não vê as ricas flores tropicais que adornam o coração no qual o Sol da Justiça brilha com raios perpendiculares. Esses gélidos mortais nunca cruzaram as regiões ensolaradas do amor celestial onde as deliciosas especiarias da santidade perfumam o ar e as maçãs douradas estão por toda parte ao alcance dos corações brilhantes. Que o Senhor nos conduza para lá!

Jesus Cristo ama pessoas calorosas. Ele nunca ilumina um *iceberg*, exceto para derretê-lo. Sua própria vida é tão cheia de amor que Seu fogo santo acende a mesma chama nos outros e, assim, Ele tem comunhão com aqueles cujo coração arde dentro de si. O amor é correspondido com amor. Se queremos desfrutar do amor de Jesus, devemos transbordar de amor. Ore ao Senhor pedindo-lhe por um afeto intenso, disposto e sincero. Deposite seu coração entre as brasas até que ele derreta e brilhe.

Querido irmão, se você quer ser uma pessoa a quem Jesus ama, cultive um forte afeto e *permita que sua natureza seja sempre amável e gentil*. O homem que costuma ficar zangado e com frequência se irrita não pode andar com Deus. Um homem de mau humor, de ira explosiva, que nunca tenta se controlar ou que guarda memórias maliciosas de ofensas passadas, como um fogo aceso entre faíscas, não pode ser companheiro ou amigo de Jesus, cujo espírito é de caráter totalmente oposto. Nosso Senhor se agrada de um coração sensível, compassivo, generoso e altruísta. Perdoe seus semelhantes como se a ofensa nunca tivesse existido. Quando irmãos lhe ferirem, suponha que eles tenham feito isso por engano; ou pense que, se eles lhe conhecessem melhor, teriam lhe tratado com mais severidade. Tenha essa mentalidade em relação a eles e você jamais ofenderá ou se sentirá ofendido. Esteja preparado para abrir mão, não apenas do seu conforto, mas até mesmo da sua própria vida pelos irmãos. Viva a alegria dos outros, assim como os santos vivem no Céu. Ame os outros e esqueça suas próprias aflições. Desta forma, você se tornará uma pessoa muito amada.

Por fim, que o Espírito de Deus o ajude a chegar às alturas celestiais. Não seja ganancioso, avarento e miserável, nem seja um verme sórdido e rastejante. Não saia à caça de prazeres e novidades terrenas, não coloque o seu coração em tais brinquedos infantis, que se deteriorarão muito em breve. Não sejam mais crianças, mas homens de Deus. Ó, que você possa encontrar sua alegria em Cristo, sua riqueza em Cristo, sua honra em Cristo, seu tudo em Cristo; isso é paz. Estar no mundo, mas não pertencer ao mundo: viva aqui como se fosse um mensageiro enviado do Céu para habitar por algum tempo entre os filhos dos homens, para lhes falar sobre o Céu e para lhes mostrar o caminho; isso é permanecer no amor de Cristo. Esteja sempre pronto para voar, fique na ponta dos pés, esperando a chamada celestial, esperando a trombeta soar sua nota de clarim, o soar da trombeta que anuncia a vinda do seu Senhor; isso significa ter comunhão com Cristo. Deixe de lado tudo que é mundano, eu suplico a você. Segure-se com mais força ao que pertence ao mundo vindouro; e assim o amor de Jesus será abundantemente derramado em seu coração. Lance suas âncoras para cima, para o mar sereno do amor divino; não como os marinheiros, fixando-se aqui embaixo, em um oceano turbulento. Lance suas âncoras no trono eterno, e nunca pense em se afastar do amor de Deus, que está em Cristo Jesus nosso Senhor. Irmãos e irmãs, que seja este o nosso privilégio: reclinar a cabeça no peito de Jesus, até o dia amanhecer e as sombras desaparecerem. Amém e amém.

5

ANDRÉ: UTILIDADE DO DIA A DIA [50]

E [André] o levou [Pedro] a Jesus.
—João 1:42

Nós temos um desejo muito forte de ver um avivamento da fé em nosso meio e em todas as igrejas que pertencem ao nosso Senhor Jesus. Vemos como o engano está avançando demasiadamente e gostaríamos de hastear uma bandeira pela causa da verdade. Sentimos compaixão pela numerosa população entre a qual vivemos, pois essas pessoas não têm Deus e não conhecem a Cristo, e aquilo que lhes traria paz está oculto de seus olhos; e, é por isso que desejamos ardentemente ver o Senhor realizar os milagres de Sua graça. Nossa esperança é que venha o tempo propício do favor de

---

[50] Sermão nº 855, ministrado na manhã de domingo, dia do Senhor, 14 de fevereiro de 1869, no *Metropolitan Tabernacle*, Newington.

Deus sobre Sião, e queremos insistir na oração para que Deus revele Seu braço forte e faça grandes coisas nestes últimos dias. Nosso desejo e anelo, que se expressam por meio de nossas celebrações especiais, são bons e justos. Diante de quem desafia nossa sinceridade, cultivemos e provemos por nosso zelo e paixão por Deus que esse desejo não é fingido ou superficial.

Contudo, irmãos, é bem possível que, além de cultivar o anseio por um avivamento da fé, estejamos sonhando acordados e concebendo em nossa mente uma ideia da forma como a visitação divina deve acontecer. Ao lembrar o que ouvimos sobre outros tempos de renovo, esperamos uma repetição dos mesmos sinais exteriores, e supomos que o Senhor irá se revelar da mesma forma como fez com Livingstone[51], na *Kirk of Shotts*, ou com Jonathan Edwards[52], na Nova Inglaterra, ou com Whitefield[53], em nosso país. Talvez em sua mente você já tenha imaginado que Deus levantará um pregador extraordinário cujo ministério atrairá multidões e, enquanto ele estiver pregando, Deus Espírito Santo abençoará essas palavras, para que centenas sejam convertidos em cada sermão; então outros evangelistas com as mesmas características se levantarão, e de ponta a ponta esta ilha ouvirá a verdade e sentirá seu poder.

---

[51] Em 21 de junho de 1630, durante o sermão de John Livingstone (1603–72), na Kirk of Shotts (Igreja Escocesa), ocorreu um avivamento. Uma tremenda unção foi concedida a ele enquanto ministrava sobre Ezequiel 37:25-26 para aproximadamente mil pessoas. Uma convicção tão poderosa a respeito do pecado caiu sobre a audiência que houve cerca de 500 pessoas convertidas naquele dia.

[52] Em 1734, enquanto Jonathan Edwards (1703–58) pregava uma série de sermões sobre a justificação pela fé, surgiu em sua região um avivamento que, nos anos seguintes, alastrou-se por toda a Nova Inglaterra. Esse foi o início do que seria, sob muitos aspectos, o avivamento mais extraordinário na história da América do Norte.

[53] George Whitefeld (1714–70) foi provavelmente o pregador mais extraordinário do século 18, seus sermões atraiam multidões. Ele ministrava ao ar livre, pois as igrejas na Inglaterra, naquela época, não o recebiam. A partir de 1737, com apenas 23 anos, Whitefield sacudiu a Inglaterra com uma série de sermões que transformaram a sociedade britânica. Ardia nele um zelo santo de ver todas as pessoas libertas da escravidão do pecado.

Sim, pode ser que Deus nos visite dessa maneira. É possível que aqueles sinais e milagres que frequentemente acompanham os avivamentos se manifestem novamente. O Senhor pode abrir os Céus, enviar Sua bênção e fazer com que as montanhas derretam a Seus pés; mas também é bem possível que Ele escolha um método diferente. O Espírito Santo pode revelar-se como um rio poderoso, em inundações impetuosas que carregam tudo com Sua corrente majestosa; mas também, se for Sua vontade, Ele pode revelar Seu poder como um orvalho suave, que, sem ser notado, refresca toda a Terra. Pode acontecer conosco como aconteceu com Elias, quando o fogo e o vento forte passaram diante dele, mas o Senhor não estava em nenhum desses poderosos elementos. Deus preferiu comunicar-se com Seu servo por meio de uma voz mansa e suave[54]. Talvez aquele sussurro seja a linguagem da graça do Senhor nesta congregação. Seria então inútil mapearmos o caminho para o Deus eterno, e em vão estaríamos rejeitando todo o bem que Deus quer nos conceder, pois acontece que Ele não se manifesta da forma que já fixamos em nossa mente como a maneira correta. Em vão, eu disse? Na verdade, esse preconceito não é apenas em vão, mas é extremamente danoso.

Muitas vezes acontece que, enquanto fazemos planos imaginários em nossa mente, deixamos escapar oportunidades reais. Existem aqueles que nunca construíram nada, visto que não podem construir um palácio; então, ficam tremendo no frio do inverno. Nunca usam roupas simples feitas em casa, pois procuram veludo escarlate e linho fino; eles não se contentam em fazer o pouco, então não fazem nada. Portanto,

---

[54] Referência a 1 Reis 19:11-13.

esta manhã, quero dizer a todos os crentes em Cristo que não adianta pedir um grande avivamento e nos confortarmos nessa esperança, se nosso zelo e entusiasmo é apenas brilho e efervescência que logo desaparece. Em vez disso, nosso plano é, com as mais altas expectativas e os mais elevados desejos, imitar aquela mulher de quem está escrito: "ela fez o que pôde..." (Mc 14:8), trabalhando diligentemente em obras simples e sagradas, dentro de nosso alcance, de acordo com o preceito de Salomão: "Tudo quanto te vier à mão para fazer, faze-o conforme as tuas forças..." (Ec 9:10). Enquanto os crentes se mantiverem ocupados, fazendo com grande zelo o que Deus os capacita a fazerem, eles estarão trilhando o caminho certo para o êxito abundante; mas se eles ficarem ociosos o dia todo, apenas boquiabertos com os milagres, a pobreza espiritual virá sobre eles como homem armado.

Escolhi o texto de hoje para que possamos falar sobre assuntos práticos e sobre esforços que estão ao alcance de todos. Não falaremos do triunfo universal do evangelho, mas de sua vitória em cada coração; nem tocaremos no assunto dos esforços de toda a igreja, mas do fervor piedoso do discípulo individual. Se a Igreja Cristã tivesse boa saúde espiritual, seus membros seriam profícuos estudiosos da Palavra de Deus e estariam transbordando pelo Espírito de Cristo de tal forma que tudo de que precisariam em seus magníficos cultos, além da adoração, seria uma breve palavra de encorajamento e orientação que receberiam como soldados bem treinados e entusiasmados, esperando apenas pela voz de comando para executar imediatamente seus atos corajosos. É assim que gostaria de falar hoje, e é assim que gostaria que você ouvisse nesta hora.

Então, para começar, Cristo chamou André para ser Seu discípulo. Imediatamente, ele começou a trabalhar, recrutando um pequeno exército, ao discipular outros. Ele encontrou seu irmão Pedro e o levou a Jesus.

1. Primeiramente, nesta manhã, gostaria que vocês prestassem atenção *no discípulo missionário*.

André é a imagem ideal do que todo discípulo de Cristo deveria ser. Então vamos começar. Esse primeiro e bem-sucedido missionário cristão também *era um seguidor sincero de Jesus*. É necessário enfatizar esse fato? Não! Mas será que é desnecessário, tendo em vista que há tantos que professam uma fé que não possuem? Há muitos que se lançam voluntariamente para trabalhar nos ofícios da Igreja de Cristo, sem realmente demonstrarem interesse pela glória do reino do Senhor e sem parte alguma nele. É por isso que sempre será necessário repetir esta admoestação: "Mas ao ímpio diz Deus: de que te serve repetires os meus preceitos...?" (Sl 51:16). Quem nunca viu a graciosidade de Emanuel não está qualificado para descrevê-la a ninguém. Para um obreiro útil no serviço de Jesus, sua primeira necessidade é conhecer a piedade vital pela experiência. Um pregador que não conhece a Cristo por si mesmo está sob maldição. Em sua infinita soberania, Deus pode usar tal pessoa para abençoar outros, mas a cada segundo que ele abusa do púlpito como usurpador, é um impostor; e toda vez que ele prega, ele zomba de Deus; e ai desse homem, quando o Senhor o chamar para prestar contas! Vocês, jovens, que não são convertidos e começam a trabalhar nos programas de ensino da Escola Dominical, comprometendo-se a ensinar aos outros o que vocês mesmos não sabem, colocam-se em uma posição solene e de perigo extraordinário. E digo "perigo extraordinário" porque vocês professam saber, já que são professores, e serão julgados por essa confissão, e temo que sejam condenados por suas próprias bocas. Vocês conhecem apenas a teoria da fé, e de que isso adianta se o seu poder é para vocês algo estranho? Como vocês podem guiar os outros por um caminho que vocês mesmos se recusam a trilhar?

Além disso, tenho notado que aqueles que trabalham ativamente na igreja sem primeiro terem crido em Cristo, em geral, continuam a viver sem fé, pois se contentam com a boa reputação que já conquistaram. Ó, caros amigos, tenhamos cuidado com isso. Nestes dias em que a hipocrisia é tão comum, é tão fácil cair no autoengano que eu não gostaria que vocês se colocassem onde esses vícios são quase inevitáveis. Se alguém voluntariamente chegou ao ponto em que é dado como certo que é uma pessoa piedosa, seu próximo passo será imitar a piedade e, com o tempo, bajulará a si mesmo baseado na crença de que realmente possui aquilo que tão bem finge ter. Cuidado, caros ouvintes, com uma religião que não é verdadeira; pois é pior do que não ter religião alguma. Cuidado com uma forma de piedade que não é sustentada pelo fervor de sua alma e coração. Esta época de falsidade nos ajuda muito pouco a fazer um autoexame, e é por isso que insisto tanto que cada um de nós, antes de buscar conduzir outros a Cristo, deve deliberadamente perguntar a si mesmo: "Sou um seguidor de Cristo? Fui lavado pelo Seu sangue? Fui renovado pelo Seu Espírito?". Do contrário, meu dever não é subir ao púlpito, mas me ajoelhar em oração. Minha primeira ocupação não deve ser na Escola Dominical, mas no meu quarto, confessando meu pecado e buscando o perdão por meio do sacrifício expiatório do Senhor.

André era sincero em sua preocupação com a alma dos outros, embora fosse apenas um recém-convertido. Pelo que sabemos, aparentemente, um dia ele viu Jesus como o Cordeiro de Deus e, no dia seguinte, ele levou seu irmão Pedro a Cristo. Se ontem você encontrou alegria e paz, longe de nós proibi-lo de exercer sua paixão recém-nascida e seu tenro ardor. Não, irmãos e irmãs, não demorem, mas apressem-se para espalhar as boas-novas que são tão vivas e alegres para vocês hoje. Deixe que os mais avançados e experientes cuidem dos céticos e dos capciosos, mas você, sim, mesmo você, inexperiente como é, pode encontrar alguém a quem possa influenciar muito bem; algum irmão como Simão Pedro, alguma irmã que é muito querida para você e que pode ouvir sua história e acreditar na simplicidade de seu testemunho. Mesmo que você seja muito novo na graça, e com pouca instrução, comece a obra de salvar almas, e:

Diga a cada pecador
Que você já encontrou o Salvador.[55]

Se a religião de Jesus Cristo consistia em doutrinas obscuras, impossíveis de entender; se as verdades salvadoras do Cristianismo fossem questões metafísicas, difíceis de lidar; então seria indispensável que todos os obreiros de Deus fossem maduros em seu julgamento, e seria muito prudente

---

[55] Tradução livre de versos do hino *Then I will tell to sinners 'round what a dear Savior I have found*, de John Cennick (1717–55).

dizer ao novo convertido: "Espere até que você esteja preparado e instruído"; mas visto que a salvação é tão simples como A, B, C, pois nada mais é do que: "Quem crer e for batizado será salvo..." (Mc 16:15), toda pessoa que confiar nos méritos de Cristo será salva. Você, que já confiou nele, sabe que Jesus o salvou, e sabe que Ele também pode salvar outros. Eu o encarrego diante de Deus: fale sobre isso, por todos os lados, ao que está a sua esquerda e a sua direita, mas principalmente fale a sua própria família e amigos, para que eles também encontrem a vida eterna.

André era um discípulo, um discípulo principiante; e podemos acrescentar: ele era *um discípulo comum*, um homem de habilidade mediana. Ele não tinha a personalidade notável que seu irmão Simão Pedro desenvolveu. Em todos os relatos da vida de Jesus Cristo, o nome André aparece, mas sem conexão com qualquer incidente extraordinário. Embora mais tarde ele sem dúvida tenha se tornado um apóstolo muito útil, pois, de acordo com a tradição, ele selou o ministério de sua vida morrendo em uma cruz. A princípio, André, no que diz respeito a talentos, era um crente comum sem nada de muito especial. No entanto, ele se tornou um ministro útil. Está claro que os servos de Jesus Cristo não têm desculpa para não se esforçarem para estender as fronteiras de Seu reino, dizendo: "Não tenho talentos extraordinários ou habilidades especiais". Discordo totalmente daqueles que depreciam os ministros de poucas habilidades, zombam deles e sugerem que não deveriam ocupar o púlpito. Será, irmãos, que como servos de Deus, devemos ser avaliados apenas por nossas habilidades de oratória? Isso está em harmonia com a atitude de Paulo, quando ele renunciou à sabedoria das palavras para impedir que a fé dos discípulos se baseasse na sabedoria humana e não no poder de Deus[56]? Se todas as estrelas menores pudessem ser apagadas da Igreja Cristã, e apenas as de primeira magnitude permanecessem, a escuridão deste pobre mundo aumentaria extraordinariamente. Quantas vezes pregadores eminentes, que são o deleite da igreja, são levados à fé pelos de menor grau, como Simão Pedro, que se converteu graças a André! Quem pode dizer o que poderia ter acontecido com Simão Pedro se não fosse por André? Quem sabe se a igreja poderia ter tido um Pedro se ela tivesse proibido André de abrir sua boca? E quem pode apontar o dedo para o irmão ou irmã menos talentoso e dizer: "Este deve ficar calado?". Não, irmãos. Se você tem apenas um talento, deve usá-lo com maior fervor. Deus cobrará isso de você! Não permita que seus irmãos o impeçam de multiplicá-lo. Se a sua luz é tão pequena como a de um vaga-lume, não a esconda, pois há algum olho predestinado a enxergar graças à sua luz, um coração que encontrará conforto, graças ao seu pequeno brilho. Brilhe, e o Senhor usará você.

Estou colocando desta forma para chegar à conclusão de que todo aquele que professa a fé em Cristo pode fazer algo em favor da extensão do reino do Redentor. Eu gostaria que todos os membros desta igreja, quaisquer que sejam seus talentos, tivessem a mesma *disposição* de André. Assim que se converteu, tornou-se um missionário; assim que aprendeu, começou a ensinar. Quem dera fôssemos como André: *perseverantes* e dispostos. Ele primeiro alcançou Pedro; foi sua primeira conquista, mas quantos outros ele alcançou depois, e

---

[56] Conforme 1 Coríntios 2:4-5.

como poderíamos saber? Em toda a sua longa vida de serviço, é provável que André tenha conduzido muitas ovelhas perdidas ao aprisco do Redentor; mas certamente essa primeira ovelha foi uma das mais queridas ao seu coração. "Ele achou primeiro o seu próprio irmão, Simão..." (Jo 1:41). André era o pai espiritual de muitos filhos, mas ele estava mais feliz por ser o pai de seu próprio irmão Pedro — seu irmão na carne, mas seu filho em Cristo Jesus.

Se fosse possível, eu me aproximaria de cada um de vocês pessoalmente, os tomaria pela mão e, com um afeto muito sincero — sim, até com lágrimas —, clamaria em oração Àquele a quem devemos a redenção, e pediria a Ele que os despertasse e que os levasse a render seu serviço ao Amado de nossa alma. Então, não dê desculpas, pois desculpas não valem para aqueles que foram comprados por um preço tão alto. Certamente, você argumentará que seu negócio requer muita atenção de sua parte, e eu sei disso; no entanto, use seus negócios de maneira que, por meio deles, você possa servir a Deus. E, além do mais, você deve ter algum tempo para se dedicar ao serviço sagrado. Pode haver alguma oportunidade de dedicar-se diretamente à busca de conversões. Confio a vocês, irmãos e irmãs, a responsabilidade de aproveitar essas oportunidades, que chegam diretamente à sua porta. Para alguns de vocês, a desculpa de estar ocupado "com os negócios" não se aplica, pois possuem tempo livre. Ó, eu imploro: não desperdicem o tempo livre de vocês com frivolidades, com conversas tolas, com ócio e com autocomplacência! Que o tempo não lhes passe em assuntos vãos para que depois não possam fazer mais nada, ou em simples preparações para terem grandes experiências; antes, como

André, apressem-se de uma vez para servir a Jesus Cristo. Se você pode alcançar apenas uma pessoa, não a deixe permanecer sem o evangelho.

O tempo avança rapidamente, e o povo está perecendo. O mundo está envelhecendo em pecado. Superstição e idolatria criam raízes no solo da natureza humana. Quando, eu pergunto, quando a Igreja terá a plena intenção de derrotar os inimigos de seu Mestre? Se temos tão pouca força, não podemos nos dar ao luxo de desperdiçar nem mesmo a menor porção. Diante de tantas necessidades que nos advêm, não podemos nos entreter com ninharias. Ó, se eu tivesse o poder de mexer com a alma e o coração de todos os meus irmãos cristãos com uma descrição desta enorme cidade afundando na iniquidade, com uma imagem de túmulos e cemitérios lotados de inumeráveis cadáveres; com um retrato daquele lago de fogo ao qual, ano após ano, multidões descem.

Certamente o pecado, a sepultura e o inferno são assuntos que podem inquietar até os ouvidos congelados da morte. Ó, se eu pudesse colocar o Redentor na cruz diante de seus olhos, morrendo para resgatar almas! Ó, se eu pudesse descrever o Céu que os pecadores estão perdendo e o arrependimento deles ao perceberem que o rejeitaram, eu o faria! Também traria à luz o caso de seus próprios filhos e filhas, a condição espiritual de seus próprios irmãos e irmãs, sem Cristo, logo, sem esperança; sem transformação, portanto "...filhos da ira, como também os demais" (Ef 2:3). Assim, eu poderia esperar que todos os crentes aqui se mobilizassem imediatamente em um esforço para arrancar homens e mulheres como o ferrete entre as chamas.

2. Depois de descrever o discípulo missionário, falaremos agora brevemente sobre *seu grande objetivo*.

Tudo indica que o grande objetivo de André era levar Pedro ao encontro de Jesus. Este também deve ser o alvo de todos os corações transformados: levar nossos amigos a Jesus; mas não para torná-los membros de um grupo. Existem certos sectários não fraternos que se autodenominam Irmãos, que viajam por terra e mar para fazer proselitismo em outras igrejas. Não são mercadores que procuram boas pérolas de forma legítima, mas são piratas que vivem de furtos. Eles não devem inspirar em nós um sentimento de ira, mas de compaixão, embora seja difícil não misturar alguma repulsa também. Enquanto este mundo ainda estiver tão cheio de maldade, não devemos desperdiçar nossas energias como denominações cristãs atacando umas às outras. Seria melhor se lutássemos contra os cananeus, em vez de lutar com as outras tribos, pois devemos estar unidos em um só Israel.

Acho que seria uma vergonha terrível se alguém dissesse: "A grande igreja daquele pastor é composta por membros que ele roubou de outras igrejas cristãs". Não, mas dou valor incalculável aos perdidos, aos ímpios que são tirados do mundo para ter comunhão com Cristo. Eles são o verdadeiro prêmio: não foram arrebatados nas praias de territórios aliados, mas resgatados ao fio da espada do domínio do inimigo. Recebemos irmãos de outras igrejas se, pela providência de Deus, eles alcançaram nosso litoral, mas jamais apagaremos a luz do farol para fazer naufragar outras igrejas e nos enriquecer com os destroços. Preferimos muito mais buscar as almas perdidas do que persuadir os instáveis a deixarem seu atual local de adoração.

Recrutar um regimento com soldados de outro regimento não significa fortalecer o exército em absolutamente nada; o objetivo de todos deve ser recrutar novos soldados.

Além disso, o objetivo do ganhador de almas não é dar às pessoas uma religiosidade meramente exterior. Você terá realizado muito pouco para o bem de uma pessoa se simplesmente transformá-la, de um violador do *Shabat*, em um observador do *Shabat*, tornando-o um fariseu cheio de justiça própria. Você terá realizado pouquíssimo por alguém se você o persuadir — visto que ele não orava antes — a ser apenas mais um religioso adepto de certa maneira de orar, mas sem derramar-se de coração na oração. Tudo o que você faz é mudar a forma de pecado em que a pessoa vive: você a salva de afogar-se em água salgada, mas a lança em água doce; você extrai um tipo de veneno, mas a expõe a outro. O fato é que, para servirmos verdadeiramente a Cristo, nossa oração e paixão devem acompanhar a pessoa que se tornou o alvo de nossa atenção, até que possamos trazê-la efetivamente à graça de Jesus Cristo e levá-la a aceitar a vida eterna que se encontra no sacrifício expiatório do Senhor. Qualquer outra coisa que fizermos por essa pessoa pode ser útil neste mundo, mas será inútil para o mundo porvir. Que o seu e o meu propósito seja este: levar pessoas a Jesus — não ao batismo, ou as nossas reuniões, ou à adoção do nosso jeito de adorar, mas conduzi-las aos pés do único que é capaz de declarar: "...perdoados são os teus pecados [...]; vai-te em paz" (Lc 7:48,50).

Irmãos, como cremos que Jesus é o centro da fé cristã, quem não vai a Cristo não alcança a verdadeira piedade. Alguns ficam muito satisfeitos por chegarem ao sacerdote a fim de obter a absolvição de seus pecados; por receberem os sacramentos, por partilharem do pão na igreja; por rezarem e cumprirem a rotina religiosa; mas sabemos que tudo isso é menos do que nada e vaidade, se o coração não se aproximar de Jesus. A menos que a pessoa aceite Jesus como a oferta designada por Deus para limpar os pecados dela e descanse apenas no Senhor, ela apenas participará de um espetáculo vazio e em vão se inquietará. Portanto, meus irmãos, vamos atentar para este ponto a partir de hoje: que nosso único objetivo em relação aos nossos semelhantes seja levá-los ao próprio Jesus Cristo. Esteja determinado em seu espírito que você nunca deixará de labutar por eles até que você tenha motivos para acreditar que eles confiam em Jesus, que amam Jesus, que servem a Jesus, que estão unidos a Jesus, na esperança de que sejam conformados à imagem de Jesus e habitem com Ele, por toda a eternidade.

Mas alguns dirão: "Nós entendemos muito bem como André levou Pedro ao Senhor, pois Jesus estava aqui, entre os homens, e eles podiam caminhar juntos até que o encontrassem". Sim, mas Jesus não está morto, e é um erro presumir que Ele não está ao nosso alcance. A oração é um mensageiro que pode encontrar Jesus a qualquer hora. O Senhor ascendeu corporalmente às alturas, mas Sua presença espiritual permanece conosco, e o Espírito Santo, como Guia desta dispensação está sempre perto e ao alcance de cada crente em Jesus.

Portanto, interceda por seus amigos. Ore a Cristo por eles; mencione o nome deles sem cessar em suas orações; reserve um tempo especificamente para rogar a Deus por essas pessoas. Que a situação de sua amada irmã esteja constantemente nos ouvidos do Mediador; que o nome de seu filho amado seja repetido continuamente em suas intercessões.

Assim como Abraão orava por Ismael[57], que seu clamor seja levantado em favor daqueles ao seu redor, para que o Senhor se agrade em visitá-los com Sua misericórdia. Intercessão é verdadeiramente um trazer de almas a Cristo, e é o único meio que resta quando todos os demais estão indisponíveis. Se seus entes queridos estão na Austrália, em algum lugar isolado onde não podem receber nem mesmo uma carta, a oração pode encontrá-los. Nenhum oceano é tão vasto que impeça o alcance da oração; nenhuma distância é tão grande que a oração não possa percorrer. Se eles estiverem longe, você pode carregá-los nos braços da oração da fé, trazê-los a Cristo e dizer: "Senhor, tem misericórdia deles". Aqui está uma arma muito poderosa para aqueles que não podem pregar ou ensinar — eles podem desembainhar a espada da oração. Quando o coração está muito duro para receber sermões e quando bons conselhos são rejeitados, ainda temos o amor que se manifesta nas orações a Deus por aquele que está perdido. No propiciatório, o choro e as lágrimas prevalecem, e se *nós* prevalecermos ali, certamente o Senhor manifestará a Sua soberana graça sobre aqueles de espírito obstinado.

Para levar pessoas a Cristo, podemos adotar, para a maioria delas, os seguintes meios: instruí-las, ou disponibilizar e certificar que recebem informações sobre o evangelho. É surpreendente que, embora nos pareça que a luz do evangelho é algo tão abundante em nosso país, ela é praticamente desconhecida. Quando eu falo da razão da minha esperança em Cristo, diante de duas ou três pessoas, em um vagão de trem, percebo que estou falando sobre novidades para meus

---

[57] Referência a Gênesis 17:18-20.

ouvintes. Tenho visto o rosto surpreso de mais de um intelectual inglês quando explano a doutrina do sacrifício vicário de Cristo. Até encontrei pessoas que frequentam a sua paróquia desde a sua juventude e que são totalmente ignorantes da simples verdade da justificação pela fé; sim, e alguns que até frequentaram igrejas livres e que aparentemente não perceberam esta verdade fundamental: que ninguém é salvo por suas obras, mas que a salvação é obtida pela fé no sangue e na justiça de Jesus Cristo.

Esta nação está cheia até o pescoço com a doutrina da autojustificação, e o Protestantismo de Martinho Lutero é algo geralmente desconhecido. Muitos, chamados pela graça de Deus, permanecem na verdade, mas a maioria ainda diz que cada um deve fazer o seu melhor e se entregar à misericórdia de Deus, e não sei quantas outras coisas mais além de uma confiança legalista em si mesmos, enquanto a doutrina principal — todo aquele que crê em Cristo é salvo por causa da obra consumada de Jesus — é zombada como sendo apenas entusiasmo, ou atacada como se conduzisse à libertinagem. É por isso que devemos pregar o evangelho em todos os lugares, devemos garantir que ninguém que está sob nossa influência fique sem conhecer as boas-novas. Posso prestar testemunho pessoal de que, com a bênção de Deus, a simples declaração do evangelho é suficiente para conduzir uma alma à paz imediata.

Há alguns meses, conversei com uma senhora cujas opiniões e sentimentos demonstravam pura devoção ao papa, e, ao falar com ela, fiquei encantado ao ver que ela estava interessada e atraída pelo evangelho. Ela reclamou que não usufruía de paz interior como resultado de sua religião, e que tudo que fazia parecia não ser suficiente. Ela tinha um conhecimento elevado sobre a absolvição sacerdotal, mas evidentemente era inútil para trazer descanso ao seu espírito. Ela estava com medo da morte; Deus era terrível e Cristo era mais um objeto de admiração do que de amor. Quando eu disse a ela que todo aquele que crê em Jesus é perfeitamente perdoado, e que eu sabia que estava perdoado — que tinha tanta certeza disso quanto da minha própria existência, que não tinha medo de viver ou morrer, pois para mim eram a mesma coisa, visto que Deus me dera a vida eterna em Seu Filho —, percebi que esses novos conceitos estavam surpreendendo a mente dela. Então, ela disse: "Se eu pudesse acreditar nisso, seria a pessoa mais feliz do mundo". Não me opus a tal conclusão; em vez disso, afirmei a ela que eu já havia experimentado essa verdade. Tenho motivos para crer que aquela conversa singela que tivemos não foi esquecida. Você não tem como saber quantas pessoas estão escravizadas por simplesmente não conhecerem as informações mais básicas sobre as verdades mais claras do evangelho de Jesus Cristo.

Muitos também podem ser levados a Cristo por meio de seu exemplo. Acredite em mim, não há outra pregação neste mundo tão poderosa como a pregação de uma vida santa. Às vezes, envergonha-me e me enfraquece em meu testemunho do meu Senhor, quando fico aqui em pé e vejo que alguns dos que professam a fé são uma desgraça não apenas para sua religião, mas para a moral em geral. Eles me fazem sentir como se eu tivesse que prender a respiração enquanto falo; meus joelhos tremem quando me lembro da vil hipocrisia daqueles que se intrometem na Igreja do Senhor; e, por conta de seus pecados abomináveis, trazem desgraça sobre a causa de Deus e destruição eterna sobre si mesmos. Na medida em que uma igreja vive em santidade, nessa mesma medida seu testemunho de Cristo será poderoso. Ó, se os santos vivessem sem culpa, nosso testemunho seria como fogo na palha, como uma queimada no meio do milharal seco. Se os santos de Deus fossem menos parecidos com o mundo, mais desprendidos, mais fervorosos e mais piedosos, o ímpeto dos exércitos de Sião faria tremer as nações e o dia da vitória de Cristo estaria prestes a amanhecer. Com toda a confiança, a igreja poderia abrir mão de seu pregador mais eloquente, se em troca recebesse homens de fé apostólica. Eu aceitaria de bom grado que o púlpito permanecesse vazio se todos os membros da igreja pregassem Jesus por meio de sua paciência no sofrimento, por sua resistência à tentação, com a demonstração em seu lar daquelas graças que adornam o evangelho de Jesus Cristo. Ó, eu lhes suplico, vivam de tal maneira, no temor de Deus e pelo poder do Espírito, para que aqueles que os observam perguntem a si mesmos: "Onde esse homem conseguiu tal santidade?". Então, eles podem segui-los até que vocês os conduzam a Jesus Cristo e eles aprendam o segredo pelo qual os seres humanos vivem para Deus.

Portanto, você pode levar pessoas a Jesus pelo seu exemplo. Permita-me dizer, antes de encerrar este ponto: nosso objetivo deve ser conduzir pessoas a Cristo, seja por meio da intercessão, instrução ou exemplo; e, ocasionalmente, conforme o tempo e a oportunidade, compartilhe uma palavra sincera que leve a pessoa a refletir. Uma dúzia de palavras ditas por uma mãe amorosa a seu filho quando ele sai de casa para trabalhar caem como orvalho do céu sobre seu coração. As frases curtas ditas por um pai gentil e prudente para sua filha, ainda que incrédula, ao iniciar sua nova vida de casada com seu marido, expressadas com gentileza e afeto, podem fazer com que esse novo lar seja para sempre uma moradia de Deus. Uma palavra gentil de um jovem para sua irmã, uma cartinha escrita por uma jovem ao seu irmão, mesmo que apenas algumas linhas, pode ser a flecha da graça de Deus. E sabe-se que mesmo algo tão pequeno como uma lágrima ou um olhar solidário pode realizar milagres.

Talvez você já tenha ouvido falar que George Whitefield, onde quer que ele se hospedasse, tinha o hábito de falar aos membros da família sobre o estado da alma de cada um deles, e isso pessoalmente. Todavia, quando chegou a uma determinada casa, deparou-se com um coronel que a última coisa que desejava ser era tornar-se cristão. Mas Whitefield ficou tão feliz com a hospitalidade dispensada a ele e tão encantado com o caráter do bom coronel e de sua esposa e filhas, que decidiu não falar com eles sobre decisões, como teria feito se fossem pessoas menos amigáveis. Ele ficou com eles por uma semana e, na última noite, o Espírito de Deus o visitou e ele não conseguiu dormir. Ele disse a si mesmo: "Essas pessoas têm sido tão boas comigo, e eu não tenho sido fiel a elas; devo fazê-lo antes de partir; devo dizer-lhes que, apesar de todo o bem que têm em seu modo de ser, se não creem em Cristo, estão perdidos". Ele se levantou e começou a orar. Depois de orar, ele continuou a ter conflitos em seu espírito. Sua velha natureza dizia a ele: "Eu não posso fazer isso", mas parecia que o Espírito Santo continuava dizendo: "Não os deixe sem serem admoestados". Finalmente, uma ideia lhe ocorreu e ele orou a Deus para que Ele aceitasse. Usando seu anel, ele escreveu em um painel de vidro em forma de diamante na janela as seguintes palavras: "Uma coisa ainda falta". Ele não conseguiu falar diretamente com eles, mas continuou seu caminho com muitas súplicas e orações pela conversão deles. Logo após a partida de Whitefield, a boa senhora daquela casa, que era grande admiradora do pregador, disse: "Vou subir para o quarto que ele ficou, gostaria de estar no mesmo lugar onde estava o homem de Deus". Ela foi até o quarto e percebeu o que estava escrito na janela: "Uma coisa ainda falta". Naquele momento, ela sentiu uma convicção repentina. "Ah! Eu pensei que ele não se importasse muito com a gente, pois eu sabia que onde quer que ele ficasse, ele sempre implorava para a família se aproximar de Deus; mas quando vi que ele não fazia isso conosco, pensei que o tínhamos aborrecido, mas agora eu vejo; ele era muito terno em seu pensamento, e é por isso que ele não falou conosco". Ela chamou suas filhas. "Vejam isso, meninas. Vejam o que o Sr. Whitefield escreveu na janela: 'Uma coisa ainda falta'. Chamem seu pai." E o pai subiu ao quarto e leu aquela mensagem: "Uma coisa ainda falta". E, ao redor da cama em que o homem de Deus havia dormido, todos se ajoelharam e pediram a Deus que lhes desse a única coisa que faltava; e, antes de saírem daquele quarto, eles encontraram a única coisa que estava faltando, e toda família regozijou-se em Jesus.

Não faz muito tempo, encontrei um amigo segundo o qual um dos membros da igreja que ele frequenta ainda mantém o tal painel de vidro como relíquia da família. Agora, se você não pode alertar e admoestar de uma maneira, faça de outra; mas que sua alma esteja livre do sangue de sua própria família e amigos, para que jamais suas roupas fiquem manchadas e assim acusem você perante o tribunal de Deus. Então, viva, fale e ensine, de uma forma ou de outra, sendo fiel a Deus e às almas de seus semelhantes.

3. Já falamos do discípulo missionário e de seu grande objetivo; então devo levá-los agora ao terceiro ponto, ou seja, *seus sábios métodos.*

Já tocamos nesse assunto, mas não pude me aprofundar. O zelo de André era sábio. A sinceridade quase sempre confere prudência, que por sua vez confere tato à pessoa, senão talento. *André fez uso de todas as suas habilidades.* Se ele fosse como alguns jovens que conheço, teria dito: "Eu gostaria de servir a Deus. E como gostaria de pregar! Mas precisarei de uma grande congregação". Bem, em cada esquina de Londres há um púlpito. E nesta nossa grande cidade existe uma porta muito maior e eficaz para pregar sob o céu azul de Deus. Porém esses jovens zelotes preferem um salão mais confortável ao ar livre; e visto que não são convidados para pregar nos púlpitos principais, eles não fazem nada. Seria muito melhor se, como André, começassem a usar as habilidades que já possuem entre os que estão ao seu alcance e, a partir daí, avançassem para outra coisa, e para algo mais, avançando ano após ano. Senhores, se André não tivesse sido o instrumento para a conversão de seu irmão, é provável que ele jamais tivesse sido um apóstolo. Cristo tinha motivos para escolher cada um de Seus discípulos, e talvez a escolha de André tenha se baseado nisto: "Ele é um homem sincero; ele me trouxe Simão Pedro; ele sempre tenta falar com as pessoas uma por uma; vou torná-lo um dos meus apóstolos". Agora, caros jovens, se vocês forem diligentes em compartilharem a sua fé até mesmo por meio de um folheto evangelístico, se vocês forem diligentes na Escola Dominical, muito provavelmente vocês se tornarão ministros; mas se não fizerem nada até poderem fazer tudo, permanecerão inúteis — serão mais um obstáculo para a igreja ao invés de auxílio a ela. Prezadas irmãs em Jesus Cristo, que nenhuma de vocês sonhe que estão em uma posição onde não podem fazer nada. Deus não pode cometer tal erro em Sua providência. Algum talento foi confiado a você também, algo que ninguém mais pode fazer. Na estrutura do corpo humano, cada músculo, por menor que seja, cada célula tem sua função; e embora alguns médicos tenham dito que este ou aquele órgão pode ser dispensado, creio que não haja um único fio no bordado da natureza humana que poderia ser descartado — todo o tecido é necessário. Assim também o é no corpo místico, a Igreja de Cristo: o menor dos membros é indispensável; o membro mais indigno da Igreja Cristã é necessário para o crescimento de todo o Corpo. Portanto, encontre seu campo de ação e ocupe-se com ele. Peça a Deus para lhe mostrar qual é o seu lugar, e se posicione nele; servindo ali até que Jesus Cristo venha e o recompense. Exerça a habilidade que você tem, use-a imediatamente.

André provou ser sábio porque *dava grande importância a uma única alma.* Ele investiu todos os seus esforços primeiro em um homem. Mais tarde, André, movido pelo Espírito Santo, ajudou a abençoar multidões, mas ele começou com apenas uma pessoa. Que tarefa para os matemáticos, avaliar uma alma! Quando uma alma se arrepende, todos os sinos do Céu tocam por causa disso. Um pecador que se arrepende faz os anjos se regozijarem[58]. E se você passar a vida inteira implorando e trabalhando pela conversão daquele único filho? Se você ganhar essa pérola, será o suficiente para pagar o valor

---

[58] Conforme Lucas 15:10.

de toda a sua vida. Portanto, não se desanime caso em sua classe o número de alunos diminua, ou se a maioria de seus colegas de trabalho rejeita seu testemunho. Se um homem pudesse ganhar pelo menos um por dia, ele ficaria satisfeito. E alguém pode perguntar: "Um o quê?". Não estou falando sobre ganhar um centavo, mas um milhão de libras. "Ó, isso seria uma grande recompensa", ele responde. Então, se você ganha uma alma, você deve compreender tudo o que aquela vida representa. É um na numeração, mas no seu valor excede tudo na Terra. "Que aproveita ao homem ganhar o mundo inteiro e perder a sua alma?" (Mc 8:36). E o que você perderia, meu irmão, se você perdesse o mundo inteiro e ganhasse sua alma, e Deus o fizesse útil para ganhar mais e mais almas? Trabalhe contente dentro de sua própria esfera de atuação, mesmo que seja pequena, e você será sábio.

Você pode imitar André compreendendo que *não é necessário ir longe para fazer o bem*. Muitos cristãos fazem todo o bem que podem a muitos quilômetros de casa, quando o tempo que leva para ir e voltar poderia ser usado para ajudar no vinhedo da própria casa. Não creio que seria uma ideia muito acertada, por parte das autoridades paroquiais, se pedissem aos residentes de St. Mary, Newington, para remover a neve da calçada de St. Pancras, e os habitantes de St. Pancras para manter a limpeza do pavimento de St. Mary, Newington[59]. É melhor e mais conveniente que cada chefe de família deva varrer diante de sua própria porta. Portanto

---

[59] Spurgeon usa a distância entre as duas renomadas igrejas, aproximadamente cinco quilômetros, para reforçar o que está abordando aqui. Trata-se de uma exortação para que não se negligencie a própria casa.

é nosso dever como crentes, fazer todo o bem que pudermos no lugar onde Deus quis nos colocar, e especialmente em nossa própria casa. Se todo homem tem exigências sobre mim, muito mais minha própria família. Se toda mulher tem demandas sobre mim em relação à sua alma, até onde minha capacidade permite, muito mais os da minha própria carne e sangue. A piedade e a caridade devem começar no lar. A conversão deve começar com aqueles que estão mais próximos de nós por laços de parentesco. Irmãos e irmãs, durante este mês tenho inquietado vocês, não para que vocês sejam missionários na Índia ou para colocar nosso olhar de compaixão sobre a África ou para nos ocuparmos tanto em chorar por povos pagãos e idólatras, mas para pensar em seus próprios filhos, que são sua carne e sangue, em seus vizinhos, em seus conhecidos. Eleve seu clamor aos Céus por eles, e então você poderá ir e pregar entre as nações. Mais tarde, André foi para a Capadócia, mas começou com seu irmão; e você poderá trabalhar onde quiser nos próximos anos, mas primeiro vá até os de sua própria casa. Antes de tudo, aqueles que estão sob sua sombra devem receber seus cuidados de guardião. Seja sábio nisto: exerça as habilidades que você tem e use-as entre os que estão ao seu alcance.

Talvez alguém possa questionar: "Como André convenceu Simão Pedro a encontrar Cristo?". Podemos dedicar dois ou três minutos respondendo a essa pergunta. Ele fez isso, primeiro, contando sua experiência pessoal. Ele disse: "Achamos o Messias..." (Jo 1:41). Conte aos outros o que você experimentou em Cristo. Então, de forma inteligente, André explicou em seguida o que havia encontrado. Ele não disse que havia encontrado alguém impressionante, mas que ele não sabia quem era. Ele disse que havia encontrado o Messias, isto é, o Cristo. Seja claro sobre seu conhecimento do evangelho e também sobre sua experiência, e então conte as boas-novas à alma que você está buscando alcançar. André convenceu Pedro por causa de sua própria convicção. Ele não disse: "Acho que encontrei o Cristo", mas sim, "eu o encontrei". Ele estava totalmente convicto. Você tem que ter certeza de sua própria salvação. Não há outra arma que se compare a isso. Quem fala com dúvidas sobre aquilo que deveria convencer a outro, faz com que este duvide do seu testemunho. Você deve estar confiante na sua experiência e na sua certeza, pois isso o ajudará a atingir seu objetivo.

André convenceu Pedro porque apresentou honestamente as boas-novas a ele. Ele não comentou, como se fosse um fato corriqueiro: "O Messias chegou", pelo contrário, André a comunicou a Pedro como a mensagem mais importante de todas, e não duvido que tenha usado o tom e a ênfase apropriados: "Encontramos o Messias, chamado o Cristo!". Agora, meus irmãos e irmãs, conversem sobre sua fé com seus parentes, falem a eles sobre suas alegrias e sua segurança. Fale com todos com sensatez, com certeza da verdade, e Deus abençoará o seu trabalho.

4. Meu tempo se esgotou, mas quero falar rapidamente sobre *a doce recompensa* de André.

Sua recompensa foi que ele ganhou uma alma, ele ganhou a alma de seu irmão, ele ganhou um tesouro! Pois ninguém menos que Simão, depois que Cristo o tornara um pescador de homens, apanhou de uma só vez — logo na primeira vez que lançou as redes do evangelho — quase três mil almas[60]! Pedro, um autêntico príncipe da Igreja Cristã, um dos servos mais poderosos do Senhor em todo o seu serviço posterior, seria um consolo para André. Eu não ficaria surpreso se em dias de dúvida e medo, André dissesse: "Bendito seja Deus que fez de Pedro um servo tão útil! Bendito seja Deus porque um dia falei com Pedro! O que não posso fazer, Pedro pode ajudar; e enquanto estou sentado contemplando minha limitação, posso sentir-me grato pelo meu irmão Pedro que tem a honra de conduzir almas a Cristo". Hoje, um Whitefield ainda não convertido pode estar sentado nesta reunião; em sua classe de estudos bíblicos pode haver um John Wesley esperando para se converter, um Calvino e um Lutero, quietos e anônimos, mas que serão chamados pela graça de Deus por seu intermédio. Seus dedos esperam o momento em que serão capazes de tocar a música de enlevo, eles despertarão aquela harpa viva de um coração que até hoje não foi afinado para louvar a Cristo. Você acenderá o fogo que consumirá o sacrifício sagrado de uma vida consagrada a Cristo. Apenas prepare-se para fazer algo pelo Senhor Jesus, seja constante na oração e demonstre seu zelo e seu compromisso com atos de sacrifício. Junte-se a nós neste mês em nossas orações diárias. Enquanto você estiver envolvido em suas ocupações do dia a dia, que seu coração se incline constantemente para abençoar. E eu não tenho dúvidas de que, ao experienciarmos nosso Deus pela oração, Ele derramará sobre nós tantas bênçaos que não teremos espaço para recebê-las. Que o Senhor assim proceda, por amor do Seu nome. Amém.

---

[60] Conforme Atos 2:41.

6

NATANAEL: DEBAIXO DA FIGUEIRA[61]

Filipe encontrou a Natanael e disse-lhe: Achamos aquele de quem Moisés escreveu na lei, e a quem se referiram os profetas: Jesus, o Nazareno, filho de José. Perguntou-lhe Natanael: De Nazaré pode sair alguma coisa boa? Respondeu-lhe Filipe: Vem e vê. Jesus viu Natanael aproximar-se e disse a seu respeito: Eis um verdadeiro israelita, em quem não há dolo! Perguntou-lhe Natanael: Donde me conheces? Respondeu-lhe Jesus: Antes de Filipe te chamar, eu te vi, quando estavas debaixo da figueira. Então, exclamou Natanael: Mestre, tu és o Filho de Deus, tu és o Rei de Israel! Ao que Jesus lhe respondeu: Porque te disse que te vi debaixo da figueira, crês? Pois maiores coisas do que estas verás. E acrescentou: Em verdade, em verdade vos digo que vereis o céu aberto e os anjos de Deus subindo e descendo sobre o Filho do Homem. —João 1:45-51

---

[61] Sermão nº 921, ministrado na manhã de domingo, dia do Senhor, 20 de março de 1870, no *Metropolitan Tabernacle*, Newington.

Quase sempre dirigimos nossa mensagem do evangelho aos considerados grandes pecadores. Acreditamos que é nosso dever fazê-lo com a maior frequência possível. E, por acaso nosso Senhor, ao enviar Seus discípulos para pregar as boas-novas em todas as nações, não usou a expressão "...começando de Jerusalém" (Lc 24:47)? Onde estavam os principais pecadores, é onde a primeira pregação do evangelho deveria ser feita. Mas, ao mesmo tempo, seria um grande descuido se pensássemos que toda a humanidade está no mesmo grau de maldade, como ofensores declarados contra Deus. Não seria apenas falta de sabedoria, mas também seria uma falta de verdade; pois, embora todos tenhamos pecado[62] e mereçamos a ira de Deus, nem todos os incrédulos estão precisamente na mesma condição ou têm a mesma opinião em relação ao evangelho. Na parábola do semeador, somos ensinados que antes que a boa semente caísse no campo, havia uma diferença entre os solos. Uma parte do solo estava cheio de pedras, outra parte tinha espinhos, uma terceira parte estava muito compactada, duro como uma estrada, e outra parte é descrita por nosso Senhor como "...boa terra..." (Lc 8:8). Embora a mente carnal em todos os humanos seja inimizade contra Deus, ainda há influências em ação que em muitos casos amenizaram, ou mesmo dominaram, tal inimizade.

Enquanto muitos pegaram em pedras a fim de matar nosso Senhor[63], havia também outros que o ouviram com prazer. E embora hoje haja milhares que rejeitam o evangelho, também existem outros que recebem a mensagem divina com alegria.

---

[62] Conforme Romanos 3:23.
[63] Conforme João 8:59; 10:31.

Atribuímos essas diferenças à graça preveniente de Deus; no entanto, acreditamos que a pessoa não está consciente de que a graça está agindo nela; e não é precisamente o tipo de graça que salva, porque a alma, sob a influência dessa graça, ainda não teve a convicção de sua própria necessidade do Senhor ou da excelência da salvação em Cristo. Existe uma obra preparatória de misericórdia sobre a alma, preparando-a para a obra suprema da graça, assim como o lavrar a terra antecede a semeadura. Lemos na narrativa da criação que antes da voz divina dizer: "...Haja luz..." (Gn 1:3), anteriormente "havia trevas sobre a face do abismo", e a isso está adicionado: "e o Espírito de Deus pairava por sobre as águas" (v.2). Assim também são as trevas da natureza humana; enquanto o lampejo da luz da vida ainda não brilhar, o Espírito de Deus pode estar secretamente movendo-se, preparando a alma para o momento em que a verdadeira luz brilhará sobre ela.

Acredito que, em nossas congregações, existem muitas pessoas que, pela misericórdia de Deus, foram poupadas de cair em vícios terríveis, e manifestam um caráter puro e moralmente excelente; pessoas que não se opõem maliciosamente ao evangelho, que estão dispostas a recebê-lo, se elas apenas o entenderem; pessoas que estão até mesmo ansiosas para serem salvas por Jesus Cristo e que mostram reverência por Seu nome, mesmo que ainda seja uma reverência ingênua. O que elas sabem sobre o Redentor é muito pouco para poderem encontrar descanso nele. Entretanto, essa falta de conhecimento é a única coisa que as separa da fé salvadora em Cristo. Elas estão dispostas a obedecer se apenas entenderem a ordem. Se elas tivessem uma percepção clara da pessoa e da obra de nosso Senhor, elas o aceitariam de bom grado como seu Senhor e Deus. Tenho grandes esperanças de que o Senhor do amor guiará a palavra que estou prestes a compartilhar, para que ela encontre essas pessoas e se revele àqueles a quem o Senhor secretamente escolheu, àqueles prisioneiros da esperança que anseiam por liberdade, mas que ainda não sabem que o Filho pode libertá-los. Ó alma cativa, que odeia as correntes do pecado, seu dia de liberdade chegou! O Senhor, o libertador que liberta os prisioneiros, veio neste momento para romper suas amarras.

1. Ao nos atermos a esta narrativa, direi primeiro algumas palavras sobre *o próprio Natanael*.

É-nos dito que ele era um *homem sem dolo*, "um verdadeiro israelita, em quem não há dolo" (Jo 1:47), ou seja, ele era como Jacó, um "homem pacato", e não como Esaú, "um perito caçador" (Gn 25:27). A mente de alguns é sinuosa, tortuosa, complexa, escorregadia por natureza; seu pensamento não é reto, mas cheio de curvas; suas motivações são complexas e intrincadas, e são de ânimo dobre. São os homens que olham para certo rumo e remam na direção oposta; eles adoram o deus Jano[64] de duas faces, e são iguais aos jesuítas[65], pelo menos na prática, se não na doutrina também. Eles não conseguem falar sobre um assunto de forma simples ou olhar nos olhos quando falam, pois suas mentes estão cheias de hesitações

---

[64] Dentro da mitologia romana, é o deus das portas, dos começos e dos fins. Há diferentes atribuições às duas faces viradas para lados opostos e à dualidade, mas representa principalmente as transições, o espaço entre dois pontos e o caminho entre os extremos.

[65] Ordem religiosa fundada em 1534, pelo militar espanhol Inácio de Loyola, como parte do movimento de contrarreforma com a missão de difundir o catolicismo e combater o avanço do protestantismo.

e prudente moderação. Eles protegem sua fala; não ousam deixar seus pensamentos saírem se não forem enviados com significados ambíguos.

Natanael era o oposto; ele não era um hipócrita ou um enganador habilidoso. Isso mostrava claramente quem ele era; se ele falasse, você poderia saber que ele estava dizendo o que estava pensando e o que estava pensando era o que estava dizendo. Ele era um homem de coração limpo e simples, como uma criança, transparente como o vidro. Ele não era daqueles tolos que acreditam em tudo, mas por outro lado, também não era o tipo de tolo que é tão admirado em nossa época, que não acredita em nada e que acha necessário duvidar das verdades mais óbvias para manter sua aparência de profundo filósofo. Tais "pensadores" desta era iluminada são muito bons em encontrar objeções, são poderosos para fingir ou sentir desconfiança em relação a assuntos dos quais o bom senso não tem dúvidas. Eles declaram suas dúvidas sobre a existência de Deus, embora isso seja algo tão claro quanto o brilho do sol ao meio-dia. Não, Natanael não era crédulo nem desconfiado; ele estava honestamente disposto a se render à força da verdade; ele estava disposto a receber o testemunho e ser abalado pelas evidências. Ele não era desconfiado, visto que não era um homem de quem houvesse algo para suspeitar; ele era uma pessoa direta e genuína de coração; uma pessoa simples de lidar e claro em sua fala. Caná não tinha entre seus muros um homem mais honesto. Aparentemente Filipe o conhecia, pois foi diretamente a Natanael, como quem vai a um homem que vale a pena convencer para apoiar uma boa causa.

Além de ser um homem de coração simples, Natanael também era *um buscador sincero*. Filipe o encontrou porque sentiu que a boa-nova iria interessá-lo muito. "Achamos o Messias" (Jo 1:41) não seria uma boa notícia para quem não está procurando pelo Messias; mas Natanael estava esperando pelo Cristo, e talvez ele tivesse compreendido tão bem a Moisés e os profetas, que já estava ansioso para Sua vinda iminente. Certamente havia chegado o tempo em que o Messias viria repentinamente ao Seu templo, e Natanael estava dias e noites em oração, como todos os fiéis das dez tribos[66], atentos e esperando o momento em que sua salvação apareceria. Ele ainda não tinha ouvido falar que a glória de Israel já havia chegado, mas estava nas pontas dos pés, ansioso por tal expectativa. Quão maravilhoso é ter essa esperança em seu coração, meu caro ouvinte, se você está, neste momento, sinceramente desejoso para conhecer a verdade e intensamente ansioso em ser salvo por ela! Quão bom é para você se sua alma está pronta, assim como a placa fotográfica[67] de um fotógrafo está pronta para receber a impressão da luz divina, e se você está ansioso para saber se existe de fato um Salvador, se existe o evangelho, se existe esperança, se existe esperança para você, se a pureza realmente existe e como alcançá-la. Que bom se você deseja sincera e ansiosamente saber como, quando e onde, e que, pela graça do Senhor, está decidido que nada impedirá sua corrida na direção que lhe foi proposta, visto que você se submeterá à vontade de Deus. Esta era a condição de Natanael, amante sincero da verdade simples, que buscava e esperava o Cristo.

---

[66] Menção ao Reino do Norte. Após a morte do rei Salomão, o reino foi dividido em dois: Israel, com dez tribos ao norte; Judá, com duas tribos ao sul.

[67] Menção a um antigo processo fotográfico em que era usado um daguerreotipo, tipo de câmera escura, divulgado em 1839. Nele, era colocada uma placa de cobre banhada em prata que era exposta ao vapor de iodo para torná-la fotossensível; assim produzia uma imagem fotográfica sem negativo.

Também é verdade que ele era *ignorante* quanto a algumas coisas. Ele não estava desinformado quanto ao que Moisés escreveu e os profetas prenunciaram; este aspecto ele tinha considerado cuidadosamente, mas ele não sabia que Cristo já estava no mundo. Havia uma curta distância entre Nazaré e Caná, e as notícias sobre a chegada do Messias ainda não tinham viajado para lá. Se fosse uma má notícia, teria voado nas asas de uma águia, mas como era uma boa notícia, seu voo foi mais lento, visto que menos pessoas anseiam por contar o que é bom do que aquelas que difundem o mal. Ele ainda não tinha ouvido falar de Jesus de Nazaré até que Filipe lhe contou. E quantos existem, mesmo neste país, que ainda não sabem o que o evangelho significa, mas estão ansiosos para conhecê-lo e, se soubessem, o receberiam! E você pode argumentar: "Como é possível? Há tantas igrejas e tantos pastores aqui!". Sim, é verdade. Mas no âmago de nossas congregações e nossas famílias piedosas estão algumas fortalezas da ignorância. Eles não têm nenhuma instrução, embora sejam leitores da Bíblia e ouvintes do evangelho, mas não são capazes de compreender a grande verdade "que Deus estava em Cristo reconciliando consigo o mundo" (2Co 5:19). Talvez nunca tenham compreendido que Cristo se coloca no lugar do pecador, nem que esse pecador, por um ato de confiança e fé, obtém a bênção que vem do sacrifício vicário de Jesus. Sim, e bem aqui nesta congregação onde tenho tentado e me esforçado para apresentar o evangelho em linguagem simples, em palavras e frases que não podem ser mal interpretadas, pode haver alguns que ainda digam: "Do que se trata tudo isso? Eu ouço muito sobre fé, mas o que é isso? Quem é este Cristo, o Filho de Deus, e o que é ser salvo do pecado, regenerado e santificado? O que são todas essas coisas?". Bem, caro amigo, lamento muito que você ainda esteja no escuro, mas de coração me alegro que, embora você não saiba tudo o que eu gostaria que você soubesse, você tem um coração simples, é um amante da verdade, e é sincero em sua busca. Estou convencido de que a luz não lhe será negada, que você conhecerá Jesus e será conhecido por Ele.

Porém, além disso, Natanael era *preconceituoso* — devemos modificar essa expressão — ele era um tanto preconceituoso. Assim que Filipe lhe disse que havia encontrado Jesus de Nazaré, o filho de José, Natanael perguntou: "De Nazaré pode sair alguma coisa boa?" (Jo 1:46). Observamos aqui que seu preconceito era extremamente desculpável, pois se originou no testemunho falho de Filipe. Lembre-se de que Filipe era um recém-convertido; ele havia se encontrado com Jesus um dia antes, e o instinto natural de toda alma que verdadeiramente conheceu a graça é tentar falar das coisas abençoadas de Cristo. Então Filipe foi contar a seu amigo Natanael, mas que erros ele cometeu ao anunciar o evangelho! Bendito seja Deus, porque embora Filipe fosse tão desajeitado, conseguiu levar Natanael a Cristo; mas estava cheio de erros. Almas que me escutam, se vocês sabem apenas um pouco sobre Cristo e se vocês acreditam que cometeriam muitos erros ao comunicar o pouco que sabem, por favor, não parem de fazê-lo; Deus ignorará as falhas e abençoará a verdade.

Agora, vamos observar o que Filipe disse: "Achamos [...] Jesus, o Nazareno, filho de José" (Jo 1:45); esse era o nome popular de nosso Senhor, mas de forma alguma era Seu nome correto. Na realidade, Jesus não era *nazareno*; Ele não era natural de Nazaré; nosso Senhor nasceu em Belém. Ele certamente tinha vivido em Nazaré, mas Ele não poderia ser chamado de nazareno ou jerosolimita⁶⁸. Então Filipe disse: "filho de José", pois Jesus era considerado apenas filho de José, mas verdadeiramente Ele era o "Filho do Altíssimo" (Lc 1:32). Filipe conferiu ao nosso Senhor os títulos comuns e errôneos que a maioria dos néscios proferia. Ele não disse: "Encontramos o Filho de Deus" ou "o Filho de Davi"; mesmo assim expressou tudo o que sabia, e é isso que Deus espera de nós.

Ó, que grande misericórdia, pois as imperfeições de nosso ministério não impedem Deus de salvar almas por nosso intermédio! Se não fosse assim, quão pouco de bem poderia ser feito no mundo! John Wesley⁶⁹ ministrou com muita sinceridade uma visão do evangelho, e William Huntingdon⁷⁰ pregou outra completamente diferente. Ambos teriam sentido um horror sagrado um pelo outro e teriam se condenado com toda a consciência; mas nenhum homem racional se atreve a dizer que não houve almas salvas pelo ministério de John Wesley ou William Huntington, pois Deus abençoou os dois. Sim, ambos os ministérios tinham suas falhas, mas eram sinceros e úteis. E assim é com nosso testemunho. Todos os nossos testemunhos são imperfeitos, cheios de exageros de uma verdade e pouco esclarecidos quanto a outra; mas, enquanto dermos testemunho do verdadeiro Cristo prenunciado por Moisés e pelos profetas, nossos erros serão perdoados, e Deus abençoará nosso ministério, apesar de nossas falhas.

---

⁶⁸ Relativo a Jerusalém ou o que é seu natural ou habitante; hierosolimita (Houaiss eletrônico, 2009).

⁶⁹ Pastor e teólogo britânico (1703–91). Foi líder e precursor do Movimento Metodista ocorrido na Inglaterra.

⁷⁰ Pregador e carvoeiro inglês (1745–1813). Foi um polêmico e rigoroso calvinista; a sua forma incomum de transmitir o evangelho e interpretar as Escrituras gerou conflitos com outros pregadores durante seu ministério.

Deus fez isso em relação a Natanael; mas o preconceito de Natanael foi fomentado pela maneira errada de Filipe anunciar Jesus. Se Filipe não tivesse lhe dito: "o Nazareno", Natanael não teria respondido: "De Nazaré pode sair alguma coisa boa?". Se Filipe tivesse explicado a ele que Jesus era de Belém e da tribo de Judá e que Deus era Seu Pai, então esse preconceito jamais teria turvado a mente de Natanael, e seria mais fácil para ele reconhecer Jesus como o Messias. Portanto, deve-se tentar evitar erros, para não causar preconceitos desnecessários. Devemos declarar o evangelho de tal maneira que, se os homens se sentirem ofendidos por ele, será o evangelho que os ofende, e não nossa maneira de apresentá-lo. Pode ser que você, caro amigo, tenha algum preconceito contra o santo evangelho de Cristo devido ao caráter questionável de algum religioso entre seus conhecidos, ou pela aspereza e modos de certo pastor; mas eu confio que você não deixará isso afetá-lo. Espero que, com toda a sinceridade e honestidade, você venha e veja Jesus por si mesmo. Compare o relatório do discípulo com uma inspeção pessoal do Mestre. Filipe compensou seus erros quando disse: "Vem e vê" (Jo 1:46). Desejo evitar que meus erros lhe causem danos, e é por isso os exorto:

Venham e vejam, por si mesmos, Jesus e Seu evangelho.

Uma outra característica de Natanael que eu mencionaria é que, em todos os aspectos, ele foi um homem piedoso e sincero, no auge de sua luz. Ele ainda não era um crente em Jesus, mas era um israelita de verdade. Ele era um homem de oração secreta; ele não zombou de Deus como os fariseus, com atos meramente exteriores de adoração. Ele adorava a

Deus em seu coração, sua alma tinha conversas íntimas com o Deus do Céu naqueles momentos em que ninguém o via. E espero que este também seja o seu caso, prezado ouvinte, pois você pode não ter encontrado a paz ainda, mas você deseja ser salvo. Você não quer ser um hipócrita. Acima de tudo, você teme cair nas formalidades e ora para que, se um dia você se tornar um cristão, você seja um verdadeiro cristão. Esse é o personagem que estou tentando encontrar e, se for esse o seu caso, oro para que você receba a bênção que Natanael recebeu.

2. Até aqui, falamos a respeito de Natanael e agora, como segundo ponto, consideraremos, por um momento, a *visão dele sobre Jesus*.

"Respondeu-lhe Filipe: Vem e vê" (Jo 1:46); e assim Natanael foi ver o Salvador, o que implica que embora ele tivesse certo preconceito acerca desse novo Messias, ele estava disposto a investigar Suas propostas. Caro amigo, a quem já tenho falado, se você tem algum preconceito contra o verdadeiro evangelho de Jesus Cristo, causado por seu nascimento e educação, ou por professar anteriormente alguma outra fé, seja honesto o suficiente para dar ouvidos ao evangelho de Jesus Cristo. Você pode ouvi-lo nesta casa; talvez você o leia nestas páginas. Não o rejeite até que você o tenha examinado completamente. Tudo o que pedimos é que, agora que sabemos que você é honesto e sincero, ouça e considere as doutrinas da graça como encontradas nas Escrituras, especialmente na vida de Cristo, e as bênçãos que Ele concede àqueles que nele creem. Pondere sobre essas coisas cuidadosamente. Elas virão à sua consciência, pois Deus já preparou a sua consciência para julgar com retidão; e ao julgar, você perceberá uma beleza especial e encanto nas verdades do evangelho que certamente conquistarão seu coração.

Certa ocasião, Hugh Latimer pregava um sermão contra as doutrinas do evangelho, e entre seus ouvintes estava um homem santo que mais tarde se tornaria um mártir. Enquanto o ouvia, esse homem percebeu algo no tom de Latimer que o revelava como um oponente honesto; assim, ele esperava que se a luz fosse levada a Latimer, ele se disporia a ver por meio dela. Então, o homem conseguiu uma entrevista com Latimer, e as suas argumentações convenceram totalmente o honesto Hugh Latimer em favor da causa da Reforma; e você já sabe que ele se tornou um pastor muito corajoso e popular da nova aliança. Então, caro amigo, na sua honestidade, ouça o evangelho da salvação, pela fé no precioso sangue de Jesus, e não tenha medo do resultado.

Natanael veio a Cristo, novamente, com *grande disposição* de coração. Assim que lhe disseram "vem e vê", ele veio e viu. Ele não parou para refletir: "Bem, se há uma luz nesta nova doutrina, ela virá até mim"; em vez disso, ele foi até ela. Não acredite em nenhum ensinamento que faz as pessoas esperarem e buscarem a paz na ideia de que não devem se esforçar para entrar pela porta estreita da verdade. Não, irmãos, pois, se a graça alcançou vocês, ela os levantará de seu sono e os levará a Cristo; então, vocês serão mais sinceros em todas os esforços de sua alma, para procurar o Senhor como vocês procuram um tesouro escondido. Como é lindo poder ver uma pessoa que está se levantando! A maioria do nosso povo, em termos de fé, está no chão, sem vontade de se levantar. Eles são indiferentes à verdade espiritual; eles não podem ser levados a ouvir sinceramente as questões eternas; mas quando uma mente surge com uma atitude séria e solene, e com santa sinceridade, cremos, pela graça de Deus, que logo chegará à fé salvadora em Cristo. "Vem e vê", disse Filipe, e Natanael obedeceu. Aparentemente, ele não esperava se converter a Cristo pelo que via com seus olhos naturais; seu julgamento sobre Jesus havia sido formado a partir de um ponto de vista racional. É verdade que ele viu a pessoa do Messias, mas não esperava ver em forma humana quaisquer traços que pudessem guiar seu julgamento. Ele esperou até que os lábios do Messias falassem e então, quando viu a onisciência daquela pessoa misteriosa, e como Jesus poderia ler seus pensamentos e sondar suas ações mais secretas, então Natanael creu. Agora, temo que alguns de vocês estejam vivendo nas trevas porque estão esperando por algum tipo de manifestação física. Vocês esperam ter um sonho vívido ou alguma sensação estranha no corpo, ou algum acontecimento muito notável na família; pois a menos que vocês vejam sinais e maravilhas, não crerão. Ora, a visão salvadora de Cristo é de outra natureza; a verdade deve ser impressa em suas faculdades mentais, iluminar seu entendimento e ganhar seu afeto. A presença de Cristo na Terra é um fato espiritual, e vocês podem ver isso não com esses olhos mortais, mas com os olhos da alma. Vocês serão capazes de perceber a beleza do caráter do Senhor, a majestade de Sua pessoa, a suficiência plena de Sua expiação; e vendo essas coisas, o Espírito Santo os levará a crer em Cristo e viver. Oro a Deus que Ele conceda tal visão a todo aquele que o busca com sinceridade, a todo aquele que ouve ou lê essas palavras.

3. Há um assunto muito mais importante que agora exige nossa atenção — *como Cristo via Natanael.*

Assim que viu esse homem, Jesus disse: "Eis um verdadeiro israelita", o que nos mostra que Cristo Jesus podia ler o coração de Natanael. Penso que nosso Senhor nunca tinha visto Natanael com Seus olhos humanos, mas Ele podia entender o caráter de Natanael; não porque fosse um grande especialista em fisionomia e pudesse perceber imediatamente que havia um homem de coração simples à Sua frente, mas porque Jesus [sendo Deus] foi o criador de Natanael, Aquele que prova e sonda o coração e os pensamentos; diante disso o Senhor foi capaz de ler Natanael assim como alguém lê um livro aberto diante de seus olhos. Em um instante Ele viu tudo que estava no interior daquele inquiridor e pronunciou um veredicto — Natanael era um homem sem falsidade ou engano. E então, para lhe dar a prova de que realmente sabia tudo sobre ele, Jesus mencionou certo detalhe que não podemos explicar, nem você, nem eu, nem ninguém, mas apenas Natanael e Jesus — um segredo especial que só os dois sabiam. Ele disse: "Antes de Filipe te chamar, eu te vi, quando estavas debaixo da figueira" (Jo 1:48). Podemos apenas tentar inferir o que Natanael estava fazendo debaixo de uma figueira, mas não temos saber com certeza. Talvez o mais próximo da verdade seja que a figueira era para ele o que os hermonitas e o monte Mizar eram para Davi. Observe as palavras de Davi: "...lembro-me, portanto, de ti, nas terras do Jordão, e no monte Hermom, e no outeiro de Mizar" (Sl 42:6). Não nos é dito em que consistiam essas memórias sagradas e, embora possamos conjeturar, apenas Davi e seu Deus sabiam de todo o misterioso assunto. Assim, entre Cristo e Natanael havia um conhecimento comum que os ligava àquela figueira, e não temos como descobrir em que consistia, pois, quando nosso Senhor a mencionou, a memória de Natanael a respeito de tal lugar foi algo tão secreto e tão sagrado que ele sentiu que o Onisciente estava diante dele. Assim Natanael teve a prova de que não poderia duvidar um só instante, visto que Jesus citou um dos segredos mais íntimos e especial de sua vida, algo que nunca havia sido sussurrado em ouvido humano algum foi trazido à tona como num passe de mágica. À menção da figueira, uma memória escrita em tinta vermelha no diário particular de Natanael foi revivida, e aquele que fora capaz de tocar uma fonte tão escondida em sua alma deveria ser o Filho de Deus.

Logo, de acordo com nossa melhor suposição, o que Natanael estava fazendo debaixo da figueira? Bem, como os devotos do Oriente [Médio] estão acostumados a ter um lugar especial para fazer suas preces, para Natanael esse lugar pode muito bem ter sido a sombra daquela frondosa figueira. Lá ele costumava fazer suas devoções e, talvez, pouco antes de Filipe ir procurá-lo, ele estivesse engajado em uma oração solitária, em uma *confissão pessoal de pecado*. Ele olhou em todas as direções no jardim para se certificar de que ninguém o visse e fechou o portão para que ninguém pudesse entrar. Lá ele derramou uma confissão muito terna aos ouvidos de seu Deus, sob a sombra debaixo da figueira. Quando Cristo disse a ele: "Quando estavas debaixo da figueira", isso o fez lembrar de como ele tinha derramado o seu espírito contrito e quebrantado e confessado pecados que ninguém conhecia senão Deus. Talvez o olhar de Cristo tenha trazido essa confissão à sua memória, e as palavras e o Seu olhar juntos pareciam lhe dizer: "Eu conheço o seu fardo secreto e a paz que você encontrou ao entregá-lo ao Senhor". Portanto, ele creu que Jesus era o Deus de Israel.

É bem possível que, além de sua confissão, debaixo da figueira ele tenha feito *uma investigação deliberada de seu próprio coração*. Boas pessoas geralmente combinam o autoexame com suas confissões. Assim, pode ser que Natanael, em quem não havia dolo, tivesse examinado as tendências de sua natureza e tivesse recebido a sagrada surpresa de ver a grande profundidade de sua depravação natural. Talvez, como Ezequiel, ele foi levado de recinto em recinto para ver os ídolos de seu próprio coração e encontrou abominações maiores do que aquelas que esperava que estivessem lá, e ali se humilhou perante o Senhor. Debaixo daquela figueira ele poderia ter clamado, como Jó: "Por isso, me abomino e me arrependo no pó e na cinza" (Jó 42:6). Isso também Jesus tinha visto.

Ou então, debaixo da figueira, *ele fez uma oração muito sincera*. Talvez aquela figueira fosse para Natanael o que Peniel foi para Jacó: um lugar onde Natanael lutou até o amanhecer[71], implorando a Deus para cumprir Sua antiga promessa, de enviar Aquele que seria a luz para revelação aos gentios e glória de Seu povo Israel. Será que foi assim? Pensamos que é provável. Aquela figueira tinha sido uma Betel para Natanael, nada menos do que "a Casa de Deus, a porta dos céus" (Gn 28:17).

E talvez possamos sugerir que, além dessa oração, Natanael fez votos solenes debaixo daquela figueira — se o Senhor se

---

[71] Referência a Gênesis 32:24-30.

manifestasse a ele e lhe desse algum sinal, alguma prova definitiva, ele se consagraria para ser do Senhor e seria totalmente dele; se o Senhor enviasse o Messias, ele estaria entre Seus primeiros seguidores; se o Senhor falasse com Natanael por meio de um anjo ou de alguma outra forma, ele obedeceria à voz. Jesus afirmou a ele: "Em verdade, em verdade vos digo que vereis o céu aberto e os anjos de Deus subindo e descendo sobre o Filho do Homem" (Jo 1:51); e assim se revela a Natanael como o Messias a quem ele se entregou solenemente debaixo da figueira. Talvez tenha sido assim.

Novamente, pode ser que debaixo daquela figueira ele tenha desfrutado da mais doce *comunhão* com seu Deus. Caros amigos, não nos lembramos bem de certos lugares que consideramos especiais ou sagrados? Tenho um ou dois em minha vida que são sagrados demais para serem mencionados. Se a minha memória esquecer todos os lugares do mundo, continuarei a ter esses pontos vivos na memória, o lugar santo onde Jesus, meu Senhor, encontrou-me e me mostrou Seu amor. Em certa ocasião, "O rei me introduziu nos seus aposentos" (Ct 1:4 NAA); e em outra: "...irei ao monte da mirra e ao outeiro do incenso" (Ct 4:6). Certa feita, Ele me convidou: "Vem, ó meu amado, saiamos ao campo, passemos as noites nas aldeias" (Ct 7:11), e então mudou de cena e disse: "Vem comigo do Líbano, noiva minha, vem comigo do Líbano; olha do cimo do Amana, do cimo do Senir e do Hermom, dos covis dos leões, dos montes dos leopardos" (Ct 4:8). Já não tivemos algumas ocasiões especiais em que Ele abriu o vinho aromático de Sua romã? Quando a nossa alegria foi quase demais para o nosso corpo débil suportar, e o nosso espírito alegre era como uma espada afiada que quase cortou o invólucro do corpo que o carrega? Ó, que doce verdade! Ele nos batizou no fogo de Seu amor, e nos lembraremos para sempre desses lugares secretos, de tais ocasiões memoráveis. Então este foi um sinal, um sinal secreto entre Cristo e Natanael, pelo qual o discípulo reconheceu seu divino Amigo e futuro Mestre e Senhor. Antes ele havia encontrado o Messias em espírito, e agora o encontra em carne e osso, e por este sinal o reconhece. Em espírito, o Senhor colocou Seu selo sobre o coração de Natanael, e agora, pelo selo sagrado, o israelita verdadeiramente discerne quem é seu Rei.

Portanto, vemos que o Senhor tinha visto Natanael em seus compromissos anteriores, antes de se tornar um crente em Jesus efetivamente. Este fato sugere que cada um daqueles que sinceramente buscam corrigir sua conduta e conhecer a verdade, foram plenamente vistos e percebidos em todas as suas buscas e anseios pelo Deus da graça. Quando você derramou uma lágrima por não conseguir entender a Palavra, Jesus viu aquela lágrima; quando você chorou por não conseguir encontrar descanso em seu coração, Ele ouviu tal lamento. Quando um coração busca a Cristo honestamente, Cristo está plenamente ciente disso. É claro que Ele sabe, pois cada movimento do coração frágil que se aproxima dele foi causado por Seu amor. Ele está se aproximando, mesmo que você não perceba que Suas mãos estão ao seu redor. Ele é o ímã oculto pelo qual seu coração se move. Sei que para você é noite e você está tateando como um cego pela parede; mas se seu coração diz: "Ó, se eu pudesse abraçá-lo! Ó, se Ele fosse meu! Se eu pudesse encontrar meu descanso nele, eu daria a Ele tudo o que tenho", então pode ter certeza de que Cristo está perto de você; suas orações são ouvidas por Ele e suas lágrimas caem no coração dele. O Senhor conhece bem os seus problemas, todas as suas dúvidas e medos, e os compreende plenamente e, no devido tempo, Ele romperá as suas amarras e com alegria você poderá se abastecer com água das fontes da salvação. Esta verdade é um grande consolo para todos os que buscam com sinceridade, mesmo que ainda esteja nas trevas. Antes que a voz do pastor falasse com você, quando você estava debaixo da figueira, quando você estava ao lado de sua cama, naquele aposento íntimo, ou estava na serraria, ou no sótão do celeiro, quando você passava por trás daquela sebe no campo, Jesus viu você. Ele sabia sobre seus anseios, Ele leu seus desejos, Ele viu você por completo. Desde os tempos antigos, Ele conhece você.

4. Então, já falamos sobre a visão de Natanael acerca de Cristo e da visão de Cristo a respeito de Natanael, agora falaremos sobre *a fé demonstrada por Natanael.*

Sobre este tópico, teremos que revisar um pouco do que já vimos. A fé demonstrada por Natanael, observe *no que ela estava fundamentada*. Ele aceitou com alegria Jesus como o Messias, e o fundamento dessa aceitação era que Jesus havia mencionado algo específico de sua vida que Natanael tinha convicção de que ninguém sabia, senão o Deus onisciente. Portanto, ele chegou à conclusão de que Jesus é o Deus onisciente, e o aceitou como seu Rei. Muitas vezes as pessoas colocam sua fé em Cristo da mesma maneira. Uma ocorrência idêntica está registrada no mesmo evangelho alguns capítulos adiante. O Senhor estava sentado junto ao poço e conversou com uma mulher samaritana, e nenhuma impressão foi causada nela até que Ele disse: "porque cinco maridos já tiveste, e esse que agora tens não é teu marido..." (Jo 4:18). Naquele momento ela pensou: "Este estrangeiro conhece minha história particular! Então há algo nele mais do que aparenta; Ele é o grande Profeta esperado"; e saiu correndo espalhando essa notícia com seus lábios, pois estava em seu coração: "Vinde comigo e vede um homem que me disse tudo quanto tenho feito. Será este, porventura, o Cristo?!" (Jo 4:29). Esse também foi o caso de Zaqueu[72]. No entanto, alguém pode dizer que esse modo de conversão foi limitado apenas aos dias da existência terrena de nosso Senhor e ao tempo dos milagres, mas que não é assim hoje. O fato é que ainda hoje, o discernimento dos pensamentos do coração das pessoas pelo evangelho continua sendo um meio muito poderoso nas mãos do Espírito Santo para convencê-las da verdade do evangelho. Muitas vezes tenho ouvido o comentário: "Parece-me, senhor, que aquele sermão foi dirigido a mim, pois há pontos nele que têm a ver exatamente com minha vida, e senti que certamente alguém deve ter informado o pregador sobre mim, porque havia palavras e frases tão peculiares a meus pensamentos privados que certamente ninguém, exceto Deus, sabia sobre eles. Percebi que Deus estava, por meio do evangelho, falando à minha alma". Assim é e sempre será. O evangelho é o grande revelador de segredos; discerne os pensamentos e as intenções do coração. Jesus Cristo, no evangelho sabe tudo sobre o seu pecado, tudo sobre suas buscas e sobre as dificuldades que você enfrenta.

---

[72] Conforme Lucas 19:1-10.

Isso deve convencê-lo de que o evangelho é divino, pois seus ensinamentos desnudam o coração e seus remédios curam qualquer doença espiritual. O conhecimento da natureza humana que se desdobra na passagem mais simples da Bíblia é mais profundo do que as produções de Platão ou Sócrates. O evangelho, como um fio de seda, toca todos os aspectos da natureza humana em seu estado decaído. Ó, que a voz deste evangelho possa ressoar em você de maneira pessoal; que pelo Espírito ele o convença do pecado, da justiça e do juízo, e o conduza a apegar-se à vida eterna.

Devo mencionar que a fé demonstrada por Natanael era muito especial, não por causa de seu fundamento, mas também por causa de *seu caráter claro e completo*. Natanael aceitou Jesus imediatamente como o Filho de Deus; para ele, Jesus era divino e ele o adorava. Ele também o aceitou como Rei de Israel; para ele, Jesus era da realeza e rendeu-lhe a devida reverência. Que você e eu possamos abraçar Jesus Cristo da mesma maneira: um homem de fato, mas certamente Deus; um homem que foi desprezado e rejeitado, entretanto ungido acima de Seus irmãos, e que é o Rei dos reis e o Senhor dos senhores.

Admiro a fé demonstrada por Natanael, pois ela foi *imediata, completa e determinada*: "Mestre, tu *és* o Filho de Deus, tu *és* o Rei de Israel!" (Jo 1:49). Nessa decisão, e na rapidez de sua fé, Cristo foi glorificado. Adiar o momento de crer é algo que desonra o Senhor. Ó, coração honesto; ó mente sincera! Ore ao Céu para que você possa chegar o mais rápido possível à luz e à liberdade da verdadeira fé. Que o Espírito Santo produza em você uma pronta satisfação no sacrifício expiatório e na pessoa divina do eternamente bendito Emanuel.

5. E assim chegamos ao último ponto que devemos considerar. Já falamos sobre Natanael e sua visão de Cristo, a visão que Cristo teve sobre Natanael e, em seguida, a fé que Natanael recebeu; observe agora *a visão futura de Natanael*.

Tem gente que quer analisar todas as implicações do cristianismo antes de poder crer em Jesus, ou seja, antes de entrarem no jardim de infância já afirmam ter um diploma universitário. Muitos querem entender o capítulo 9 de Romanos antes de lerem o capítulo 3 de João. Eles se dispõem a compreender os grandes mistérios antes de poderem compreender essa simplicidade básica: "Creia e viva". Porém as pessoas mais sábias e que, como Natanael, contentam-se em primeiro acreditar no que são capazes de perceber, ou seja, que Cristo é o Filho de Deus e o Rei de Israel, aprenderão continuamente cada vez mais. Vamos ler as palavras de nosso Senhor: "Pois maiores coisas do que estas verás. E acrescentou: Em verdade, em verdade vos digo que vereis o céu aberto e os anjos de Deus subindo e descendo sobre o Filho do Homem" (Jo 1:50-51).

Aos discípulos mais maduros Jesus promete: "Obras maiores do que estas *fareis*" (Jo 14:12); já aos novos convertidos, Ele diz: "Coisas maiores do que estas *vereis*". Ele faz promessas em proporção a nossa capacidade de recebê-las. A promessa feita a Natanael foi a mais adequada. Ele era todo israelita de fato — então ele terá a visão de Israel. E qual foi a grande visão que Israel (ou Jacó) teve? Ele viu uma escada sobre a qual os anjos subiam e desciam. É isso precisamente que Natanael verá: Jesus Cristo como a comunicação entre um Céu aberto e uma terra abençoada, e os anjos subindo e descendo sobre o Filho do homem. Se você tem os traços de Israel, você deve desfrutar dos privilégios de Israel. Se você é um verdadeiro israelita, terá a bênção que alegrou o coração de Israel. Natanael se apropriou de Jesus como Filho de Deus: aqui lhe é dito que o verá em Sua glória como Filho do Homem. Observe a última palavra de João 1. Não fala que Jesus humildemente se identificou como o Filho do Homem — embora isso seja verdade — mas que ver a glória de Cristo como Deus é uma coisa simples, porém ver e compreender a glória de Cristo como homem é uma visão de fé e provavelmente uma visão que, aos nossos sentidos, está reservada para o dia de Sua vinda. Quando Jesus aparecer, aquele Homem que sofreu no Calvário estará sentado no grande trono branco para julgar os vivos e os mortos, e se você crer em Jesus como o Filho de Deus, você ainda o verá em Sua glória como um homem carregando o cetro universal e entronizado como Rei de toda a Terra. Lembre-se de que Natanael chamou Jesus de Rei de Israel, e agora ele verá seu Mestre como o Rei dos anjos, verá os anjos de Deus subindo e descendo sobre o Senhor. Acredite, prezado irmão em Cristo, quanto mais você o conhece, você saberá cada vez mais sobre Ele. Abra seus olhos para a luz das velas da Lei, e em breve você verá a luz radiante do Sol do evangelho.

A graça do Senhor é grande para cumprir esta regra do evangelho: "Porque a todo o que tem se lhe dará, e terá em abundância..." (Mt 25:29). Se você reconhecer o Rei de Israel, você o verá como o Senhor dos Exércitos, diante de cuja presença os arcanjos cobrem seus rostos e a quem os serafins servem. Suponho que a grande visão que Natanael teve como resultado de sua fé não foi a transfiguração ou ascensão, como alguns acreditam, mas uma visão espiritual de Cristo em Sua qualidade de mediador, como o grande elo entre o Céu e a Terra. Na verdade, é uma visão que transcende todas as outras. Não estamos separados do invisível nem do infinito; o mortal tem comunhão com o imortal; o pecador fala com Aquele que é Santo; orações alcançam o Céu; e bênçãos são derramadas por meio do grande Substituto. Ó alma, você pode ver isso? Se assim for, esta visão o deixará feliz. Você não está exilado agora, mas está apenas ao pé da escada que leva aos aposentos superiores da casa de seu Pai. Seu Deus está acima, e há espíritos luminosos passando constantemente pela passagem aberta da pessoa do Mediador. Aqui está a alegria para todos os santos, pois tal escada jamais poderá ser quebrada; nossa comunhão é permanente. Sem dúvida, na perspectiva de Natanael, essa promessa seria cumprida quando ele percebesse a providência de Deus governada por Cristo Jesus, que ordena todas as coisas para o bem da Sua Igreja. Não é isso que significa a imagem de anjos subindo e descendo sobre o Filho do homem? Ou seja, todas as ações, sejam de questões relacionados a seres vivos ou inanimados, estão sujeitas à lei e ao domínio de Cristo; desta forma, "...todas as coisas cooperam para o bem daqueles que amam a Deus" (Rm 8:28).

Não vá para casa hoje preocupado e dizendo: "Aqui temos doutrinas novas que estão surgindo, novos deuses que nossos pais não conheciam, e os pastores estão se afastando da fé e dias ruins estão chegando sobre a igreja e o romanismo está crescendo, e com ele a idolatria". Talvez tudo isso seja verdade, mas não significa absolutamente nada perante o grande final que Deus está preparando. Ele tem um anzol para a boca do leviatã; Ele pode fazer o que quiser com Seus inimigos mais poderosos; Ele cavalga sobre as asas dos querubins e governa a tempestade; as nuvens são mera poeira deixada pelos Seus pés. Nunca acredite que a Providência está desarticulada. As rodas desta grande engrenagem podem virar para um lado ou para outro, mas certo é o resultado que será produzido, pois o grande Artista seguramente pode ver o desfecho de tudo. A glória de Deus se levantará vitoriosa sobre todas as coisas. Os anjos descem, mas eles fazem a vontade de Deus tanto quanto aqueles que sobem. Alguns acontecimentos parecem desastrosos e até catastróficos; mas todos eles, no final, provarão ser os melhores; porque o Senhor —

Extrai o bem de um mal aparente,
E faz algo ainda melhor, e melhor, e melhor
em infinita progressão.[73]

Até que venha a coroa sobre a cabeça daquele que foi separado de Seus irmãos, e toda a glória chegue em ondas de cânticos magníficos ao Seu trono, que você e eu continuemos a contemplar esta grande visão cada vez mais claramente. Até que o Senhor venha do Céu com alarido, com a trombeta do arcanjo e com a voz de Deus, e de uma vez por todas vejamos o Céu e a Terra unidos como um, que possamos continuar a ver anjos subindo e descendo sobre o Filho do homem. Toda essa glória sem par virá a nós por meio daquela pequena janela pela qual vimos o Salvador pela primeira vez. Se não o vermos como nosso Senhor até que possamos ver todo o

---

[73] Tradução livre de versos do poema *A Hymns for the Seasons*, de James Thomson (1700–48).

futuro, pereceremos nas trevas. Se você não crer, tampouco conseguirá permanecer, mas se, com simplicidade e pureza de coração, você tem buscado Jesus, e agora o encontrou e o aceitou como o Senhor, o Rei de Israel, então coisas maiores do que estas estarão reservadas para você. Seus olhos verão o Rei em Sua beleza e a terra que está muito distante, e o dia de Sua aparição gloriosa, quando o Céu e a Terra pendurarão suas flâmulas para alegria transbordante, visto que o Rei veio para o que é Seu, e a coroa será colocada sobre a cabeça do Filho de Davi; então você verá tudo isso, e o verá em toda a plenitude, pois estará com Ele onde Ele estiver, para que você possa contemplar a glória do Senhor, a glória que o Pai deu ao Seu Filho antes da fundação do mundo[74].

---

[74] Conforme João 17:24.

7

TOMÉ:
"SENHOR MEU E DEUS MEU!" [75]

Respondeu-lhe Tomé: Senhor meu e Deus meu! —João 20:28

Quando os apóstolos se reuniram no primeiro dia do Senhor após a ressurreição de Jesus, Tomé foi o único discípulo ausente dentre os onze. No segundo dia do Senhor, Tomé estava presente e ele era o único discípulo dos onze que ainda duvidava. Não podemos saber até que ponto suas dúvidas foram causadas pelo fato de que ele esteve ausente naquele primeiro domingo; mas é muito provável que, se ele estivesse lá desde o início, ele teria desfrutado da mesma experiência que os outros dez e, como eles, poderia ter dito: "...Vimos o Senhor..." (Jo 20:25). "Não deixemos de congregar-nos, como

---

[75] Sermão nº 1775, ministrado na manhã de domingo, dia do Senhor, 13 de abril de 1884, no *Metropolitan Tabernacle*, Newington.

é costume de alguns" (Hb 10:25), visto que não podemos saber tudo o que perderemos se estivermos ausentes. Embora nosso Senhor possa se manifestar aos indivíduos na solidão, como fez com Maria Madalena, Ele geralmente se manifesta a dois ou três, e Seu maior deleite é fazer-se presente na assembleia dos Seus servos. Ao que parece, o Senhor fica mais à vontade quando se põe no meio do Seu povo e diz: "...Paz seja convosco!" (Jo 20:26). Não deixemos de nos reunir com os nossos irmãos de fé. De minha parte, as reuniões do povo de Deus sempre serão estimadas por mim. Onde Jesus visita é onde eu quero ser encontrado.

Enquanto houver fôlego de vida em mim,
Com toda minha alma clamarei por Sião;
Onde Deus, meu Salvador, reina,
Onde habitam as pessoas de meu coração.[76]

E eu sei que a maioria de vocês também pode dizer isso de todo o coração. Ó, que possamos contemplar o Senhor Jesus nesta reunião!

Na segunda vez, Tomé estava presente, e ele era o único do grupo que ainda lutava com dúvidas. Para ele, não era possível que o Senhor Jesus, que fora pregado na cruz e cujo lado fora perfurado, estivesse agora verdadeiramente vivo. Olhemos com alegria para a paciência do Senhor para com Tomé. Todos os outros também tiveram suas dúvidas, e o Senhor os repreendeu gentilmente pela incredulidade e

---

[76] Tradução livre de uma das estrofes do hino *Psalm 122 — Going To Church*, de Isaac Watts (1674–1748).

dureza de coração deles; mas Tomé não se convenceu nem mesmo pelo testemunho de seus irmãos, e multiplicado por dez, pois cada um deles merecia sua confiança. Depois que o Senhor lhes dissera, de maneira muito direta, que Ele seria crucificado e ressuscitaria dos mortos, os discípulos deveriam esperar pela ressurreição; mas como não tinham tal expectativa, mereciam a repreensão de Jesus. E o que diremos de Tomé que, além de tudo isso, ouviu o testemunho de seus dez companheiros que já haviam visto o Senhor em pessoa? No entanto, aqui temos, o duvidoso, o questionador tenaz que impôs os requisitos mais rigorosos como a única maneira para crer. Será que o seu Senhor não se sentiu provocado por sua teimosia? Veja quão paciente Jesus é! Se estivéssemos em Seu lugar, se tivéssemos morrido por essas pessoas, enfrentado a sepultura e ressuscitado por elas, teríamos ficado seriamente insultados e até mesmo zangados com os que tivessem se recusado a acreditar no que havíamos feito por eles, mas nosso Senhor não demonstra nada disso. Ele é terno com Seus discípulos, como um pai que alimenta seus filhos. Sim, por se mostrarem incrédulos, o Senhor os repreende, pois era algo necessário ao bem dos discípulos; mas não manifesta aborrecimento em Seu espírito. Especialmente nesta ocasião, Jesus demonstra Sua ternura para com Tomé e dirige-lhe as primeiras palavras. Se Tomé não for capaz de se convencer, exceto pelo que devo chamar de evidência mais materialista e grosseira, o Senhor lhe dará esta evidência: se ele tiver que colocar o dedo onde estavam os pregos, então Tomé colocará o dedo lá; e se ele tiver que colocar a sua mão no lado dele, o Senhor lhe permitirá tal ousadia. Ó, veja como Jesus tem consideração pelas fraquezas e até mesmo pelas tolices do Seu povo! Se somos incrédulos, não é culpa dele; Ele vai muito além para nos ensinar a ter fé, e às vezes até nos concede o que não temos o direito de pedir, o que não temos motivos para esperar, o que é até mesmo pecaminoso em nós ter desejado. Somos tão fracos, tão ignorantes, tão propensos à incredulidade que o Senhor fará tudo o que for necessário para gerar, sustentar e fortalecer nossa fé nele. Ele mostra consideração pelos de condição inferior a Ele. Se por nossa tolice somos como bebês que não conseguem digerir o alimento sólido que é a comida apropriada para adultos, nosso Senhor não se cansa de nos dar leite, e pode até partir o pão em migalhas e remover a casca mais dura, para que possamos nos alimentar facilmente. Não é Sua vontade que nenhum de Seus pequeninos pereça; e, portanto, Ele afasta a incredulidade que é o inimigo mais mortal de Seu povo.

Nosso Senhor tinha razões especiais para atender a Tomé dessa maneira naquele dia, e para se dar ao trabalho de libertar Tomé de sua incredulidade. Certamente a primeira razão de Jesus deve ter sido Seu desejo de fazer de Tomé uma testemunha mais convincente quanto a realidade da Sua ressurreição. Aqui temos um homem determinado a não ser enganado; deixe-o vir e fazer todos os testes que quiser. Se você me disser que as testemunhas da ressurreição de nosso Senhor já estavam predispostas a acreditar nela, respondo que isso é totalmente falso. Nenhum desses discípulos havia entendido o significado da profecia do Senhor a respeito de Sua ressurreição dos mortos. Foi muito difícil para todos entenderem esse conceito; foi algo totalmente estranho e completamente fora de todas as expectativas deles. No caso de Tomé, temos um homem particularmente difícil de convencer, um homem tão teimoso que acusava de mentirosos dez de seus amigos, com quem se relacionava há anos. Agora, se eu fosse confiar no testemunho de uma pessoa para provar algo no tribunal, gostaria de colocar no banco das testemunhas alguém que é notório por ser excessivamente cauteloso e precavido. Eu ficaria feliz se soubesse que a princípio ele teve suas suspeitas e foi muito crítico, mas no final foi moído pelas evidências e foi compelido a crer. Tenho certeza de que tal pessoa daria seu depoimento com a mesma convicção demostrada por Tomé quando exclamou: "Senhor meu e Deus meu!". Não podemos ter um testemunho tão convincente do fato de que o Senhor realmente ressuscitou como o de Tomé — o examinador, frio, prudente e crítico que chegou a absoluta certeza.

Além disso, considero que nosso Senhor deu esse tratamento muito pessoal a Tomé porque Ele queria nos mostrar que Ele não queria perder nenhum dos que o Pai lhe havia dado. O bom Pastor deixa as 99 ovelhas para procurar a que está perdida[77]. Se Tomé for o mais incrédulo, Tomé receberá o cuidado mais especial. Ele é apenas um, mas ele é único, e o Senhor Jesus não perderá um único daqueles a quem veio salvar. Talvez você e eu teríamos dito: "Bem, se ele não está convencido, vamos deixá-lo em paz; ele é apenas um — podemos continuar bem sem o seu testemunho; não podemos ficar para sempre procurando por um indivíduo solitário; deixe que ele vá". É assim que teríamos feito; mas não Jesus. Nosso bom Pastor nos busca um por um; Ele cuida ternamente de cada indivíduo exclusivamente, e isso dá a todos nós uma enorme confiança. Se uma ovelha está perdida, não poderia se perder

---

[77] Referência a Lucas 15:4.

todo o rebanho? Mas se Ele cuida de uma ovelha, todas as outras receberão o mesmo cuidado.

Com relação a esse assunto, é preciso dizer também o seguinte: temo que boa parte da igreja seja formada por pessoas tolas, lentas para crer, questionadoras, fracas na fé, ansiosas. Não sei se é a maioria, mas são certamente numerosos. Se todos os cristãos fossem classificados, receio que muitos de nós não conseguiríamos nos posicionar na primeira fila; uma grande parte teria de ser colocada na categoria dos de pouca fé. Nosso Senhor mostra-nos aqui que se preocupa com todos os que ficam para trás. Tomé está uma semana atrás de todos os outros, mas seu Senhor não perdeu a paciência e o espera com Sua graça. Os outros dez apóstolos já tinham visto o Senhor e tiveram a certeza da Sua ressurreição durante os últimos sete dias; mas não é por isso que o retardatário deveria ser deixado de lado. Nosso Senhor não permite que os que estão na fileira de trás morram. Sabemos que no deserto os amalequitas mataram os que estavam na retaguarda dos filhos de Israel[78]; mas quando o Rei Jesus lidera Seu exército, não há amalequitas que possam ferir até mesmo aqueles que vêm mais atrás, pois a glória do Senhor também protege a retaguarda. Os muros de Sião protegem bebês e também veteranos; a arca da nossa salvação preserva ratos e touros; Salomão fala do hissopo que cresce nas paredes e também do cedro do Líbano; e a glória do Senhor se manifesta na preservação do brilho de um vaga-lume, bem como no sustento do calor do sol.

Agora, se há alguém nesta congregação que honestamente tenha que ser colocado na lista dos incrédulos, imploro-lhes que

---

[78] Referência a Êxodo 17:8-13.

se consolem enquanto tento definir adiante a experiência de Tomé e o que resultou dela. Primeiro, quero chamar sua atenção para a *declaração de Tomé*: "Senhor meu e Deus meu!". Em seguida, consideraremos *como ele chegou a essa convicção*; e em terceiro, *como nós podemos chegar a esta certeza*; pois eu sei que muitos de nós também clamamos: "Senhor meu e Deus meu!".

1. Primeiro, consideraremos a *declaração de Tomé*: "Senhor meu e Deus meu!".

Esta é uma confissão muito simples e sincera a respeito da verdadeira divindade de nosso Senhor Jesus Cristo.

É o que um homem poderia dizer se quisesse afirmar sem qualquer dúvida e com absoluta certeza, que Jesus é Deus e Senhor. Vemos que Davi declarou: "...Senhor dos Exércitos, Rei meu e Deus meu!" (Sl 84:3), e no Salmo 35:23 ele diz: "Deus meu e Senhor meu", estes são títulos que se aplicam apenas a Jeová. Essas expressões eram muito conhecidas por Tomé e, como israelita, ele jamais as teria conferido a uma pessoa a menos que acreditasse ser ela Deus. Portanto, temos a certeza de que Tomé cria que o Salvador ressuscitado era Senhor e Deus. Se tivesse sido um erro, o Senhor Jesus o teria repreendido imediatamente, pois Jesus não teria permitido que Tomé cometesse o pecado de adorar um mero ser humano. Nenhum homem bom permitiria que outro o chamasse de Deus e Senhor; devemos sentir-nos como Paulo e Barnabé quando rasgaram suas vestes visto que os homens de Listra estavam prontos para oferecer sacrifícios e adorá-los[79]. Quanto mais o santo Senhor

---

[79] Conforme Atos 14:11-15.

Jesus teria se sentido conturbado em Seu espírito com a ideia de ser adorado e aclamado: "Senhor meu e Deus meu!", se Ele não tivesse em Sua essência que, embora sendo Deus, "...não julgou como usurpação o ser igual a Deus" (Fp 2:6). O Jesus perfeito aceitou essa reverência divina, e isso certamente nos mostra que era algo apropriado e correto, e nós aqui e agora oferecemos a Ele a mesma adoração.

Para escapar da força de tal confissão, alguns que negaram a divindade de nosso Senhor, nos tempos antigos tiveram a audácia de acusar Tomé de quebrar o terceiro mandamento, proferindo um brado de surpresa comum entre os profanadores. Pessoas comuns, sem refletir, usam o nome do Senhor em vão quando dizem: "Meu Deus!" ou "Ó, senhor!" como uma demonstração de surpresa, e alguns hereges da antiguidade ousaram interpretar as palavras de Tomé: "Senhor meu e Deus meu!", da mesma forma.

Claramente, qualquer pessoa em sã consciência perceberá que isso não é possível. Porque, primeiro, os judeus não estavam acostumados a usar esse tipo de exclamação de surpresa ao falar. Os pagãos gentios sem religião falavam, mas isso seria a última coisa que ocorreria a um israelita devoto. Se havia algo que distinguia os judeus do tempo de nosso Senhor mais do que qualquer coisa, era o uso do nome de Deus. Ora, até mesmo em seus livros sagrados eles omitiram a palavra *Jeová* e apenas escreveram *Adonai*, por causa de uma supersticiosa reverência pelas próprias letras do nome divino. Então, como é possível alguém dizer que Tomé fez o que nenhum judeu de sua época teria sonhado em fazer? Israel, após o cativeiro babilônico, cometeu muitos erros, mas não de idolatria ou irreverência pelo nome divino. Não sei o que um israelita costumava dizer em um momento de grande espanto, mas tenho certeza absoluta de que ele não diria: "Senhor meu e Deus meu!".

Segundo, não pode ter sido uma simples *declaração de surpresa*, ou uma expressão irreverente, visto que ele não foi imediatamente repreendido por nosso Senhor, e podemos ter certeza de que Cristo não teria tolerado uma profanação dessas em Sua presença sem chamar a atenção. Observemos também que foi dirigido ao Senhor Jesus — "Respondeu-lhe Tomé: Senhor meu e Deus meu!" (Jo 20:28). Não foi uma simples explosão de surpresa dirigida a alguém, mas sim uma resposta dirigida ao Senhor que falava com ele. Foi também uma resposta que nosso Senhor Jesus Cristo aceitou como prova de fé, pois no versículo seguinte Ele diz: "Porque me viste, creste?..." (v.29), e essa confissão foi a única evidência de fé que nosso Senhor recebeu de Tomé. Um mero clamor de espanto e confusão de palavras irreverentes jamais teria sido recebido como prova satisfatória de fé. Um pecado não pode ser uma prova válida de fé. Portanto, a calúnia proposta pelos arianos[80] deve ser rejeitada com escárnio. Estou quase envergonhado de ter que mencionar isso, mas nestes dias em que abundam todos os tipos de erros, é necessário trazer a luz e despedaçar muitos ídolos que teríamos preferido manter escondidos com as toupeiras e morcegos.

Considero que a declaração de Tomé é, primeiramente, *a expressão piedosa de uma sagrada surpresa* que vem ao coração

---

[80] Seguidores de Ário (256–336 d.C.), fundador do arianismo: heresia difundida a partir do século 4. Sua doutrina consiste na negação da divindade de Cristo. Ário defendia a existência apenas de Deus, o Pai, e que Jesus não era o Filho nem emanação de Deus, pois fora criado por Ele sendo apenas uma criatura superior as demais.

que fez a grande descoberta de que Jesus é realmente seu Senhor e seu Deus. A verdade brilhou na mente de Tomé como um relâmpago: esta pessoa augusta, quem ele considerava o Messias, é também o próprio Deus. Ele percebeu que o homem aos pés de quem ele se sentara era mais do que um simples homem; seguramente era Deus, e isso o surpreendeu tanto que ele só conseguiu balbuciar algumas palavras. Ele não disse: "Tu és o meu Senhor e meu Deus", como diria um homem que está fazendo uma declaração doutrinária, mas ele fala com uma linguagem fragmentada, como um ato de adoração, exclamando em êxtase: "Senhor meu e Deus meu!". Tomé está surpreso com a descoberta que fez e provavelmente também com o fato de não ter visto isso há mais tempo. Ora, ele deveria saber, e poderia ter percebido anos atrás! Não estava lá quando Jesus andou sobre as águas? E quando o Senhor silenciou os ventos e fez as águas se acalmarem? Ele não viu os olhos dos cegos se abrirem e os ouvidos dos surdos ouvirem? Por que então nessas ocasiões ele não exclamou: "Senhor meu e Deus meu!". Tomé demorou para aprender, e o Senhor poderia ter dito a ele, o que indagou a Filipe: "...há tanto tempo estou convosco, e não me tens conhecido?..." (Jo 14:9). Agora, de repente, ele reconhece seu Senhor — e o conhece de forma tão surpreendente que esse conhecimento é maravilhoso demais para ele. Tomé tinha vindo à reunião para verificar se aquele que apareceu aos seus irmãos era o mesmo homem que morrera no Calvário, mas agora ele parece ter esquecido a pergunta original; ele já havia recebido uma resposta mais do que satisfatória; a dúvida já não existia mais; ele é levado muito mais longe pela enxurrada de evidências, e passou a crer plenamente na divindade de

Jesus. Ele enxerga naquele corpo que fora ferido a divindade que habita ali, e num salto ultrapassa a mera convicção de que é o mesmo homem, atingindo a firme certeza de que Jesus é Deus e, portanto, com frases fragmentadas, mas duplamente seguro, exclama: "Senhor meu e Deus meu!".

Meus prezados irmãos, como gostaria que todos pudessem seguir Tomé esta manhã! Vou parar aqui por um minuto para que você possa fazer isso. Maravilhemo-nos e admiremo-nos! Aquele que não tinha onde reclinar a cabeça à noite, aquele que sofreu zombarias e cuspidas e morreu no Calvário é Deus acima de todas as coisas, bendito para sempre. Aquele que foi colocado na sepultura vive e reina como Rei dos reis e Senhor dos senhores. Aleluia! Eis que Ele vem na glória do Pai para julgar os vivos e os mortos. Que o seu espírito beba dessa verdade e se maravilhe com ela. Se você nunca se espantou com o fato de que Jesus, o Filho de Deus, sofreu, sangrou e morreu por você, temo que seja porque você não acredita ou não teve nenhuma compreensão inteligente de todo o significado disso. Se os anjos ficam maravilhados, por que você não deveria ficar? Ó, que hoje possamos sentir uma santa surpresa, ao reconhecermos esta verdade: Aquele que nos redimiu de nossos pecados pelo Seu sangue é o Filho do Altíssimo!

Em seguida, acredito que essa foi uma expressão de *imensurável deleite*; pois observe que Tomé não diz: "Senhor e Deus", mas "Senhor meu e Deus meu". Parece que ele se agarra ao Senhor Jesus com as duas mãos, mencionando o abençoado pronome "meu" duas vezes — "Senhor meu e Deus meu". Ó, que alegria brilhou nos olhos de Tomé naquele momento! Quão rápido seu coração bateu! Ele nunca tinha sentido tanta alegria como naquele instante, embora deva ter sentido profunda humilhação; mas em tal humilhação havia abundância de doçura e intensa satisfação em ver e contemplar seu divino Senhor, desde os pés que foram perfurados até a testa, machucada pela coroa de espinhos, e disse-lhe: "Senhor meu e Deus meu!". Nessas poucas e sutis palavras havia uma música parecida com a do soneto da esposa em Cântico dos Cânticos, quando ela diz: "Eu sou do meu amado, e o meu amado é meu..." (Ct 6:3). O discípulo em êxtase viu o Amigo de seu coração bem à sua frente, resplandecente de amor e entrelaçando o coração dele com o seu. Oro para que você também possa seguir Tomé nessa alegria em Cristo. E eu faço uma pausa para que você possa fazer isso neste momento. Jesus está diante de você agora, visível aos olhos da fé. Deleite-se nele. Esteja sempre encantado com o Seu amor. Ele é totalmente adorável e completamente seu. Ele o ama com toda a infinidade de Sua natureza. A ternura de Sua humanidade e a majestade de Sua divindade estão unidas no amor do Senhor por você. Ó, Seus santos, amem o Senhor, pois Ele merece o seu coração! E assim, diga agora: "Senhor meu e Deus meu".

Mais do que isso, acredito que as palavras de Tomé indicam uma *completa mudança de pensamento* — em outras palavras, um arrependimento sincero. Ele não pediu permissão ao Senhor Jesus para deixá-lo colocar o dedo onde estavam os pregos. Não, tudo isso ficou sem discussão. Se você olhar o capítulo inteiro, verá que não há nenhuma declaração de que ele voltou a tratar o Senhor como havia proposto inicialmente. Se ele colocou ou não o dedo nas cicatrizes deixadas pelos cravos e se tocou o lado de Jesus, é algo que ficará escondido de nós, até que vejamos Tomé no

Céu e lhe perguntemos. Se você ler as palavras do Salvador ordenando que o fizesse, então podemos concluir que sim; mas se as lemos como uma simples autorização para fazê--lo, então creio que não. Eu li o texto bíblico e, então, fiz esta pergunta a um querido amigo: "O que você acha, Tomé colocou a mão no lado de Cristo?". E a resposta de uma mente pensativa e de um coração bondoso foi a seguinte: "Penso que ele não conseguiria; depois que o Mestre falou com ele, Tomé teria se esquivado de fazê-lo, e teria pensado que seria uma incredulidade intencional tentar fazê-lo". Essa resposta coincide exatamente com minhas convicções, tenho certeza de que se fosse eu, teria ficado tão envergonhado de ter proposto tal teste, e tão arrasado em ver o Senhor disposto a fazer o teste, que não teria avançado nem um centímetro na busca de provas e evidências, a menos que eu tivesse recebido uma ordem absoluta e expressa. Então, supondo que Tomé era como nós, e de fato muito melhor do que qualquer um de nós, apesar de sua imperfeição, creio que ele mudou completamente de opinião e, em vez de colocar o dedo nas marcas deixadas pelos cravos, ele exclamou: "Senhor meu e Deus meu". O Salvador indagou--lhe: "Porque me viste, creste?". Eu não quero exagerar; mas seria provável que o Salvador tivesse dito: "Porque você me tocou, você creu!", se Tomé realmente o tivesse tocado; mas como Jesus apenas menciona sobre Tomé tê-lo visto, é possí-vel que apenas ver o Mestre fosse suficiente para Tomé. Não vou insistir, mas creio que é uma sugestão correta; creio que não é irracional concluir que tudo o que Tomé fez foi ver seu Senhor. Ele não poderia fazer mais nada; a delicadeza do espírito de Cristo não lhe permitiu aceitar o teste que lhe fora oferecido; a reverência de Tomé o deteve; ele viu e acreditou. Vemos nesse discípulo, o mais incrédulo dos onze, uma mudança total: ele passou a crer mais do que todos eles e a confessar Jesus como Deus.

Esta declaração: "Senhor meu e Deus meu" é também *uma breve confissão de fé*. Quem quer que seja salvo, antes de tudo é necessário que seja capaz de unir-se a Tomé de coração neste credo: "Senhor meu e Deus meu". Não vou entrar em todas as distinções minuciosas do Credo de Atanásio[81], mas não tenho dúvidas de que cada palavra era absolutamente necessária para a época em que foi escrito, e que foi um artifício prático para conter as evasivas e truques dos arianos. Gosto muito mais desse credo curto de Tomé, porque é breve, substancial, completo, solene e evita as questões de detalhes que são a areia movediça da fé. Essa crença é necessária; mas nenhum homem pode realmente tê-la a menos que seja ensinado pelo Espírito Santo. Qualquer um pode falar as palavras, mas nem todos recebem sua verdade espiritual. Pois "ninguém pode dizer: Senhor Jesus!, senão pelo Espírito Santo" (1Co 12:3). Portanto, o credo mais necessário e salvador que devemos declarar ao Senhor Jesus é: "Senhor meu e Deus meu". Peço que você faça isso agora no coração de vocês. Renove sua fé e confesse que Aquele que morreu por você é o seu Senhor e Deus. Os socinianos[82] podem chamar Jesus do

---

[81] *O credo de Atanásio*, composto por 40 artigos, é uma declaração de fé cristã centrada na Trindade e na Cristologia. A data de sua elaboração é incerta, mas tinha como principal objetivo combater o arianismo. Esse credo vem sendo usado por igrejas cristãs desde o século 6. Atanásio (295–373 d.C.) foi um dos célebres Pais da Igreja: cristãos que escreveram e exerceram liderança na Igreja entre os séculos 1 e 6.

[82] Seguidores de Fausto Socino (1539–1604). A doutrina sociniana é antitrinitária: defende que Deus é uma única pessoa e que Jesus é um homem. Pode-se dizer que é uma das abordagens mais próximas dos ensinos do arianismo.

que quiserem; para mim Ele é Deus acima de tudo, bendito para sempre. E eu sei que você diz: "Amém".

Além disso, você não acha que as palavras de Tomé foram *uma entusiástica profissão de sua lealdade a Cristo*? "Senhor meu e Deus meu!" (Jo 20:28). Com essa declaração, ele estava prestando a mais humilde homenagem e dedicando todo o seu ser ao serviço de Cristo. Antes Tomé duvidava de Jesus, mas agora ele se submete totalmente visto que acredita inteiramente no Senhor. É como se dissesse: "De agora em diante, ó Cristo, Tu és meu Senhor e eu te servirei; Tu és o meu Deus e eu te adorarei".

Por fim, considero essa declaração um *ato direto e distinto de adoração*. Aos pés do Salvador manifesto, Tomé exclama: "Senhor meu e Deus meu!". E parece um ensaio de uma canção eterna que sobe diante do trono onde querubins e serafins estão continuamente dizendo: "Santo, santo, santo é o SENHOR dos Exércitos!..." (Is 6:3). Isso parece uma nota advinda daquelas sinfonias de corais que, por dias sem fim, circundam o trono do Eterno. Agora, em silêncio solene, apresentemos nossa alma diante do trono, prostrando-nos em adoração reverente diante daquele que era, que é e que há de vir, e diante do Cordeiro que foi morto, que ressuscitou e que vive para sempre. "Senhor meu e Deus meu!" Ó, filho de Maria, Tu também és o Filho do Altíssimo, e no meu coração e no meu espírito Tu és o meu Senhor e meu Deus, e eu te adoro neste momento!

Não temos muito tempo, mas gostaria de sentar-me um pouco e convidá-los a passar alguns momentos em adoração pessoal, seguindo o exemplo de Tomé em sua adoração a nosso Senhor e Deus.

2. O próximo ponto será encabeçado pela pergunta: Como Tomé *chegou a tal convicção*?

Você já imaginou como Tomé se sentiu quando estava a caminho da reunião naquela noite? Sua decisão de se encontrar com os outros demandaria uma explicação complicada. Por que ele se misturaria com homens cujas afirmações ele duvidava? Ele poderia ser amigo deles e, ao mesmo tempo, assumir que eles estavam mentindo para ele? Suponha que Jesus Cristo estivesse morto e não tivesse ressuscitado, por que Tomé insiste em ir? Ele vai para adorar um homem morto? Será que ele estava prestes a desistir da fé que tivera nos últimos dois anos? Como ele continuaria a crer se Jesus não estava mais vivo? No entanto, como ele poderia desistir? Jesus Cristo era o Senhor e Deus de Tomé quando ele entrou naquela reunião? Suponho que não. Quando Tomé entrou naquela sala, ele não acreditava que, o homem do qual os outros discípulos falavam, era a mesma pessoa que havia morrido, e agora Tomé era o único duvidoso, peculiar, convicto, obstinado. Os outros discípulos já não haviam estado na mesma condição? Naquela noite, Tomé se destacou como o único diferente. Naquela pequena reunião ele era o estranho, mas antes que ela chegasse ao fim o Senhor o transformara completamente. "Assim, os últimos serão os primeiros, e os primeiros serão os últimos..." (Mt 20:16).

Acredito que a primeira coisa que levou Tomé a chegar a essa confissão de fé na divindade de Cristo foi que *ele teve seus pensamentos revelados*. O Salvador entrou na sala, a portas fechadas; e sem abrir as portas Ele apareceu de repente diante deles com Seu poder divino. Ali e naquele momento,

Tomé: "Senhor meu e Deus meu!"

apontando para Tomé, Jesus repetiu as mesmas palavras que Tomé havia dito a seus irmãos. Elas não haviam sido relatadas ao Salvador, mas o Salvador havia lido os pensamentos de Tomé à distância e, portanto, Jesus foi capaz de repetir suas palavras com exatidão. Observe que o Salvador não disse: "Abaixe-se e coloque o dedo nas marcas dos cravos em meus pés". Por que não? Porque Tomé não havia mencionado nada sobre os pés, portanto, o Salvador não os mencionou. Tudo tinha uma correspondência exata. Olhando para a cena, podemos ver a precisão; mas Tomé deve ter sentido muito mais intensamente. Ele estava maravilhado. Ter seus pensamentos expressos em palavras simples e ouvir suas próprias palavras repetidas por Aquele a quem elas diziam respeito, isso foi realmente maravilhoso. Ele deve ter pensado: "Ó, aquele que fala comigo agora não é outro senão Deus, e Ele será Senhor meu e Deus meu". Isso o ajudou a ter convicção de que Aquele que lera seus pensamentos só poderia ser Deus.

Algo mais o ajudou, pois assim que percebeu que este era o mesmo Jesus com quem ele havia conversado anteriormente, *todo o passado foi revivido em sua mente* e ele deve ter se lembrado das muitas ocasiões em que o Senhor Jesus exerceu os Seus atributos de divindade. Aquelas experiências passadas revividas diante dele devem ter fundamentado a convicção de que Jesus não era outro senão Senhor e Deus.

Então, eu creio que mais tarde, *o próprio ar, as maneiras e a própria presença do Salvador* convenceram o discípulo hesitante. Eles dizem que há um ar de divindade em cada rei; não estou preparado para acreditar nisso, mas tenho certeza de que no olhar de nosso Senhor havia uma majestade inconfundível, uma dignidade mais do que humana no tom de Sua voz, nos Seus modos, na Sua maneira de falar e nos Seus gestos. A presença pessoal de nosso Senhor convenceu Tomé de modo que quando ele viu — creu.

Mas talvez o argumento mais convincente de todos sejam *as feridas de nosso Senhor*. Parece que inferir sobre a divindade de Cristo a partir de Suas feridas é improvável, mas é um argumento bom e claro. Não exporei essa questão totalmente, mas vou deixar vocês pensarem por si mesmos, no entanto, vou dar-lhes uma pequena dica: aqui está uma lesão em Seu lado mais do que suficiente para causar Sua morte. Um golpe que atingiu o coração do Senhor; pois "um dos soldados lhe abriu o lado com uma lança, e logo saiu sangue e água" (Jo 19:34), o que prova que o coração foi transpassado. A ferida ainda estava aberta e o Senhor convidou Tomé a colocar sua mão em Seu lado; e ainda assim, Jesus estava vivo. Você já ouviu uma história como esta — um homem com uma ferida mortal aberta e convidando outro a colocar a mão ali? Se nosso Senhor estivesse vivendo da mesma maneira que nós, pela circulação do sangue, isso seria completamente impossível. A carne e o sangue, estando sujeitos à corrupção, não podem herdar o reino de Deus; mas o corpo ressuscitado do Salvador não se encaixa nessa descrição, pois Seu corpo sepultado também não sofreu decomposição. Convido você a dar uma boa olhada na distinção que pode ser feita em relação ao corpo do Senhor em Suas próprias palavras. Jesus não fala nada de Seu corpo como *carne e sangue*, mas diz: "...apalpai-me e verificai, porque um espírito não tem carne nem ossos, como vedes que eu tenho" (Lc 24:39). Era um corpo real, um corpo físico, pois Ele pegou "um pedaço de peixe assado e [um favo de mel]. E ele comeu na presença deles" (v.42); mas Seu corpo ressuscitado, vivo apesar de ter uma ferida aberta em Seu lado que chegava ao coração, não era como o corpo de qualquer ser humano. Desse modo, até nas chagas de Cristo vemos que Ele é um homem, mas não um homem como qualquer outro: Suas feridas, de várias maneiras, eram evidências que provavam Sua divindade para Tomé. De qualquer forma, esse fato glorioso dominou a mente atônita de Tomé em um único instante, e então ele exclamou: "Senhor meu e Deus meu!" (Jo 20:28).

3. Finalmente, veremos como *podemos chegar a essa convicção*.

Este é nosso último ponto e o mais prático de todos. Não tenho dúvidas de que o Espírito de Deus estava agindo em Tomé com grande poder e que a verdadeira causa de seu entendimento foi obra celestial. Se algum de nós clamar em espírito e em verdade: "Senhor meu e Deus meu!", é porque o Espírito Santo instruiu. Bem-aventurados são vocês que podem chamar Jesus de "Senhor e Deus", porque carne e sangue não lhes revelaram isso, mas sim o Pai que está no Céu[83]. Contudo vou lhes dizer o que leva os crentes em Cristo a exclamarem "Senhor meu e Deus meu!". Lembro-me da primeira vez que isso encheu meu coração. Carregado de culpa e cheio de medos, eu estava tão miserável como qualquer um deste lado das portas do inferno, quando ouvi a voz do Senhor que me disse: "Olhai para mim e sede salvos, vós, todos os limites da terra; porque eu sou Deus, e não há outro" (Is 45:22).

---

[83] Conforme Mateus 16:17.

E naquele momento eu olhei; com um olhar de fé para aquele que sofreu em meu lugar, e em um instante minha paz era como um rio. Meu coração saltou do desespero para alegria, e eu sabia que meu Senhor é divino. Se naquele momento alguém me dissesse: "Jesus Cristo não é Deus", eu teria rido com escárnio diante dele. Ele era sem dúvida meu Senhor e meu Deus, pois havia feito uma obra divina em mim.

Pode não ser um argumento que vá convencer outra pessoa, mas o perdão que é sentido conscientemente na alma é um argumento absolutamente convincente para a pessoa que o experimenta. Se o Senhor Jesus transforma o seu luto em dança e tira você do poço do desespero e da lama, e coloca seus pés sobre uma rocha e firma seus passos, certamente Ele é o seu Senhor e Deus daquele momento e para sempre. Perante todos os que o negam, e diante de todos os demônios do inferno, o coração redimido afirmará a divindade de seu Salvador. Aquele que me salvou é certamente Deus, e não há ninguém além dele.

Essa primeira confissão provou ser apenas o começo dessas confissões. Lembramos muitos outros reconhecimentos do mesmo fato. Fomos severamente tentados e ainda assim não escorregamos ou manchamos nossas vestes, é um milagre que conseguimos escapar! Aquele que nos impediu de cair deve ser Deus. Na minha vida tive momentos em que posso olhar com a luz da manhã para o vale por onde passei na escuridão; e quando vi como era estreito o caminho, e como um único passo para a esquerda ou para a direita poderia ter sido minha total destruição, ainda assim nunca tropecei, mas saí de lá com perfeita segurança. Nesses momentos fico maravilhado, inclino a cabeça e o adoro dizendo: "O Senhor tem sido meu refúgio e fortaleza. Ele preservou minha alma em vida e me salvou do destruidor, portanto cantarei para Ele enquanto eu viver". Ó sim, amados filhos e filhas de Deus, cada vez que sua cabeça foi protegida no dia da batalha, vocês engrandeceram o Guarda de Israel, dizendo: "Senhor meu e Deus meu!". Sentimos que não podemos voltar atrás e duvidar, e com alegria nós nos entregamos aos Seus cuidados, sabendo que Ele é o protetor e fiel Criador.

Esse, também, tem sido o caso em tempos de dificuldade, quando você recebe conforto e apoio. Uma grande aflição sobreveio a você, mas para sua surpresa não o esmagou como temia. Anos atrás, você teria reagido ao golpe com um medo agonizante e teria dito: "Nunca suportarei isso"; mas você suportou, e neste momento você está grato por ter suportado o que passou. O que você temia aconteceu, e quando veio parecia leve como uma pena em comparação com o que você esperava, mas você foi capaz de sentar-se e dizer: "O Senhor o deu e o Senhor o tomou; bendito seja o nome do Senhor!" (Jó 1:21). Seus amigos ficaram surpresos com sua reação; antes você era uma pobre criatura terrivelmente nervosa, mas no tempo da tribulação mostrou uma força especial que surpreendeu a todos. Acima de tudo, você se surpreendeu, pois estava maravilhado por, na sua fraqueza, ter sido fortalecido. E então disse: "...achava-me prostrado, e ele me salvou" (Sl 116:6). E então, você não tinha como duvidar da Sua divindade; você detestava tudo que tirava a Sua glória, visto que o seu coração dizia: "Senhor, não há ninguém que possa dar este consolo à minha alma; apenas o Senhor Deus Todo-Poderoso". Pessoalmente, tive que bradar: "É o Senhor", quando contemplei Suas maravilhas no profundo de meu ser. "...Avante, ó minha alma, firme!" (Jz 5:21). Minha alma engrandece meu Senhor e meu Deus, porque: "Do alto, me estendeu ele a mão e me tomou; tirou-me das muitas águas". E "Trouxe-me para um lugar espaçoso; livrou-me, porque ele se agradou de mim" (2Sm 22:17,20).

Também passamos por outras experiências menos difíceis. Permita-me mencionar uma ou duas. Quando passamos algum tempo meditando, o fogo é aceso. Ao estudarmos a história de nosso Senhor, nossa fé em Sua divindade é intensificada. Quando o Espírito de Deus revela o Senhor Jesus a nós e em nós, então declaramos: "Senhor meu e Deus meu!", pois vimos o Senhor, embora não de forma corporal, mas de fato e em verdade. Um dia, enquanto estava orando, sentei-me diante do Senhor em meio a sagrada paz, envolto em solene contemplação, e embora não tivesse tido uma visão, nem quisesse tê-la, percebi a presença de meu Mestre de tal maneira que me senti transportado para longe de tudo o que era terreno, e não conhecia nenhum homem, exceto Jesus. Então, a sensação de Sua divindade me encheu e me fez levantar alegremente naquele lugar para proclamar em alta voz, tal qual o som de uma trombeta, que Ele é meu Senhor e meu Deus. Certamente, você também experimentou momentos como esse.

Jesus costuma ser conhecido por nós no partir do pão. Muitas vezes o vimos e o adoramos na mesa da comunhão. Foi algo muito precioso; estávamos prestes a chorar e rir de alegria. O nosso coração bate no ritmo de "Senhor meu e Deus meu". Talvez a adoração de sua alma não foi expressa por nenhum gesto visível; mas bem longe, no campo ou à beira-mar, enquanto caminhava e estava em comunhão com seu próprio coração, você foi subitamente dominado pela sensação da gloriosa majestade de Jesus, de modo que você só conseguiu sussurrar para si mesmo em uma voz mansa e serena: "Senhor meu e Deus meu". Ou talvez fosse quando você ficou acamado com uma enfermidade e Ele se fez presente, e então você reconheceu Seu poder divino. Foi uma noite longa e cansativa para quem cuidou de você, mas para você foi muito curta e repleta de doçura, pois o Senhor estava lá, e Ele lhe deu canções durante a noite. Quando você acordou, você ainda estava com Ele e você sentiu que estava prestes a desmaiar de alegria avassaladora por causa do brilho de Sua manifestação. Naquele momento, você poderia ter cantado:

Meu Cristo, Senhor dos senhores,
E Rei dos reis;
É o sol da justiça,
Que traz cura em Suas asas.

Meu Cristo, o Céu dos céus;
Meu Cristo, o que mais posso dizer?
Meu Cristo é o primeiro e o último,
Meu Cristo é Tudo e em todos.[84]

Direi mais uma vez quando Jesus foi Senhor e Deus tanto para mim quanto para você: em ocasiões que Ele abençoou nosso trabalho e com Seu braço forte salvou muitas pessoas. Quando nosso testemunho foi aceito por aqueles que

---

[84] Tradução livre de estrofes do hino *I've Found the Pearl of Greatest Price!*, de John Mason (1646–94).

anteriormente o rejeitaram, e o Senhor nos enviou tempos felizes de avivamento, demos a Ele glória e nos regozijamos em Seu amor onipotente. Oramos pelos nossos filhos, e para nossa surpresa — é uma pena dizer para nossa surpresa, porque não deveria nos surpreender — o Senhor ouviu a nossa oração, e primeiro um e depois o outro aproximou-se de nós para dizer: "Pai, eu encontrei o Senhor"; naquele momento percebemos novamente que o Senhor é Deus, Ele é o nosso Deus. Nós erguemos os olhos para o alto com nossas orações e com lágrimas ao pensar que o Senhor Jesus poderia ouvir tais débeis petições, e dizemos no fundo de nosso coração: "Senhor meu e Deus meu!". Saímos e tentamos pregar para uma ou duas dúzias de pessoas em um lugar humilde; palavras simples e imperfeitas eram tudo o que podíamos proferir; mas o Senhor as abençoou, e então ouvimos uma pobre mulher implorando por misericórdia e clamando ao Senhor, e dentro de nós dizemos: "Senhor meu e Deus meu!". Se você já viu pessoas entregando a vida delas a Cristo depois que um irmão a quem Deus com muita honra usou para pregar a Palavra com poder, e se você viu as pessoas caindo à direita e à esquerda sob poder da Palavra divina, você deve ter reconhecido: "Este não é um conto astuciosamente inventado, não é ficção, é não é fantasia", e com o coração batendo com todas as suas forças, declara: "Senhor meu e Deus meu!". Você não sentiu que ousaria andar pelas ruas do próprio inferno, para dizer a todos os espíritos que Cristo é Rei e Senhor para todo o sempre?

O tempo está chegando para alguns de nós, quando teremos nossas últimas oportunidades nesta vida para descobrir essa verdade. Que grande conforto e alívio senti ao visitar os santos no momento de sua morte! Na verdade, o Senhor preparou uma mesa diante deles na presença do último inimigo. Posso realmente dizer que nenhuma cena que meus olhos já viram me alegraram tanto quanto ver meus queridos irmãos e irmãs deixando este mundo e partindo para o Pai. A cena mais triste era ao mesmo tempo a mais feliz. Conheci alguns deles na vida como crentes que não colocavam muita fé em si mesmos, medrosos e inferiores; e quando chegaram ao vale da sombra da morte mostraram que não temiam, não duvidavam, pois estavam em segurança plena. Plácida, calma, bela, alegre e até triunfante foi a última hora destes cristãos tímidos. Ao ouvir deles palavras encantadoras, tive a certeza da divindade daquele que nos dá a vitória no momento da morte. A fé no nome de Jesus é o que fortalece o homem e a mulher na morte. Quando nosso coração e corpo desfalecem, somente o Deus vivo pode ser a força de nossa vida e nossa porção eterna. Como é doce conhecer Jesus como nosso Deus vivo na hora de nossa morte! Nele nos regozijamos com alegria indescritível e cheia de glória, dizendo-lhe em nossa morte: "Senhor meu e Deus meu!". Venham, irmãos e irmãs, tenham bom ânimo! Um pouco mais adiante chegaremos ao riacho estreito e logo, muito em breve iremos cruzá-lo! Será apenas um curto espaço de tempo; vinte anos logo se vão, cem anos voam como asas de águia, e estaremos para sempre com o Senhor em Seu reino glorioso. Quão maravilhoso será cantar para o eterno louvor dele: "Senhor meu e Deus meu!". No Céu não haverá pessoas que duvidam; não haverá céticos que nos perturbam; mas esta será a voz unânime de todos os redimidos: "Jesus é nosso Senhor e Deus". A Igreja unida, purificada de todas as manchas e rugas, e gloriosamente vestida como a Noiva de Cristo, será conduzida ao trono do Cordeiro e será reconhecida como a amada do Senhor; e então exclamará de todo o coração: "Senhor meu e Deus meu!".

8

ZAQUEU:
JESUS PRECISA? [85]

>------•-••••-•------<

Quando Jesus chegou àquele lugar, olhando para cima, disse: — Zaqueu, desça depressa, porque hoje preciso ficar na sua casa. —Lucas 19:5 NAA

Acredito que esta é a única vez que nosso Senhor convidou a si mesmo para visitar a casa de alguém. Jesus frequentemente visitou lugares quando foi convidado; mas nesta ocasião, pode-se dizer que Ele convidou a si mesmo. Normalmente, se queremos encontrar o Senhor, temos que buscá-lo. Pelo menos do ponto de vista humano, a obra visível da graça funciona assim: a pessoa começa clamando por misericórdia, como o cego à beira do caminho, que ouviu que Jesus de Nazaré estava passando. "Então, ele clamou: Jesus,

---

[85] Sermão nº 2755, ministrado na manhã de domingo, dia do Senhor, 27 de julho de 1879, no Metropolitan Tabernacle, Newington.

Filho de Davi, tem compaixão de mim!" (Lc 18:38). Mas Deus é tão rico em Sua graça que não se limita a agir somente por tal método. Geralmente, Ele é encontrado por quem o busca; mas às vezes, aqueles que não estão procurando por Ele o encontram. Sim, se eu devo dizer toda a *verdade*, se chegarmos ao fundamento profundo dos fatos, é sempre Deus quem está procurando os pecadores. Deus está sempre chamando aqueles que não são Seu povo para que o sejam. O primeiro movimento entre Deus e o pecador nunca acontece por parte do pecador, mas de Deus. No entanto, aparentemente, as pessoas começam a orar a Deus e a buscar ao Senhor; e essa é a ordem mais comum em que a salvação é apresentada. O filho pródigo disse: "Levantar-me-ei, e irei ter com o meu pai", em seguida agiu: "E, levantando-se, foi para seu pai" (Lc 15:18,20). O homem cego clamou: "Jesus, Filho de Davi, tem compaixão de mim!".

No entanto, nosso texto descreve um caso que demonstra a liberdade da misericórdia divina; porque, embora Zaqueu não tenha convidado Cristo para ir à sua casa, Cristo convidou-se a si mesmo. Embora Zaqueu nunca insistiu para Jesus ser seu convidado, muito menos implorou por isso, Cristo sim pressionou Zaqueu e disse: "desça depressa, porque hoje preciso ficar na sua casa". Acho que temos aqui alguns que estão em uma situação parecida com a de Zaqueu. Talvez eles queiram ver o pregador, o que não se compara à bênção de querer ver o Senhor do pregador. No entanto, essa curiosidade os trouxe a um lugar onde Jesus de Nazaré costuma frequentar; e é minha oração que Ele encontre aqui muitos a quem possa dizer: "Depressa, recebe-me; porque é necessário que eu fique, hoje mesmo, na sua casa, e que more para sempre no seu coração".

1. Inicialmente comentarei sobre a *necessidade divina que o Salvador sentiu*. Ele diz: "preciso". "Hoje preciso ficar na sua casa."

Não vejo que isso seja apresentado como uma necessidade de Zaqueu, mas de Cristo. Sabemos que outras vezes Ele sentiu esse tipo de "dever". Em João 4, lemos: "E era-lhe necessário atravessar a província de Samaria" (v.4). Havia uma necessidade sagrada de ir por aquele caminho. O exemplo mais notório é este: "Desde esse tempo, começou Jesus Cristo a mostrar a seus discípulos que lhe era necessário seguir para Jerusalém e sofrer muitas coisas dos anciãos, dos principais sacerdotes e dos escribas, ser morto e ressuscitado no terceiro dia" (Mt 16:21). Nesse caso, o "era necessário" é de outro tipo; Jesus precisava ficar na casa de Zaqueu. Que necessidade era essa, que exercia uma pressão tão urgente sobre nosso bendito Senhor? Havia muitas outras casas em Jericó além daquela do cobrador de impostos. Atrevo-me a dizer que havia outras pessoas que, pelo menos no que tange a aparência, teriam sido anfitriões mais adequados para o Senhor Jesus Cristo; mas na realidade não foi assim. Havia uma forte pressão sobre o Senhor, embora Ele fosse onipotente sobre todas as coisas. Uma necessidade veio sobre Aquele que é o único e abençoado Soberano, Rei dos reis e Senhor dos senhores. Ele era Senhor de si mesmo, mas havia uma necessidade urgente que o constrangia a fazer algo; naquele dia, Ele não deveria ficar em nenhum outro lugar, a não ser na casa de Zaqueu. O que era essa "necessidade"?

Primeiro, entendemos que era *uma necessidade de amar*. Nosso Senhor Jesus queria abençoar alguém; Ele já tinha visto

Zaqueu e sabia no que ele trabalhava e qual era seu pecado, e sentiu que deveria abençoá-lo. Ao vê-lo, sentiu como uma mãe se sente quando seu filho está doente e deve cuidar dele; ou quando vemos um homem prestes a morrer de fome e sentimos que devemos dar a ele o que comer; ou como se sentem aqueles que veem alguém se afogando e se jogam na água para salvá-lo. Eles não param para pensar; ousam realizar atos de bravura sem hesitar, pois sentem que é "preciso" fazê-lo. O impulso da caridade, as obrigações da benevolência — essas urgências impõem-se veementemente, e as pessoas têm que agir. Foi assim que Jesus sentiu, só que em um sentido muito mais elevado: Ele precisava abençoar Zaqueu. Era necessário que Ele fosse até a casa desse publicano a fim de entrar em seu coração e ali habitar, tornando Zaqueu santo e feliz daquele momento em diante e para sempre. O mesmo Cristo de ontem é o de hoje; Seu amor não diminuiu; Ele é o mesmo Salvador cheio de graça, e sente a mesma necessidade, a mesma sede pelas almas, a mesma fome de amor para abençoar os filhos dos homens. E é por isso que tenho esperança de que, neste lugar, assim como em muitas partes do mundo, haverá alguém a quem certamente o Senhor Jesus Cristo precisará visitar, em sua casa e seu coração. Portanto, é uma necessidade que surge do amor e da benevolência divina de nosso Salvador.

Além disso, creio que era *uma necessidade de Sua soberania*: "*Eu* preciso ficar em sua casa". Certamente havia escribas, fariseus e muitas pessoas que diziam: "Bem, *Ele* é um profeta; abriu os olhos de um cego; portanto, como profeta, Ele deve ir à casa de algum fariseu notável. Alguma pessoa muito respeitável da cidade deve dar-lhe hospedagem esta noite".

Mas nosso Senhor Jesus Cristo parece dizer: "Ninguém pode me amarrar; ninguém pode me acorrentar; eu exercito minha própria vontade; eu exibo minha soberania; e mesmo que essas pessoas murmurem tudo o que desejam, não farei o que esperam de mim. Zaqueu, vou ficar na sua casa, só para demonstrar a eles que terei misericórdia de quem eu quiser ter misericórdia e eu vou ter compaixão de quem eu quiser".

Note que este homem causava repulsa nos demais. Não gostamos muito de cobradores de impostos aqui, mas naquela região eles os toleravam ainda menos do que nós. Entre os judeus daquela época, um cobrador de impostos, se ele fosse um judeu que recolhia um imposto odioso, para o domínio estrangeiro, do povo que acreditava ser o povo de Deus e deveria ser livre, ele era o homem mais odiado de todos por ter se rebaixado para se tornar um coletor de impostos; e, se ele fosse o chefe dos cobradores, como é o caso de Zaqueu, de fato, tinha uma péssima reputação. Ninguém desejava cultivar amizade com ele. Ninguém o visitava para tomar um chá; e como regra geral, todos o evitavam. Quando falavam de pecadores, sempre pensavam que Zaqueu era o pior de todos, pois ele havia prosperado e enriquecido muito devido ao negócio que todos odiavam. Ninguém tinha uma boa opinião sobre ele. Acredito, também, que ele tenha sido excomungado por uma lei do Sinédrio, pois publicanos eram geralmente considerados pessoas anatematizadas — certamente excluídos da sociedade e dos círculos mais respeitáveis.

Além disso, na minha opinião, Zaqueu era um homem excêntrico. Aquela corrida dele foi um ato muito estranho para um homem como ele; homens ricos, mesmo que de baixa estatura, geralmente não correm pelas ruas nem ficam subindo em árvores. Acho que Zaqueu era um homem muito voltado para si mesmo; além disso, quando ele decidia fazer algo, simplesmente fazia; e se fosse necessário subir numa árvore, como se fosse um menino, não se importava com isso, visto que ele já não se importava com a opinião pública. Ele era peculiar; talvez fosse até um sujeito bom em alguns aspectos, mas fica muito claro que ele era um homem estranho. Então, nosso Senhor Jesus Cristo parece dizer: "Demonstrarei a esse povo que, quando eu salvo alguém, não é porque eles têm boa posição na sociedade, ou porque usufruem de uma excelente reputação, ou porque tem bons aspectos em seu caráter. Por isso, salvarei esse homem estranho, esse Zaqueu, esse desprezado cobrador de impostos. Eu preciso conhecê-lo; ele é precisamente o tipo de pessoa em quem posso demonstrar mais claramente a soberania da minha graça". Até hoje existem aqueles que não podem tolerar tal doutrina. Eles desejam muito o livre-arbítrio, mas não a livre graça. Eles não permitem que Cristo escolha Sua própria esposa; e eu digo isso com toda a reverência. O que quero dizer é que eles não permitem que o Senhor tenha o direito de escolher a Sua própria esposa — Sua Igreja; e insistem que depende da decisão humana. Entretanto Cristo fará a Sua vontade, não importa o que digam. Ele tem uma decisão sagrada em Seu bendito coração e fará o que Ele quiser; e, por isso, Ele disse a Zaqueu: "hoje *preciso* ficar na sua casa".

Nosso Senhor Jesus também tinha outra "necessidade": *Ele procurava alguém em quem pudesse revelar o grande poder de Sua graça*. Para começar, Ele precisava de um pecador. Essa seria a matéria-prima com a qual Ele poderia fazer um santo, um santo de caráter muito especial. Há algum cristão aqui que chegue ao grau de Zaqueu depois que ele se converteu? Não quero ser tão crítico, mas duvido. Há alguém aqui que distribui metade de sua renda para os pobres? Quando damos esmola ou ajudamos o próximo achamos que já fizemos o bastante; e lembre-se também de que, quando ele fez isso, era apenas um recém-nascido na graça. Não sabemos o que mais ele fez quando atingiu sua maturidade espiritual. Mas no primeiro dia de sua nova vida em Cristo ele já era um santo dessa espécie. Portanto, não podemos nem imaginar que tipo de santo ele se tornou à medida que crescia cada vez mais na graça. Senhor, que tipo de matéria-prima o Senhor usou para fazer uma alma tão generosa como essa? Ora, um cobrador de impostos, ganancioso e aproveitador, que procurava agarrar tudo que pudesse com as duas mãos! A poderosa graça de Deus, melhor do que qualquer varinha mágica, abriu o coração fechado desse homem e o fez fluir como uma nascente que jorra e forma milhares de córregos generosos. Jesus parece dizer: "Eu preciso de Zaqueu para que os homens e mulheres do mundo possam ver o que posso fazer com o material mais improvável; como posso pegar essas pedras brutas do riacho e transformá-las em diamantes; como posso decorar minha coroa com joias da mais alta qualidade, que antes eram como pedras comuns de rua". Eu me pergunto se há alguém aqui que sente que absolutamente não há nada de bom em sua vida. Se for assim, o Senhor diz: "Farei algo com essa pessoa que fará com que todos que a conheçam se maravilhem. Farei que seu cônjuge se pergunte, como foi que você se transformou? Vou fazer seus filhos dizerem, 'o que aconteceu com o papai?' Vou fazer toda a congregação dizer: 'Que maravilha! Que grande milagre!'". Esse é o tipo de "necessidade" que pressionava o nosso Salvador, e espero que tal "necessidade" seja colocada sobre Ele agora.

E havia mais uma "necessidade" em nosso Senhor: Ele deve se hospedar na casa de Zaqueu, *pois Zaqueu seria Seu anfitrião em Jericó*. Até mesmo o Salvador do mundo tem que se hospedar em algum lugar; e em quase todos os lugares Seu Pai havia preparado alguma alma graciosa pronta para recebê-lo; e naquele dia Zaqueu seria Seu anfitrião; e se Jesus voltasse a aquele lugar, certamente voltaria a ocupar o mesmo quarto. Bendito seja o precioso nome de meu Senhor, pois Ele ainda conta com alguns hospedeiros que têm quartos de hóspedes sempre prontos para Ele! Em cada vila, povoado ou cidade, há sempre uma casa que já tem pronto o quarto do profeta; e se você perguntasse: "Há alguém aqui que possa receber o Senhor Jesus Cristo?", logo veria que há pessoas que ficariam felizes em ter a companhia do Mestre. Talvez haja um cenáculo muito grande, arrumado e preparado, onde eles possam partir o pão juntos; ou um pequeno quarto, onde dois ou três podem se encontrar com Jesus, um lugar que nunca parece tão resplandecente como quando há alguns orando com as pessoas que ali se reúnem. O Senhor precisava receber hospedagem neste mundo, e Zaqueu seria aquele que o receberia em Jericó.

Quem aqui é aquele que acolherá Jesus agora? Talvez um desconhecido vindo do campo; não há um centro de pregação em sua vila, não há ninguém que proclame o evangelho por muitos quilômetros ao redor de onde você mora, e quando se prega, poucas pessoas comparecem para ouvi-lo. Com mais razão ainda, Jesus deveria vir à sua casa, porque Ele deseja hospedar-se em seu melhor quarto, ou naquele antigo galpão, ou naquele grande celeiro, para que o evangelho possa ser pregado ali. Há uma necessidade divina de que você tenha um coração aberto, para que Jesus venha e possa permanecer com você, e faça de sua casa uma base, de onde Seus discípulos possam sair para atacar o inimigo naquele lugar onde você mora. Que, assim, todas as pessoas de sua região saibam que um verdadeiro exército de salvação chegou, e que o Capitão de nossa salvação veio pessoalmente para se estabelecer em sua casa e em seu coração. Haveria muito mais a acrescentar neste ponto, mas temos que seguir para o próximo.

2. Em segundo, se este for o caso, *averiguaremos se há tal necessidade em relação a nós.*

É necessário que o Senhor Jesus Cristo venha e fique em sua casa, para habitar em seu coração? Posso responder melhor fazendo-lhes algumas perguntas primeiro.

Primeiro, *você está disposto a receber a Cristo neste momento?* Então é necessário que Ele venha até você, porque Ele nunca despertou a vontade de um ser humano sem também enviar Sua graça com a vontade; na verdade, a disposição de recebê-lo é evidência de que a graça de Cristo está agindo. Em seu coração você suspira e anseia que Ele seja seu? Então certamente você o receberá. Você deseja sinceramente se reconciliar com Deus por meio de Jesus Cristo? Então você pode receber esta grande bênção agora. Você tem sede de justiça? Então será saciado; por que o que dizem as Escrituras? "Aquele que tem sede venha..." (Ap 22:17); e que ninguém diga: "Ó, mas há uma certa preparação implícita nessa palavra *sede*, e receio não ter o suficiente dessa sede". O que dizem as Escrituras? "...e quem quiser receba de graça a água da vida" (v.17).

Em seguida, *você receberá a Cristo de todo o seu coração?* Zaqueu "o recebeu com alegria" (Lc 19:6), e se você fizer o mesmo, o Senhor deve morar em sua casa. Creio que ouvi alguém dizer: "Ele o recebeu com alegria? Ó, é o que eu faria se simplesmente Ele viesse até mim. Eu daria tudo o que tenho para ter Cristo como meu Salvador, para ter a nova vida estabelecida em mim, e ter Jesus habitando em meu coração. Eu estaria disposto a viver, ou a morrer, se eu pudesse tê-lo como meu". Então você o receberia com alegria, não é? Pois, então Ele virá até você. Quando a porta de seu coração se abrir, Jesus não demora a entrar. Mesmo que a porta esteja fechada, Ele está lá batendo à porta; por isso tenho certeza de que Ele entrará por uma que já esteja aberta. Assim está escrito sobre Lídia, "...o Senhor lhe abriu o coração..." (At 16:14); e o Senhor não demorou para entrar no coração recém-aberto dela. Se o seu coração está aberto para Cristo isso é uma prova de que você é um daqueles em quem Ele precisa habitar neste momento.

Permita-me fazer outra pergunta. *Você receberá a Cristo, não importando o que os murmuradores dirão?* Se Ele vier até você, eles começarão a murmurar, como fizeram quando Jesus se hospedou com Zaqueu. Eu não sei onde você mora, mas as pessoas ao seu redor certamente encontrarão falhas em você e também em seu Senhor. "Todos os que viram isto murmuravam, dizendo que ele se hospedara com homem pecador" (Lc 19:7). Então você pode ver que eles estavam falando mal de Zaqueu e também do Senhor, e você terá o mesmo tratamento quando receber a Cristo. Aqueles que antes diziam: "Você é um bom homem", ao descobrirem que você se tornou cristão, dirão que é um miserável e que tem um espírito perverso.

Enquanto servir bastante bebida, dirão que você é um sujeito alegre, um melhor amigo; mas assim que você abandonar tais caminhos, será literalmente como um cachorro para eles, e eles vão tratá-lo com chutes e palavrões. Você já sabe como, nos mais altos níveis da sociedade, todos viram as costas para o cristão. Isso não é expresso em palavras, mas claramente existe a mensagem de que você não é bem-vindo depois de se tornar um crente em Jesus. Você pode suportar isso? Você se atreve? Porque, se Cristo vier à sua casa e ao seu coração, você pode esperar que com Ele virá também a Sua cruz. Você está disposto a ter Cristo, com Sua cruz e tudo o mais, e dizer: "Que os murmuradores digam o que quiserem e façam o que lhes agrada; eu já estou decidido. Cristo por mim e eu por Cristo; eu não vou negá-lo?".

Além disso, você receberá Jesus Cristo como seu Senhor? Isso é o que Zaqueu fez, pois disse: "Senhor, resolvo dar aos pobres..." (Lc 19:8). Você está disposto a dar tudo de si por Cristo e tê-lo como Senhor em sua vida? Você está disposto a fazer o que Ele lhe pede, como Ele lhe pede, quando Ele lhe pede e simplesmente porque Ele lhe pede? Pois, em verdade, eu lhe digo: você não pode ter Cristo como seu Salvador, a menos que também o tenha como seu Senhor. Ele deve nos governar e nos perdoar. Como um de nossos poetas escreveu:

Você deve saber, sem reclamar,
Se Cristo vem, é para reinar;
E Seu domínio não é parcial;
Que tua obediência seja total.[86]

---

[86] Tradução livre de uma das estrofes do poema *Behold, I Stand*, de Joseph Grigg (1728–68).

É necessário deixar o pecado, abandonar as práticas iníquas. Devemos nos renovar na santidade e nos esforçar para imitar o Salvador em todas as coisas, pois Ele nos deixou o exemplo e devemos seguir Seus passos. Você está pronto para isso? Porque, se assim for, Cristo está pronto para habitar em sua casa e em seu coração.

Uma vez mais, *você estará disposto a defendê-lo?* Se Jesus entra em uma casa, é dever do anfitrião defendê-lo. Assim, vemos que Zaqueu, respondendo às murmurações do povo que dizia que Cristo tinha ido para casa com um pecador, diz em outras palavras, sem nenhuma presunção: "Mas eu não sou mais o pecador que eu era antes. Resolvo dar aos pobres a metade dos meus bens; e, se nalguma coisa tenho defraudado alguém, restituo quatro vezes mais; e, doravante, a metade da minha renda será dada em esmolas aos pobres"[87]. Essa foi a melhor defesa que ele poderia apresentar, pois Cristo deve ser defendido por meio da vida transformada de Seus discípulos. Vocês devem viver de tal forma que quando as pessoas tentarem atacar o Salvador, eles sejam compelidos a admitir: "De fato, agora que ele é cristão, tornou-se uma pessoa melhor". Seus filhos podem criticar sua fé, mas eles serão constrangidos a dizer: "Podemos falar contra Cristo e os cristãos em geral, mas quando pensamos em como nossa mãe viveu, e como ela morreu, nossa boca se cala. E quanto nossa idosa ama, com tanto temor do Senhor; nós zombávamos muito da religião dela, mas ó, tinha alguma coisa nela que era tão celestial, que nos obriga a acreditar na realidade da sua fé, mesmo que não queiramos". Sim, caros amigos, se o Senhor Jesus Cristo vier

---

[87] Conforme Lucas 19:8.

a sua casa, você deve dizer: "Enquanto eu viver, a aspiração do meu coração será defender a Sua causa por meio da santidade de caráter que o Seu Espírito Santo produzirá em mim. Esta é a minha confiança". Se este for o seu caso, então é necessário que o Senhor venha morar em sua casa hoje. Que Deus lhe conceda esta graça!

3. Agora devo terminar lembrando a você do *que acontecerá se Cristo vier habitar em sua casa.*

Primeiro, *você deve estar preparado para encontrar objeções em sua casa*. Se você diz que está disposto a receber o Mestre, tem certeza de que sabe o que essa recepção implica? Cristo diz que deseja habitar em sua casa e que é necessário que Ele o faça; e você diz: "Sim, Senhor, de bom grado o recebo em meu coração e em meu lar". Mas espere um momento, caro amigo; você já discutiu esse assunto com sua esposa? Você sabe que não deve trazer estranhos para dentro de casa; ela vai se incomodar com você se você fizer isso; você já calculou o custo de sua decisão? E você, uma boa mulher que diz: "Quero trazer Cristo comigo para casa", já perguntou ao seu marido sobre isso? Às vezes, um filho diz: "Cristo Jesus vai morar comigo", mas o que seu pai vai dizer? Pois, cuidado! Muitas vezes o pai está em inimizade com Deus. Se for esse o seu caso, você está pronto para suportar as adversidades pela causa de Cristo? Nosso Senhor disse: "Assim, os inimigos do homem serão os da sua própria casa" (Mt 10:36), e quase sempre é assim. Davi perguntou a Jônatas: "...Quem tal me fará saber, se, por acaso, teu pai te responder asperamente?" (1Sm 20:10). Suponha que seja o seu caso, você pode permanecer fiel a Cristo nessas circunstâncias? Você pode dizer: "eu amo minha esposa; amo meu filho; eu amo meu pai; mas amo a Cristo muito mais do que a todos eles; e eu tenho que ter Cristo em meu coração e em minha casa, mesmo que isso signifique trazer uma guerra para casa?". Ó, então Ele virá à sua casa se esta for sua decisão; mas se não, Ele não entrará em sua vida para ocupar o segundo lugar nela. Ele não virá se você se acovardar no primeiro gesto que alguém faça contra você, ou ao primeiro insulto que alguém diga ao seu Senhor; mas Ele entrará em sua casa se, apesar de todas as rejeições e condenações, você estiver determinado que Ele habite em sua vida.

E então, *a sua casa está preparada para que Cristo entre e passe a habitar nela?* Conheço algumas casas em que meu Senhor não poderia ficar nem mesmo por uma noite; a mesa, a conversa, todo o ambiente seria totalmente incompatível com Ele. Portanto, você está preparado para eliminar tudo que desagrade ao Senhor e ter sua casa limpa de toda essa maldade? Você não pode esperar que o Senhor Jesus entre em sua casa se você também está convidando o diabo. Cristo não permaneceria no mesmo Céu com o diabo; logo que Satanás pecou, ele foi expulso do lugar santo; o Senhor não tolera um espírito pecaminoso em Sua presença, um espírito do mal; e Ele não virá morar em sua casa se você estiver alimentando "a concupiscência da carne, a concupiscência dos olhos e a soberba da vida" (1Jo 2:16), e todo a maldade que Ele abomina. Você está preparado, por Sua graça, para varrer tudo isso de sua casa? Ele não entrará em sua vida se você não concordar com esses termos.

Além disso, *não podemos admitir que ninguém perturbe o nosso Hóspede.* Às vezes é difícil se hospedar em casas onde as crianças se comportam muito mal. Meu Senhor, não gosta de morar com famílias em que Eli é o chefe da casa, onde os filhos, sejam crianças ou jovens, fazem o que querem[88]; mas se Cristo vier à sua casa, Ele vai querer que você seja como Abraão, de quem disse: "Porque eu o escolhi para que ordene a seus filhos e a sua casa depois dele, a fim de que guardem o caminho do Senhor e pratiquem a justiça e o juízo; para que o Senhor faça vir sobre Abraão o que tem falado a seu respeito" (Gn 18:19). Se Ele vier à sua casa, peça-lhe que venha da mesma maneira que veio à casa do carcereiro de Filipos. E como foi isso? Quase sempre escuto esta passagem sendo citada pela metade e fora do contexto: "...Senhores, que devo fazer para que seja salvo? Responderam-lhe: Crê no Senhor Jesus e serás salvo, *tu e tua casa*" (At 16:30-31). Muitos deixam de fora essas quatro palavras "tu e tua casa", mas que bênção quando toda a casa, assim como o chefe da família, tem fé no Senhor Jesus Cristo! Acaso você não quer que seja assim em sua casa? Acaso você anseia por isso? Eu acredito que sim.

Mais uma vez, *quando o Senhor Jesus Cristo vier à sua casa, você deve recebê-lo*. Ele não quer as riquezas de suas mãos; em vez disso, Ele quer ter o melhor que você tem a oferecer. E o que é o melhor que você tem? Bem, seu coração, sua alma! Entrega o seu coração, entrega a sua vida, entrega todo o seu ser. Se você tivesse que atender a rainha — se ela tivesse prometido vir e passar uma noite com você — garanto que estaria nervoso e preocupado durante semanas pensando no que servir em tal ocasião; e se você conta com poucos recursos tratará de conseguir o melhor que esteja ao seu alcance.

---

[88] Referência a 1 Samuel 2:12-34.

Eu costumava ir e pregar em um lugar no interior, e eu ficava em uma fazenda; o amável velhinho que morava lá tinha o costume de colocar pelo menos 40 quilos de carne sobre a mesa. Um dia, depois de vários anos frequentando aquele lugar, eu disse a ele:

—O senhor deve ter uma noção muito curiosa sobre meu apetite, pois é impossível eu poder comer toda essa carne que o senhor coloca na mesa.

—Ó, não há problema, porque depois que deixar a casa, vem muita gente pobre e trabalhadores das fazendas dessa região, e consome tudo — respondeu ele.

—Mas por que o senhor prepara tanto quando eu venho? — perguntei-lhe.

—Abençoado senhor — disse ele — se eu pudesse, dar-lhe-ia um pedaço do tamanho de uma casa, e como daria, apenas para mostrar como o senhor é bem-vindo em minha casa.

Eu entendi o que ele queria me dizer e agradeci por sua gentileza; logo em um sentido muito mais elevado, façamos todo o possível para demonstrar ao Senhor Jesus o quanto Ele é bem-vindo em nosso coração e em nossa casa. Ele deve ser sempre muito bem-vindo quando vier como nosso bendito Salvador, e devemos lançar fora todos os pecados, mudar nosso jeito de ser e nos sentirmos honrados com Sua majestosa companhia. Devemos nos manter firmes e perseverarmos até o fim, para que Ele possa nos receber, e os nossos filhos também, e nos faça habitar à Sua direita para sempre! Ó sim, devemos estar bem-preparados para servir um Convidado como Ele! Onde está aquela pessoa que vai convidá-lo para ir à sua casa hoje? Aqui está o meu Mestre, e em Seu nome eu pergunto: Quem o levará para morar em sua casa? Com quem o Senhor Jesus se hospedará hoje? Alguém diz: "Ó, se Ele viesse a mim, eu o receberia com muito prazer". Ele vem com alegria, porque tem prazer de habitar no coração humano. Ó vocês, soldados em seus casacos vermelhos (fico sempre feliz em vê-los aqui!): Jesus Cristo habitará com vocês hoje? E todos os demais, com seus casacos pretos, ou vestidos coloridos, Cristo Jesus virá a morar com vocês hoje? Vocês, bons amigos que vêm do campo, se vocês ainda não convidaram Cristo para morar no coração de vocês, farão isso agora? Eu não posso ouvir o que você diz, mas Ele pode; e se a sua resposta for esta: "Deus, tem misericórdia de mim, que sou pecador, e vem habitar na minha casa hoje", com certeza assim será, e todo o louvor seja para Ele.

Bem, meu tempo está se esgotando, mas preciso dizer apenas mais algumas palavras. Eu me lembro de que, quando clamava a Deus pedindo por Sua misericórdia e não recebia resposta às minhas súplicas, pensava que devia desistir da oração, pois não tinha esperança; contudo o pensamento que me manteve orando foi este: "Se eu não receber a salvação, eu vou perecer". Achei que o Senhor tinha me deixado esperando — foi só um pensamento tolo, pois não era verdade — e disse a mim mesmo: "Se Senhor me deixa esperando, eu também o deixei esperando por um longo tempo. Acaso eu não o rejeitei durante muitos anos? Então, se me deixa esperando para ser salvo, eu não devo reclamar". Então pensei: "Bem, se eu continuasse orando e não encontrasse Cristo em 20 anos, porém, se finalmente o encontrasse, a bênção seria tão grande que teria valido a pena ter esperado, portanto nunca vou parar de orar por isso". Diante disso, ocorreu-me: "Por que devo presumir que serei ouvido, quando decidi me achegar ao trono da graça, se não ouvi o chamado de

Deus cada vez que Ele falava comigo?". Por isso ainda persevero em oração, mas com este pensamento: "O que mais posso fazer?" — como um chicote permanente nas minhas costas. Senti que esta deveria ser minha decisão —

> *Se eu for a Deus, posso morrer;*
> *Mas decidido estou;*
> *Pois bem sei que se eu não for,*
> *Para sempre morrerei.*[89]

Gosto do propósito que alguns tem feito de entrar no seu quarto e fechar a porta, decididos a não sair até que tenham encontrado o Salvador. Eles leem a Palavra, especialmente passagens como estas: "...Crê no Senhor Jesus e serás salvo..." (At 16:31); "...quem crê no Filho tem a vida eterna..." (Jo 3:36); então, ajoelham-se e oram: "Senhor, esta é a Tua promessa. Ajuda-me agora a crer em Jesus e dá-me a salvação, pelo Teu nome, porque não sairei daqui sem a Tua bênção!". Tal veemência, tal insistência, certamente prevalecerá. Como é possível que ainda esteja aqui alguém que se atreva a continuar vivendo sem a salvação?

Caro amigo, como você ousa fechar seus olhos novamente esta noite e dormir se estar reconciliado com Deus? Pode ser que, em vez de acordar no seu quarto, você levante os olhos e diga: "Onde estou? Que lugar horrível é este? Onde estão as coisas que eu amo? Onde está tudo pelo que vivi? Onde estou? Onde está Cristo? Onde está o evangelho? Onde estão os dias

---

[89] Tradução livre de uma das estrofes do hino *The Successful Resolve*, de Edmund Jones (1722–65).

do Senhor? Onde estão as palavras de advertência que sempre desprezei? Onde está o poder da oração? Por acaso tudo foi perdido para sempre? Onde estou? Em um desespero terrível e tão tenebroso? Sou um inimigo para ti, Ó Deus, e um inimigo Teu para sempre! O horror e o pânico se apoderaram de mim".

A simples tentativa de descrever esta cena terrível me faz sentir como se o medo paralisasse minha língua. Ó, eu imploro, não vá para lá! Existem aqueles que negam a eternidade de um castigo futuro; mas, de minha parte, não vou arriscar esse sofrimento, mesmo que ele durasse apenas uma hora e então acabasse. Que horror enorme estar no inferno ainda que seja por uma hora! E como você gostaria de ter buscado e encontrado o Salvador. Mas cuidado! Não existe a possibilidade de estar uma única hora no inferno; uma vez perdido, você estará perdido para sempre! Portanto, busque o Senhor agora; declare como Jeremias: "…em ti esperamos…" (Jr 14:22). Você não pode fingir que está tudo bem. Você não pode escapar da ira eterna a menos que confie em Jesus. Por isso clame a Deus com estas palavras —

Cristo, és tudo o que desejo
Mais do que tudo és para mim
Não encontro em outro abrigo
Lanço minha alma a ti![90]

Portanto, Cristo de Deus, lançamo-nos em Teus braços! Salva-nos, salva-nos, salva-nos, por Tua imensa misericórdia! Amém.

---

[90] Tradução livre de uma das estrofes do hino *Jesus, Lover of My Soul*, de Charles Wesley (1707–88).

9

JOSÉ DE ARIMATEIA [91]

Vindo José de Arimateia, ilustre membro do Sinédrio, que também esperava o reino de Deus, dirigiu-se resolutamente a Pilatos e pediu o corpo de Jesus. Mas Pilatos admirou-se de que ele já tivesse morrido. E, tendo chamado o centurião, perguntou-lhe se havia muito que morrera. Após certificar-se, pela informação do comandante, cedeu o corpo a José. Este, baixando o corpo da cruz, envolveu-o em um lençol que comprara e o depositou em um túmulo que tinha sido aberto numa rocha; e rolou uma pedra para a entrada do túmulo. —Marcos 15:43-46

---

[91] Sermão nº 1789, ministrado na manhã de domingo, dia do Senhor, 6 de julho de 1884, no *Metropolitan Tabernacle*, Newington.

Foi um dia muito sombrio para a Igreja do Senhor e para a causa de Cristo visto que, como o Senhor Jesus estava morto, o sol da alma deles havia se posto. "...Então, os discípulos todos, deixando-o, fugiram" (Mt 26:56). "Eis [...] que sereis dispersos, cada um para sua casa, e me deixareis só..." (Jo 16:32) foram as tristes palavras do Senhor que se tornaram realidade. Jesus estava morto na cruz, Seus inimigos acreditaram que esse fora o Seu fim, enquanto Seus amigos temiam que, de fato, fosse. Algumas mulheres que permaneceram ao redor da cruz, foram fiéis até o fim, até à morte; mas o que elas poderiam fazer para resgatar o sagrado corpo do Senhor e dar a Ele um sepultamento digno? Aquele corpo de inestimável valor parecia estar em perigo de ter o mesmo destino que normalmente esperava os corpos dos malfeitores; havia o temor de que Seu corpo fosse lançado na primeira sepultura que encontrassem para abrigá-lo. Naquele momento de risco, José, natural de Arimateia, uma cidade dos judeus, de quem não há informações prévias e de quem nunca mais se fala, apareceu de repente. Ele era exatamente a pessoa necessária para a ocasião: ele era um homem de valor, um homem com o tipo de influência que prevalecia com Pilatos — um homem rico, membro do Sinédrio, membro do Sinédrio e alguém de prestígio e caráter. Cada um dos evangelistas o menciona e nos conta algo sobre ele, e a partir desses relatos sabemos que ele era "discípulo de Jesus" (Jo 19:38, Mt 27:57), um "homem bom e justo" (Lc 23:50) e que "esperava o reino de Deus" (Mc 15:43). José foi uma pessoa reservada e provavelmente foi um covarde antes; mas agora ele se aproximou da cruz e viu como tudo havia ocorrido. Assim, dirigiu-se corajosamente até Pilatos e reivindicou o corpo de Jesus, o qual lhe foi concedido.

Podemos aprender com esse episódio que Deus sempre tem Suas testemunhas. Não importa se os ministros abandonam a verdade, embora aqueles que deveriam ser líderes tornam-se desleais, a verdade de Deus não falhará por falta de aliados. Pode acontecer a mesma coisa com a igreja, quando desmaia e cai aquele que carrega a bandeira e o exército está a ponto de fugir em desânimo; mas sempre haverá outros que levantam a bandeira, e esse estandarte do Senhor tremulará acima de tudo. Porque o Senhor vive, Sua verdade também viverá; porque Deus reina, o evangelho também reinará, mesmo que seja desde a cruz. "Dizei entre as nações: Reina o Senhor..." (Sl 96:10). Esta é uma versão única de um versículo dos salmos e contém uma verdade gloriosa. Embora Jesus esteja morto, pregado na cruz, Ele ainda mantém a posse do trono e reinará para sempre.

Recordar esta verdade nos traz encorajamento para dias nublados e sombrios. Se você mora em qualquer lugar onde os fiéis são escassos entre os homens, não torçam as mãos com angústia nem fiquem sentados em desespero, como se fosse o fim da causa que você ama. O Senhor vive e Ele preservará viva uma semente fiel na Terra. Outro José de Arimateia se apresentará no momento de maior desespero; o homem certo será encontrado quando não pudermos seguir adiante. Para Israel no Egito houve um José, e houve um José para Jesus na cruz. Um José exerceu o papel de pai para o Senhor em Seu nascimento, e outro José providenciou Seu sepultamento. O Senhor não ficará sem amigos. Houve um dia sombrio na história do Antigo Testamento quando os olhos de Eli, o servo de Deus, escureceram; e o que é ainda pior, ele estava quase tão cego espiritualmente quanto fisicamente, pois seus filhos estavam degradados e ele não lhes impôs limites[92]. Parecia que Deus havia abandonado Seu Israel. Mas quem é esse pequenino que é trazido por sua mãe? Quem é o menininho que ficará no santuário para servir a seu Deus durante toda sua vida? Quem é o garotinho que usa uma pequena túnica que as mãos de sua mãe fizeram para ele com amor? Vocês que têm os olhos da fé, olhem bem! Pois o profeta Samuel está diante de você, o servo do Senhor por cujo exemplo de santidade Israel será conduzido a coisas melhores e será liberto da opressão que é o castigo infringido as iniquidades dos filhos de Eli.

Em algum lugar do mundo hoje, eu não sei onde, poderia ser em uma cabana escura em algum vilarejo inglês, ou em uma cabana distante em uma região remota nas florestas dos Estados Unidos, ou nas favelas de nossas cidades, ou em nossos palácios, Deus tem um homem que quando atingir a maturidade libertará Israel, travando as batalhas do Senhor. O Senhor está preparando Seu servo e, quando chegar a hora, quando o momento requerer o homem necessário, haverá alguém disponível para a ocasião. A vontade do Senhor será feita, independentemente do que os incrédulos e céticos possam pensar. Eu vejo nessa aparição de José de Arimateia, exatamente no momento necessário, um manancial de conforto para todos que carregam a causa de Deus em seus corações. Não precisamos nos preocupar com quem sucederá os pastores e os evangelistas de hoje; podemos deixar a sucessão apostólica nas seguras mãos Deus.

Nesta manhã, quero falar sobre José de Arimateia, o "ilustre membro do Sinédrio", e oro para que esta palavra possa

---

[92] Conforme 1 Samuel 3:13.

alcançar a alma de vocês em todos os momentos. Como eu já disse, não há outra informação sobre José além do que está registrado aqui. Ele brilha justamente quando sua participação é necessária e logo depois desaparece: o seu "...registro *está* nas alturas" (Jó 16:19 BKJ 1611). Não precisamos mencionar as tradições que falam dele, pois creio que mesmo uma ligeira referência a lendas tem uma tendência para o mal e podem nos desviar da pura e fidedigna Palavra de Deus. O que temos a ver com a tradição? As Escrituras não são suficientes? Muito provavelmente não há nada de verdadeiro nas lendas absurdas de José em Glastonbury[93]; e se houvesse, não teria nenhuma importância para nós; se algum fato fosse digno de ser escrito sob a inspiração divina, teria sido, e como não há mais escritos sobre ele, não precisamos nem queremos saber mais. Estejamos satisfeitos exatamente onde o Espírito Santo parou Sua caneta.

Nesta manhã, usarei o relato de José de Arimateia de quatro maneiras: primeiro, como *uma advertência para nós* — ele foi um discípulo de Jesus, "...ainda que ocultamente pelo receio que tinha dos judeus..." (Jo 19:38); segundo, para *nossa instrução* — ele foi finalmente trazido pela cruz, a respeito da qual o santo Simeão declarou que pela morte do Senhor Jesus os pensamentos de muitos seriam revelados; terceiro, para o *nosso despertar* — José apresentou-se no momento certo, e por isso há também uma oportunidade hoje para todos os tímidos se tornarem corajosos; e, finalmente, para *nossa*

---

[93] Glastonbury é famosa por mitos e lendas relacionados a José de Arimateia, ao Santo Graal e ao Rei Artur. A lenda diz que José de Arimateia teria visitado Glastonbury e fundado a primeira comunidade cristã nas ilhas britânicas. Por conta disso, Glastonbury é tida como berço do cristianismo inglês.

orientação — para que, se tivermos medo ou vergonha, possamos avançar na hora da necessidade e nos comportarmos tão bravamente quanto José de Arimateia fez naquela véspera do *Shabat* de Páscoa.

1. Primeiro então, olharemos para José de Arimateia *como uma advertência para nós*.

Ele foi discípulo de Cristo, mas em segredo, por medo dos judeus: não queremos que ninguém imite a José nesse aspecto. O medo que nos leva a esconder a fé é pernicioso. Seja um discípulo de todas as maneiras, mas não ocultamente; se você é um discípulo secreto, está perdendo uma boa parte do propósito de sua vida. Acima de tudo, não seja discípulo em secreto por medo das pessoas, visto que esse medo o conduz para uma armadilha. Se você é um escravo desse medo, ele o rebaixa, menospreza-o e o impede de dar a glória devida a Deus.

> *Temei-o, santos Seus, e*
> *Não tereis nenhum temor.*[94]

Tenha o cuidado de dar honra a Cristo, e Ele cuidará da honra pertencente a você. Por que José de Arimateia era tão retraído? Talvez por causa de sua disposição natural. Muitos homens são por natureza muito ousados; alguns tornam-se exagerados, intrometidos e presunçosos, para não dizer

---

[94] Tradução livre de versos do hino, *Through All the Changing Scenes of Life*, de Nicholas Brady (1659–1726) e Nahum Tate (1652–1715).

atrevidos. Eu ouvi falar de uma certa classe de pessoas que "correm onde os anjos temem pisar". Eles são destemidos porque não têm cérebro. Que evitemos cometer esse erro! Por outro lado, muitos são demasiadamente retraídos: precisam usar de toda sua coragem apenas para dizer uma boa palavra ao Salvador que tanto amam. E se eles conseguem fazer isso, eles se acomodam nas últimas fileiras; eles esperam estar entre os vencedores quando se trata de dividir os despojos, mas não são ousados o suficiente para estar entre os guerreiros no momento do confronto com o inimigo. Alguns têm coração sincero, apesar de sua timidez. Nos dias dos mártires, era comum que alguns dos que suportaram mais bravamente na fogueira tivessem uma mente temerosa por natureza. Foxe[95] observa que alguns que se gabavam de quanto poderiam suportar a dor e a morte por Cristo, voltavam atrás e negavam sua fé; enquanto outros na prisão tremiam ao pensar no fogo, agiram como homens corajosos na hora da morte, para a admiração de todos ao redor deles. Ainda assim, meus caros amigos, se a timidez os incomoda, não é algo que vocês devam acalentar. O medo no coração do homem é uma planta que deve ser arrancada, e não cultivada. Se eu pudesse, colocaria essa planta em um lugar onde ela recebesse pouca água, a privaria da luz solar e, ao mesmo tempo, procuraria por uma muda de uma árvore melhor. Seria muito melhor nos fortalecermos constantemente com hinos como este:

---

[95] John Foxe (1517–87), historiador e pregador inglês, autor de *O livro dos Mártires* (Publicações Pão Diário, 2021).

Será que sou um soldado da cruz
E seguidor de Jesus?
Honrarei a Tua causa,
Ou enrubescerei ao falar o Teu nome?

Chegarei eu aos Céus,
Tendo aqui vivido uma vida serena e de facilidades,
Enquanto outros lá adentram,
Conduzidos por sofrimentos e diversidades?[96]

Se você já sabe que sua maior tentação está relacionada ao medo, vigie e lute contra ele, e com a ajuda do Espírito Santo exercite-se cada vez mais para desenvolver uma coragem intrépida.

Receio também que o que intimidou José de Arimateia foi o fato de que ele era um *homem rico*. Há uma triste verdade na exclamação solene de nosso Senhor: "...Quão dificilmente entrarão no reino de Deus os que têm riquezas!" (Mc 10:23). As riquezas não fortalecem o coração nem tornam o ser humano mais determinado pela causa do bem. Embora a riqueza seja um grande talento que pode muito bem ser usado por aqueles que já entraram no reino dos Céus, elas também carregam dentro de si uma armadilha e tentação, e em muitos casos, quando alguém ainda não entrou no reino, é um terrível obstáculo que impede sua entrada. "É mais fácil passar um camelo pelo fundo de uma agulha do que entrar um rico no reino de Deus" (Mc 10:25).

Os pescadores do mar da Galileia facilmente abandonaram seus barcos e equipamentos de pesca, mas José de

---

[96] Tradução livre de estrofes do hino *Am I a Soldier of the Cross?*, de Isaac Watts (1674–1748).

Arimateia era um homem rico, e, portanto, foi lento para deixar tudo pelo amor de Cristo. A atração pelas posses pode ser vista no caso do jovem rico que tristemente virou as costas e se afastou do Senhor Jesus, quando foi submetido ao teste incomum de vender tudo o que tinha. Quando um navio bate em uma rocha e ocorre um naufrágio, aqueles que salvam suas vidas são os que nadam sem carregar nenhum peso com eles; os outros afundam porque têm barras de ouro amarradas à cintura. O ouro afunda o ser humano da mesma forma que o chumbo. Portanto, tomem cuidado, todos vocês em boa posição neste mundo, e não permitam que a generosidade de Deus seja uma causa de sua deslealdade para com Ele. Cuidado com a soberba da vida, a cobiça pelo poder e o desejo de acumular, pois tudo isso pode atrapalhar você no serviço ao seu Senhor. As riquezas elevam o ser humano de tal forma que o impedem de se abaixar para encontrar a pérola de grande valor. Um homem pobre entra em um santuário em uma aldeia humilde onde Cristo está sendo pregado e encontra a vida eterna; outro homem da mesma aldeia, também com a alma em risco, não gosta de se rebaixar para entrar naquela igrejinha e fica sem a bênção. Ele se afasta porque se pergunta: "O que as pessoas dirão se o fidalgo, dono das terras, for ouvir o evangelho? Que escândalo se o filho de um aristocrata se converter!". A riqueza de José de Arimateia o tornou indevidamente cauteloso; e possivelmente, sem que ele soubesse, o impediu de se identificar como parte das pessoas comuns que seguiam o Senhor Jesus. Seu coração ansiava pelo prêmio, mas todo o peso de seus bens o impedia de correr a corrida; que ele tenha corrido bem no final é um exemplo da graça superabundante.

Possivelmente o fato de ele *ocupar um cargo e ser honrado por sua realização* foi um obstáculo para José. Grande graça é necessária para levar a honra humana; e, para dizer a verdade, quando você a tem, não vale a pena carregá-la. Pois o que é a fama senão o sopro das narinas dos homens? A alma não pode se alimentar de algo tão pobre! Se um homem pudesse viver para ganhar o aplauso de todos, e se ele pudesse escrever seu nome em letras douradas nas nuvens, o que ganharia com isso? O que há nos aplausos de uma multidão desatenta? A aprovação de homens bons, se conquistada pela virtude perseverante, é melhor e mais desejável do que grandes riquezas; mesmo assim, pode se tornar uma tentação; pois a pessoa pode começar a se perguntar: "O que as pessoas dirão?" em vez de: "O que Deus dirá?". E no instante que ela se entrega a tal disposição, um elemento enfraquecedor foi introduzido em sua vida. Ouvir da boca do Mestre: "...Muito bem, servo bom e fiel..." (Mt 25:21) vale mais do que dez mil rajadas de aplausos de senadores e príncipes. A honra entre os homens é, na melhor das hipóteses, um perigo até mesmo para as melhores pessoas. José era um "ilustre membro do Sinédrio" (Mc 15:42), e isso é o suficiente para que um homem seja prudentemente lento. O apego ao cargo tende a prosseguir com cautela e não com entusiasmo. Eu gostaria que os que ocupam cargos elevados se lembrassem disso, e que eles sondassem a si mesmos com sinceridade e considerassem se sua timidez em confessar Cristo publicamente não é covardia indigna da posição em que o Senhor os colocou.

Parece claro que todas as coisas terrenas pelas quais nosso mundo anseia não são tão desejáveis quanto aparentam; e aquilo que os homens pagariam com seus olhos para ter, teria menos valor se os mesmos olhos estivessem abertos.

Neste momento, com muito amor, gostaria de lhes perguntar (porque este sermão é muito pessoal do começo ao fim) se alguns de vocês que amam meu Senhor e Mestre o fazem em segredo por medo das pessoas. Você nunca confessou abertamente sua fé, e por que não? O que o impede de assumir uma posição decidida e firme a favor da causa do Senhor? Você é rico? Você é honrado? Você ocupa uma posição invejável na sociedade? Será que você é uma criatura de espírito tão baixo que se orgulha desses ambientes cintilantes, como uma criança vaidosa com seu vestido novo? Você é tão covarde a ponto de não se identificar com os seguidores da verdade e da retidão, por que são pessoas de classe baixa? Você é realmente tão vil? Não existe um cavalheirismo sagrado em você? É possível que, tendo Deus o tratado tão bem e generosamente lhe confiado recursos, você vá retribuir negando Seu Filho, indo contra sua própria consciência e virando costas para a verdade? E tudo para causar uma boa impressão nos outros? Sei que pode parecer difícil receber rejeição da sociedade ou ter o dedo do desprezo apontado para você; mas curvar-se para esse medo egoísta não é digno para um homem e é absolutamente desonroso para um cristão. "Ó, mas minha personalidade é muito retraída." Sim, mas eu imploro que você não alimente essa característica; por que se todos nós fôssemos assim onde estariam os nobres avanços da verdade e suas reformas e seus avivamentos? Onde estariam nosso Lutero, nosso Calvino ou nosso Zuínglio[97]? Onde

---

[97] Ulrico Zuínglio (1484–1531), contemporâneo de Lutero (1483–1525), foi um sacerdote católico que convencido pela mensagem do Novo Testamento, passou a pregar sermões contra muitas práticas da igreja, principalmente quanto a venda de indulgências (pagamento monetário pelo perdão dos pecados, concedido pela Igreja Católica), antes mesmo de Lutero se opor a elas. Zuínglio antecedeu Calvino (1509–64) ao levar as premissas da Reforma à Suíça.

estariam nosso Whitefield ou nosso Wesley, se eles tivessem acreditado que o principal objetivo da vida é caminhar calmamente ao longo do frescor do vale isolado da vida? Dê um passo à frente, meu irmão, pela verdade e pelo Senhor. Lembre-se de que o que é bom para você também será bom para todos os outros; por exemplo, se você não se juntar à Igreja Cristã, todos os outros pensarão que não há problema em negligenciar esse dever, e onde estaria a igreja visível de Cristo e como as ordenanças de nossa santa fé seriam mantidas como testemunho entre os filhos dos homens? Eu exorto todos os cristãos secretos a reconsiderar a inconsistência de seu esconderijo e a abandonar essa condição covarde.

Estou convencido de que José de Arimateia perdeu muito por causa de seu sigilo, pois observe que ele não viveu com Jesus como muitos outros discípulos viviam. Durante aquele breve período, mas dourado, quando os homens andavam e conversavam e comiam e bebiam com Jesus, José não estava com Ele. José não estava entre os doze, como poderia ter sido se ele tivesse mais coragem e determinação. José perdeu muitas conversas íntimas que o Senhor reservou para os Seus depois que despedia as multidões. Ele perdeu aquele treinamento sagrado e aquela força que capacitava as pessoas a viver a vida nobre dos primeiros santos. Quantas oportunidades devem ter sido desperdiçadas, para trabalhar para o Mestre e com o Mestre! Talvez não saibamos mais sobre ele porque ele não fez mais nada. Possivelmente, o ato grandioso que redimiu seu nome do esquecimento é tudo o que foi registrado, pois era realmente tudo o que valia a pena registrar a respeito dele. Por ter seguido a Cristo de longe, José deve ter sido um homem mais fraco, mais triste e menos prestativo. Queira

Deus que reflexões como essas cheguem aos nossos amados, fiéis e honrados homens cristãos, que até hoje se esconderam entre a bagagem[98] e não manifestaram publicamente sua lealdade a Cristo.

2. Segundo, tendo considerado José de Arimateia como uma advertência para nós, falaremos dele agora como uma lição para *nossa instrução*.

Depois de tudo, José finalmente abandonou o sigilo, e vocês também o farão, caros amigos. Se você for honesto e sincero, mais cedo ou mais tarde terá que confessar seu Senhor. Você não acha que é melhor fazer isso o mais cedo possível? Chegará o dia em que essa vergonha que o assusta hoje será sua. Tão certo como você é um crente sincero, você terá que enfrentar essa reprovação e zombarias que o alarmam hoje: então por que não as enfrentar agora? Você terá que confessar a Cristo na frente de muitas testemunhas; por que não começar hoje? Por que você acha isso tão difícil? Será mais fácil se você fizer isso agora, vai lhe trazer mais bênçãos e será mais doce lembrar-se disso mais tarde do que se você adiar. O que foi que tirou José de Arimateia de sua vida secreta? *Foi o poder da cruz*! Não é impressionante que durante a vida de Cristo este homem não tenha visto nada que inspirasse seu reconhecimento público ao Senhor? Os milagres de nosso Senhor, Seus discursos maravilhosos, Sua pobreza e renúncia, Sua gloriosa vida de santidade e benevolência, tudo isso pode ter ajudado José a crescer em sua fé secreta, mas não foi o

---

[98] Referência a 1 Samuel 10:22.

suficiente para desenvolver nele uma confissão ousada de sua fé. A vergonhosa morte na cruz teve mais poder sobre José do que toda a beleza da vida de Cristo.

Vamos ver agora você que é tímido e retraído, se a cruz não terá a mesma influência sobre você hoje. Acho que sim, se você estudar cuidadosamente; tenho certeza de que sim, se o Espírito Santo confirmar isso em seu coração. Suponho que para José de Arimateia a morte de Cristo na cruz pareceu *algo tão perverso* que ele teve que se manifestar em favor daquele que havia sido tão maltratado. Ele não consentiu com a ação dos homens do Sinédrio quando sentenciaram Jesus à morte, provavelmente ele e Nicodemos se retiraram da assembleia. Porém quando viu que o crime já havia sido cometido e que o homem inocente tinha sido executado, disse a si mesmo: "Não posso ser uma testemunha silenciosa desse assassinato. Agora devo estar do lado dos santos e dos justos". Portanto, ele saiu de seu esconderijo e foi o servo disposto de seu Mestre crucificado. Sem se preocupar com as consequências, ele sentiu que precisava ser senhor de si mesmo para estar do lado direito, agora que eles haviam tirado a vida do Senhor Jesus tão maliciosamente. Era tarde, tristemente tarde, mas não era tarde demais.

Ó, discípulo secreto, você não vai sair de seu esconderijo? Você não se apressará para fazer isso? Você que é tímido e retraído, ao ouvir como o nome de Jesus é blasfemado, como acontece nestes dias maus, você vai se levantar para defendê-lo? Quando você ouve que a divindade de Jesus é negada, quando você vê que outro recebe o lugar exclusivo do Senhor de ser o cabeça da Igreja, quando você vê que tipos obscenos e rudes da pior espécie colocam a pessoa de Cristo como alvo de suas críticas, você não levantará a sua voz por Ele? Você não ficará chocado com tal conduta imprópria declarada abertamente? A causa de Jesus é a causa da verdade e da justiça, da misericórdia e esperança para todo ser humano; portanto, não é possível que Ele seja objeto de escárnio enquanto você se senta passivamente em silêncio. Se outros já tivessem agido no nome do Senhor, talvez você pudesse ser desculpado por se conter; mas você não pode ficar sentado de braços cruzados, o que é um pecado grave, agora que tantos zombam dele. Jesus é digno de toda honra, e ainda assim, eles o desprezam: você não o defenderá? Ele é o seu Salvador e Senhor; ó, não demore muito para reconhecer que você pertence a Ele. A cruz expôs o coração de José; ele abominava a maldade que assassinava os santos e justos e, por isso, cingiu-se para ser o guardião do sagrado corpo de Cristo.

Além disso, em parte pode ter sido *a maravilhosa resignação vista na morte do Mestre* que fez José sentir que não poderia mais se esconder. Ele o ouviu dizer: "...Pai, perdoa-lhes, porque não sabem o que fazem..." (Lc 23:34)? Ele viu quando aqueles lábios abençoados disseram: "...Tenho sede" (Jo 19:28)? Você acha que José notou a obscenidade e o desprezo que cercaram a morte do Senhor? Será que ele sentiu que as pedras clamariam se ele não mostrasse bondade ao seu melhor amigo? Já que Jesus não abriu a boca para se defender, mas ficou mudo como uma ovelha diante de Seus tosquiadores[99], José teve que abrir sua boca para Ele. Se Jesus não respondeu, mas apenas expirou orações por Seus assassinos, o ilustre membro do Sinédrio deve reconhecê-lo e confessá-lo publicamente. O

---

[99] Conforme Isaías 53:7.

Sol reconheceu o Cristo, e cobriu seu rosto com um pano de saco! A Terra o reconheceu, e estremeceu completamente por causa de Seus sofrimentos! A morte o reconheceu, e entregou os corpos que o sepulcro até então havia retido! O Templo o reconheceu, e horrorizado rasgou seu véu, como uma mulher com o coração totalmente partido pelos horrores que testemunhou! Portanto, José deve reconhecê-lo, ele não pode mais resistir ao impulso. Ó, meus irmãos, se vocês são retraídos, que essas imagens, de alguma forma, os levem à linha de frente do combate.

Existem também todas *as maravilhas dessa morte*, que José testemunhou e às quais já aludi. Elas bastaram para convencer o centurião de que, de fato, Jesus era um homem justo[100]. Elas convenceram outros de que Ele era o Filho de Deus; e para quem já era discípulo de Cristo, o que se viu ao redor da cruz deve ter sido uma grande confirmação dessa convicção. Logo, chegou a hora em que José deve agir com ousadia como discípulo de Cristo. Você não viu as maravilhas da conversão ao seu redor? Você viu orações respondidas? Nenhuma libertação providencial? Tudo isso não deveria levar os discípulos secretos a se declararem publicamente?

Não creio que José tenha entendido totalmente o desígnio da morte de nosso Senhor. Ele tinha alguma compreensão disso, mas não o conhecimento que temos agora que o Espírito de Deus se manifestou em toda a Sua plenitude e nos ensinou o significado da cruz. Ó, ouçam, senhores, vocês que não declararam abertamente que estão do lado do Senhor, que nunca vestiram Sua farda nem entraram publicamente

---

[100] Conforme Lucas 23:47.

em Seu serviço. Ele morreu por você! Todas aquelas feridas foram por sua causa; aquele suor de sangue, do qual ainda há marcas no rosto do crucificado, foi tudo por você. Por você teve sede e febre, por você Ele inclinou "a cabeça [e] rendeu o espírito" (Jo 19:30); e você ainda têm vergonha de confessá-lo? Você não está disposto a enfrentar reprovação e zombaria pela preciosa causa de Jesus, se Ele suportou tudo isso por você? Fale com toda sua alma e brade assim: "...[Ele] me amou e a si mesmo se entregou por mim..." (Gl 2:20). Se você não pode declarar isso, não pode ser feliz; mas se puder, o que vem a seguir? Você não deveria amá-lo e se entregar por Ele? A cruz é um ímã maravilhoso que atrai até Jesus todo ser humano que tem em si esse metal verdadeiro. É uma bandeira hasteada bem alto, à qual todos os que são leais ao Senhor devem se reunir. Essa cruz candente, carregada por toda a Terra, despertará os bravos e os encorajará a sair para o campo de batalha. Poderá você ver o seu Senhor morrendo em seu lugar e ainda assim virar as costas para Ele? Eu oro para que você não hesite mais, mas possa clamar imediatamente: "Escreve meu nome entre Teus seguidores; pois lutarei até o fim, até eu ouvir-te dizer

Entrai, entrai;
E a glória eterna conquistai.[101]

Este é o ensinamento que extraímos da vida de José de Arimateia. Se a cruz não pode tirar o homem do esconderijo,

---

[101] Versos extraídos da página 81 do livro *O Peregrino*, de John Bunyan (Publicações Pão Diário, 2021).

então o que pode tirá-lo? Se ver Seu amor demonstrado na morte não desperta em nós uma afeição corajosa por Ele; então o que poderia fazê-lo?

3. Portanto, devo mencionar, em terceiro, algo para o *nosso encorajamento*.

Talvez você esteja dizendo a si mesmo que na época em que José viveu havia uma exigência imperativa de sair de seu esconderijo e ir até Pilatos, mas que hoje não estamos sob a mesma pressão. Escutem, amigos, muitas pessoas não são fiéis às suas circunstâncias, sejam elas quais forem; não consideram que chegaram ao reino para um tempo como este[102]. O Senhor Jesus não está pendurado em uma cruz, precisando ser sepultado; mas existem outras necessidades severas que exigem esforços da parte de vocês. As necessidades desta hora exigem imperativamente que todo homem de coração puro reconheça seu Senhor e preste seus serviços a Ele. Neste momento, todo aquele que ama a Cristo deve provar isso em suas ações. Uma boia colocada próxima a costa rochosa do sul de Gales tem um sino que visa alertar os marinheiros sobre as rochas perigosas. Este sino é silencioso quando o tempo está calmo; mas quando os ventos sopram e as grandes ondas atingem a costa, os tons solenes do sino são ouvidos por quilômetros de distância, pois a agitação do mar, move-o de um lado para o outro. Portanto, creio que existem homens verdadeiros que ficam em silêncio quando tudo está calmo e que são forçados a falar quando os ventos impetuosos começam a soprar. Permita-me assegurar-lhe que

---

[102] Referência a Ester 4:14.

uma tempestade muito violenta está assolando hoje, e está ficando cada vez pior. Se eu ler corretamente os sinais dos tempos, todos os sinos devem soar seu aviso para que as almas não se percam nas rochas do erro. Você que ficou para trás, porque a luta não parecia convocá-lo: em nome do Senhor, eu o convoco para a batalha. O Senhor precisa de você. Se você não vier em Sua ajuda contra os poderosos inimigos, uma maldição virá sobre você. Terá de ser escrito em suas costas *medroso e covarde*? Ou você virá solenemente hoje para abraçar a causa de Jesus? Devo lhe dizer o porquê?

Vou lhe contar a razão de José ter sido solicitado — *os inimigos de Cristo foram longe demais*. Quando o caçaram e pegaram em pedras para apedrejá-lo, foram muito longe; quando disseram que Ele tinha um demônio e que era louco, foram longe demais; quando eles afirmaram que Ele expulsou demônios por Belzebu, o príncipe dos demônios, isso foi uma blasfêmia[103]; mas agora, agora eles fatalmente cruzaram a última linha; eles pegaram o Rei de Israel e pregaram-no na cruz, e Ele está morto; e, portanto, José não suporta mais. Ele abandona sua associação farisaica e se junta ao Senhor Jesus. Veja até onde os homens estão indo hoje em dia. No mundo temos uma infidelidade tão grosseira e tão vil, característica de nossa época, que é indigno da civilização e menos ainda do cristianismo.

Agora, vocês temerosos, saiam e se oponham a serem colocados na mesma lista que o mundo incrédulo. Além disso, na igreja dita cristã (mas que é apenas de aparência) há homens que, já tendo rejeitado toda doutrina que consideramos preciosa, agora estão atacando a inspiração da própria Palavra de

---

[103] Conforme Mateus 12:24.

Deus. Eles nos dizem claramente que não acreditam no que as Escrituras dizem, quando foge ao que eles escolhem acreditar. Para eles, a Bíblia é um bom livro, mas desatualizado. Agora se você pode calar-se com isso, eu não. A fortaleza do cristianismo está sob ataque. Que nenhum homem corajoso se recuse a defendê-lo. Se você é capaz de silenciar sua língua e ver a fé sendo destruída, eu não posso. Pois, isso é o suficiente para fazer um homem colocar sua arma junto ao cinto e se apressar para lutar.

Anos atrás, quando houve rumores de uma invasão francesa na Inglaterra, uma mulher idosa ficou muito indignada e ameaçou liderar uma resistência mortal. Quando ela foi questionada sobre o que as mulheres inglesas podiam fazer, ela disse que podiam agir como os homens. Eu não tenho dúvidas de que, independentemente do que elas fizessem, fariam o melhor em tal emergência. Qualquer instrumento de ferro na lareira, seja uma pá ou um atiçador, se tornaria uma arma para defender nossas casas e nossos lares, e assim, neste momento, quando o erro não respeita limites, devemos estar firmes na defesa da verdade. Uma vez que eles levam os erros ao extremo, é necessário que nos apeguemos a cada partícula da fé. De minha parte, não renunciarei sequer a uma porção de meu credo diante de homem algum. Embora em algum momento estivéssemos dispostos a modificar expressões se os tempos fossem diferentes, não temos mais essa disposição agora. Uma geração de víboras terá que morder uma lima de ferro. Não vamos modificar nada. Se a verdade tem um aspecto severo, não a cobriremos com um véu. Se houver uma ofensa na cruz, não a esconderemos. Esta é a minha resposta para aqueles que desejam que nos adaptemos ao espírito da época: Não conheço nenhum espírito, exceto um, e Ele é imutável em todas as épocas. A extravagância de suas dúvidas não terá influência sobre nós, exceto para ajustarmos mais intimamente nosso coração ao evangelho. Se lhes dermos um centímetro, eles tomarão um quilômetro, então não vamos dar a eles nem mesmo um único centímetro. Nossa decisão é viver pelo Livro como o lemos, pelo evangelho quando descansamos nele, pelo Senhor como nossa expiação e pelo Rei que domina sobre todos. Eu imploro a todo cristão hesitante que tome coragem, vista a farda do serviço de seu Senhor e entre na batalha. Saia de seu esconderijo agora, se nunca o fez! Saia, se há alguma hombridade em você, nestes tempos de blasfêmia e reprovação.

Ó, vós homens, servi-o agora
Contra incontáveis inimigos;
Responda ao perigo com coragem
E enfrente as forças com força ainda maior![104]

Quando José de Arimateia se revelou discípulo de nosso Senhor, *a maioria dos amigos de nosso Senhor haviam fugido* — quase poderíamos dizer que todos eles foram embora. Então José disse: "Irei e pedirei pelo Seu corpo". Quando todos os outros fogem, o homem tímido fica mais corajoso; e muitas vezes eu percebi isso, que quando houve uma grande deserção da fé, então os fracos tornaram-se fortes. Essas pobres almas que haviam dito: "É difícil saber se somos ou não povo de Deus, somos tão indignos" saíram de seus abrigos e se tornaram

---

[104] Tradução livre de uma das estrofes do hino *Stand Up, Stand Up for Jesus*, de George Duffield Jr. (1818–88).

valentes na luta, fazendo fugir os exércitos invasores. Uma irmã foi convidada para compartilhar seu testemunho para a igreja, mas ela não pôde fazê-lo. No entanto quando ela estava saindo ela se virou e declarou: "Eu não posso falar por Cristo, mas eu poderia morrer por Ele". Então, o pastor disse a ela: "Volte, a senhora é muito bem-vinda aqui!". Essas pessoas retraídas desempenham papéis gloriosos nos momentos em que, temerosos, pensamos que não restará uma testemunha da verdade viva. Ó, se vocês, que vivem onde a fé está em declínio, pudessem ser mais determinados a servir o Senhor Jesus fielmente!

Além disso, como você sabe, no tempo de José, *as pessoas fiéis ao Senhor Jesus eram apenas um grupo muito fraco.* Aqueles que não viviam na pobreza absoluta — as mulheres que o serviam de seus bens — eram incapazes de comparecer diante de Pilatos para pedir pelo corpo do Senhor. Ele não as teria recebido e, mesmo se as recebesse, elas tinham muito medo de solicitar uma audiência. Porém José era rico e um ilustre membro do Sinédrio; portanto, parecia dizer: "Estas boas e estimadas mulheres precisam de um amigo; elas não conseguirão resgatar sozinhas aquele corpo precioso que está na cruz. Vou ao governador romano. Junto com Nicodemos, fornecerei o linho e as especiarias, e as mulheres nos ajudarão a descer Jesus do madeiro, colocá-lo em meu sepulcro novo e enfaixar Seus membros com linho e especiarias, para embalsamá-lo honrosamente". Alguns de vocês vivem em cidades do interior onde aqueles que são fiéis a Deus são muito pobres e não têm grandes habilidades. Se algo deveria motivá-lo a ser mais determinado, deveria ser esse fato. É preciso coragem para ajudar um grupo fraco; qualquer pessoa comum seguirá as pegadas do sucesso, mas o verdadeiro homem não se envergonha de apoiar uma causa desprezada se for a causa da verdade. Vocês que têm talentos e recursos devem dizer: "Vou ajudá-los agora. Não posso deixar a causa do Mestre nas mãos dessas pessoas debilitadas. Sei que estão dando o seu melhor e, como isso ainda é pouco, vou juntar-me a elas e me dispor para ajudá-las pelo amor de meu grande Mestre".

Você pode ver qual é minha intenção? Meu único desejo esta manhã é levar vocês que por um tempo vacilaram em "levantar-se e defender a causa de Cristo", a reconhecer Seu sagrado e amado nome em todos os lugares, conforme a sabedoria lhe indicar. Talvez você seja uma flor que não possa florescer até que a luz seja escurecida, como o cacto que floresce à noite ou a linda prímula. Agora é a sua hora. A noite já chegou; floresçam, caros amigos, e encham o ar com a deliciosa fragrância do seu amor. Quando as outras flores estiverem fechadas, abram-se com cuidado para pegar o orvalho. Nessas horas escuras, brilhem, vocês que são estrelas! O sol já se pôs, visto que se não fosse assim vocês estariam escondidos; mas agora é a sua vez de brilhar! José e Nicodemos nunca haviam saído em plena luz do dia enquanto Jesus estava vivo; mas quando o sol se pôs na hora da Sua morte, então esses homens brilharam com uma luz radiante, ó meu irmão duvidoso, esta é a sua hora e o seu momento; aproveite-o com coragem, pelo amor do nome de seu grande Mestre!

4. Finalmente, há algo sobre este tema para *nossa orientação*.

Alguém pode dizer: "Mas o que você quer dizer com sair do esconderijo? Posso ver o que José fez; o que devo eu fazer? Eu não moro em Arimateia e não há Pilatos nos dias de hoje".

Ao se declarar um seguidor de seu Senhor, José *se colocou sob risco pessoal*. Um escravo cristão, cujo mestre foi executado por ser cristão, foi para o juiz e implorou para ter o corpo de seu mestre para que ele pudesse enterrá-lo. O juiz respondeu: "E por que você quer o corpo de seu mestre?". "Porque ele era cristão e eu também sou." Com essa confissão, o escravo estava se colocando em risco de ser condenado a morte. Pilatos poderia ter agido assim com relação a José, pois as autoridades judaicas devem ter odiado José e desejado sua morte. Ele havia escondido sua fé por muito tempo, mas agora colocou sua vida em risco e foi com ousadia até Pilatos. Nós lemos que ele "pediu o corpo de Jesus" (Mt 27:58); mas como bem diz um comentarista, não foi um ato de covardia, muito pelo contrário, ele simplesmente pediu o corpo, implorou, suplicou para tê-lo, e o procurador concedeu seu desejo. Agora, você acha que se fosse necessário arriscar seus melhores interesses terrenos por Cristo, você o faria? Você estaria disposto a perder sua reputação de cultura e grandeza ao reconhecer a antiga fé nestes tempos de apostasia? Você deixaria tudo por Jesus? E se ao fazer isso os vínculos mais queridos forem quebrados, ou se os planos mais brilhantes forem destruídos, você tomaria a cruz para seguir seu Senhor? É por Aquele que morreu por você que você deve calcular o custo e considerar que, por causa do amado nome de Jesus, tudo isso é tão pouco se comparado com o privilégio de poder honrá-lo.

Lembre-se, novamente, de que este bom homem, José de Arimateia, quando pegou o corpo de Jesus, trouxe sobre si uma *impureza cerimonial*. Pode parecer algo insignificante, mas para um judeu era um assunto muito importante, especialmente durante a semana da Páscoa. Ele manipulou aquele corpo abençoado e foi contaminado de acordo com o julgamento dos judeus. Ó, mas eu garanto a vocês que José não creu que fosse nenhuma contaminação poder tocar a pessoa bendita de seu Senhor, embora a vida já tivesse deixado aquele corpo inigualável. E não foi nenhum ato de impureza. Foi uma honra poder tocar aquele objeto sagrado, aquele corpo preparado por Deus. No entanto, se você confessa seguir a Cristo e se une ao Seu povo, as pessoas lhe dirão que você está se rebaixando. Elas apontarão o dedo para você e o chamarão por nomes infames e o acusarão de fanatismo. Assuma esta santa vergonha e afirme, como Davi: "Ainda mais desprezível me farei..." (2Sm 6:22). Ser desonrado por causa de Cristo é uma honra e passar vergonha por Ele é a mais alta glória. Creio que você não se intimidará, mas se manifestará e reconhecerá sua fé, mesmo que isso o torne como escória diante de todos.

Então este homem, tendo arriscado sua vida e sua honra, pagou com prazer *o grande custo do sepultamento de Cristo*. Ele comprou o linho fino e renunciou àquela sepultura cavada na rocha, que era a ambição de qualquer israelita, para que o Senhor ali fosse sepultado. Agora, se você se entregar a Cristo, faça-o completamente. Não esconda dele sua carteira ou pense que você deveria dizer: "Eu sou dele", mas não fazendo nada por Ele. Eu estava lendo a história de um bom diácono no Maine, Estados Unidos, que chegou em um culto depois que a oferta missionária foi levantada. Naquele exato momento, o pastor pediu ao "nosso bom irmão Sewell" que orasse. Sewell não orou, mas enfiou a mão no bolso e ficou tateando. Aí ele disse: "Traga o gazofilácio"; e quando trouxeram ele depositou sua oferta lá, então o pastor disse: "Irmão Sewell, eu não pedi para você oferecer nada. Eu apenas queria que você orasse". Sewell respondeu: "Ó, eu simplesmente não poderia orar se não desse algo primeiro". Ele se sentiu compelido a fazer algo primeiro pela causa da grande obra missionária e, depois disso, poderia orar por ela. Ó, se todo o povo de Cristo sentisse a justiça dessa forma de agir! Não parece mais natural e apropriado? Quando o Salvador necessitou de uma sepultura, José não teria sido fiel a Ele se não o tivesse sepultado. E agora que o Salvador não requer sepultamento, Ele requer que em todo o Seu vívido poder Ele seja pregado entre os homens. Se o amamos, devemos fazer tudo que está ao nosso alcance para propagar o conhecimento de Seu nome. Saia, então, você que está escondido entre a bagagem! Saia! Alguns de vocês que são viajantes que vêm do campo, que sempre viveram em uma vila e assistiram aos cultos, mas nunca se filiaram à igreja; não deixe amanhecer outro domingo sem escrever seu nome entre os que pertencem ao povo de Deus. E todos aqueles que têm vindo ao Tabernáculo com frequência, e que dizem que ninguém os cumprimentou, façam vocês mesmos, conversem com alguém e digam o que o Senhor tem feito na vida de vocês. José de Arimateia, onde você está? Dê um passo à frente, amigo! Aproxime-se, sua hora chegou! Dê um passo à frente agora! Se você tem seguido a Cristo em segredo, jogue esse segredo ao vento! A partir de hoje, seja o mais corajoso entre os corajosos, junte-se aos guarda-costas de Cristo, que o seguem por onde quer que Ele vá. Não tenha medo; nem pense no medo, mas considere que é uma grande alegria sofrer tantas tribulações por causa do Seu nome, pois Ele é Rei dos reis e Senhor dos senhores, a quem seja a glória para todo o sempre. Amém.

10

SIMÃO DE CIRENE: VINDO DO CAMPO E FORÇADO A SERVIR [105]

E obrigaram a Simão Cireneu, que passava, vindo do campo, pai de Alexandre e de Rufo, a carregar-lhe a cruz. —Marcos 15:21

João relata que o nosso Salvador saiu "carregando a sua cruz" (Jo 19:17). Temos uma grande dívida com João por ter inserido esse detalhe. Os outros evangelistas mencionam que Simão de Cirene carregou a cruz de Cristo; mas João, que frequentemente preenche as lacunas que os outros três deixaram, diz-nos que Jesus se dirigiu ao Calvário carregando a própria cruz. Nosso Senhor Jesus saiu do palácio de Pilatos carregando Sua cruz, mas estava extremamente exausto e tão consumido pela noite de agonia e suor de sangue, que a procissão se movia muito devagar

---

[105] Sermão nº 1853, ministrado na manhã de domingo, dia do Senhor, 2 de agosto de 1885, no *Metropolitan Tabernacle*, Newington.

para o gosto dos rudes soldados, e por isso eles pegaram a cruz de seu prisioneiro e a colocaram sobre Simão; ou possivelmente colocaram a extremidade longa sobre o ombro daquele homem forte do campo, enquanto o Salvador continuou a carregar uma parte de Sua cruz até chegar ao local da execução.

É bom saber que o Salvador carregou Sua cruz; pois se não fosse assim, os oponentes teriam motivos para argumentar, e eu já os ouço dizer: "Você admite que uma das representações mais proeminentes do Antigo Testamento do sacrifício do Filho de Deus foi quando Abraão ofereceu seu filho Isaque em sacrifício. Abraão colocou a lenha sobre Isaque[106] e não sobre um servo. Logo, não deveria o Filho de Deus carregar Sua própria cruz?". Se o Senhor não tivesse carregado a Sua própria cruz, haveria uma falha no cumprimento desta tipificação; portanto, o Salvador deve carregar o madeiro ao sair para ser oferecido como sacrifício. Um dos maiores pregadores ingleses também nos lembrou que o cumprimento desta tipificação parecia estar sob grande perigo uma vez que a fraqueza de nosso Senhor deve ter sido evidente desde o início, sendo já motivo suficiente para colocar a cruz sobre o Cireneu, o que poderia ter impedido nosso Senhor de carregar a cruz. Se os soldados tivessem colocado a cruz sobre Simão um pouco antes, o que eles poderiam ter feito muito naturalmente, a profecia não teria se cumprido; mas Deus tem a mente dos homens tão inteiramente sob Seu controle, de modo que mesmo nas menores circunstâncias, Ele pode ordenar todas as coisas para completar cada jota e til da profecia. Em todos os sentidos, nosso Senhor era um Isaque, e, portanto, assim vemos que Ele saiu carregando a lenha para o

---

[106] Conforme Gênesis 22:6.

holocausto. E assim vemos que foi importante para Jesus carregar a Sua própria cruz por um momento.

Contudo é muito instrutivo que outra pessoa se tornasse participante de tal fardo; visto que sempre fez parte do conselho divino que, para a salvação do ser humano do pecado, o Senhor estivesse associado à Sua Igreja. Quanto à expiação, somente o Senhor pisou as uvas do lagar e não havia ninguém do povo com Ele; mas quando se trata da conversão do mundo e seu resgate do poder do erro e da maldade, Cristo não está sozinho. Somos cooperadores com Deus. Nas mãos de Deus, devemos ser participantes das dores e labutas pelas quais o ser humano é resgatado da escravidão do pecado e de Satanás e conduzido à liberdade da justiça e da verdade. Assim, tornou-se importante que ao carregar a cruz, embora não na morte sobre ela, alguém estivesse sob o mesmo jugo com Cristo ao segui-lo de perto. Carregar a cruz seguindo Jesus é a tarefa dos fiéis. Simão de Cirene representa toda a Igreja do Senhor e cada crente individualmente. Jesus costumava dizer: "E qualquer que não tomar a sua cruz e vier após mim não pode ser meu discípulo" (Lc 14:27). E agora esse sermão está incorporado em uma pessoa real. O discípulo deve ser como o seu Mestre: quem quiser seguir o crucificado deve carregar a cruz. Vemos isso claramente em Simão de Cirene com a cruz de Jesus colocada sobre seu ombro.

Simão terá que carregar a cruz sozinho?
E todos os outros permanecerem livres?
Não! Há uma cruz para cada pessoa,
Há uma cruz para mim.[107]

---

[107] Tradução livre de uma das estrofes do hino *Must Jesus Bear the Cross Alone?*, de Thomas Shepherd (1665–1739).

A lição para cada um de nós é carregar a cruz de nosso Senhor sem hesitar e ir com Ele; fora do acampamento, suportando o Seu opróbrio. Meu coração deseja que muitos nesta congregação grande e mista imitem Simão. Com santa expectativa, olho para esta multidão reunida de todos os cantos da terra, e desejo encontrar nela alguém que esteja disposto a carregar o jugo do meu Senhor sobre seus ombros neste dia.

1. Começarei com esta primeira observação: *muitas vezes, pessoas inesperadas são aquelas que são chamados para carregar a cruz.*

Como Simão, eles são pressionados a servir a Cristo. Nosso texto diz: "E obrigaram a Simão Cireneu, que passava, vindo do campo, pai de Alexandre e de Rufo, a carregar-lhe a cruz" (Mc 15:21). Simão não se voluntariou, mas foi obrigado a realizar esta obra de carregar a cruz. Parece, segundo outro evangelista, que ele concordou prontamente com tal constrangimento e suportou o peso com boa vontade; mas primeiramente foi forçado. Os guardas exercem uma autoridade rude; e por estarem a serviço do governador, agiam com extremo rigor e qualquer pessoa podia ser obrigada a obedecer às suas ordens. Pelo exercício de tal poder irresponsável, eles forçaram um estranho que passava por ali a carregar a cruz de Cristo. É particularmente notável que o homem que teve esta honra não foi Pedro, nem Tiago, nem João, nem qualquer outro dos muitos que durante anos ouviram os discursos do Redentor; ao contrário, foi um estranho do norte da África, que não tinha qualquer ligação com a vida e os ensinamentos de Jesus de Nazaré.

Observe, primeiro, que *ele era um homem desconhecido*. Fala-se sobre ele como "um certo Simão". O nome Simão era muito comum entre os judeus, como João em nosso país. Este homem era apenas "um certo Simão" — um indivíduo que não requer mais descrição. Mas a providência de Deus determinou que esse indivíduo desconhecido, esse certo homem, ou melhor, esse homem incerto, fosse escolhido para o sublime ofício de carregar a cruz do Filho de Deus. Tenho a impressão de que esta manhã está aqui "um certo Simão", que deve carregar a cruz de Cristo a partir de hoje. Estou convencido disso. Essa pessoa é tão desconhecida que provavelmente não reconhece ninguém em toda esta multidão, e nesta assembleia ninguém sabe nada sobre ela, pelo menos, com certeza, o pregador não sabe nada sobre ela. Ele é um certo João, um certo Tiago, ou um William; ou, talvez, ela seja uma certa Maria, uma Jane ou uma Marta. Amigo, ninguém o conhece, exceto nosso Pai que está nos Céus, e Ele o designou para ter comunhão com Seu Filho. Vou descrevê-lo apenas como "um certo Simão" e deixar que o Espírito Santo o traga para ocupar o seu lugar e função. Mas este "certo Simão" era um Simão muito singular. Estou enfatizando algo que aparentemente não precisa ser enfatizado: ele era alguém a quem Deus conhecia e a quem Deus amou, escolheu e designou para esse serviço especial. Em uma congregação como esta, pode haver alguém que nosso Deus queira usar para Sua glória pelo resto de sua vida. Essa pessoa se senta no banco e ouve o que estou dizendo, e talvez ainda não tenha começado a se perguntar se ele é esse "certo Simão", aquela certa pessoa; mas ele é, e antes que este sermão termine, ele saberá que o chamado a carregar a cruz é dirigido a ele. Muitas coisas surpreendentes aconteceram nesta casa de oração. Oro para que muitos saiam desta igreja como pessoas diferentes das que entraram há uma hora.

Aquele homem, Saulo, o grande perseguidor da Igreja do Senhor, mais tarde se tornou um pregador tão poderoso do evangelho que as pessoas exclamaram com espanto: "Há uma mudança estranha neste homem". "Por que?", alguém disse: "Ora, quando o conheci, ele era o fariseu dos fariseus. Ele era o mais fanático de todos os que usam filactérios e odiava Cristo e os cristãos com tanta intensidade que achava que apenas perseguir a igreja não era o suficiente". "Sim, é verdade", respondeu o outro, "mas ele teve uma mudança radical. Eles dizem que ele estava indo para Damasco para caçar os discípulos, e que algo aconteceu; não sabemos exatamente o que foi, mas evidentemente isso o mudou de tal forma que ele nunca mais foi o mesmo. Na verdade, ele parece ter ficado completamente de pernas para o ar, e o curso de sua vida está evidentemente ao contrário. Agora ele vive com entusiasmo por aquela fé que antes desejava destruir". Essa mudança radical ocorreu com "um certo Saulo de Tarso". Havia muitos Saulos em Israel, mas este Saulo em particular havia sido escolhido por amor e o conselho da eternidade pôs Seus olhos sobre ele; por este Saulo o amor redentor derramou o sangue de Seu coração, e a graça eficaz agiu poderosamente nele. Há algum outro Saulo aqui hoje? Que o Senhor permita que ele pare de recalcitrar contra os aguilhões hoje e que dele, em breve possamos ouvir: "...ele está orando" (At 9:11). Estou convencido de que nesta casa e neste momento há alguém como este "certo Simão", e elevo minha oração a Deus e espero que seja acompanhada pela oração de muitos outros, rogando para que ele se entregue de uma vez por todas ao Senhor Jesus.

Parecia improvável que Simão fosse carregar a cruz de Cristo, visto que ele era um estranho que acabara de chegar do campo. Ele provavelmente sabia pouco ou nada do que estava acontecendo em Jerusalém; pois viera de outro continente. Ele era "um certo Simão de Cirene" e suponho que Cirene estava a mais de 1200 quilômetros de Jerusalém. Estava localizado no que hoje é chamado Trípoli, no norte da África, onde havia uma colônia de judeus estabelecida há anos. O mais provável é que ele tenha viajado em uma galera romana de Alexandria a Jope, e de lá remado ao longo da costa, para chegar a tempo para a Páscoa em Jerusalém. Há muito tempo ele desejava ir a Jerusalém; ele tinha ouvido a fama do Templo e da cidade de seus antepassados; e desejava muito ver a grande assembleia das tribos e a festa solene da Páscoa. O cirineu havia percorrido todos aqueles quilômetros, e ainda estava com o movimento da embarcação em seu cérebro. Ele jamais imaginaria que seria forçado por um guarda romano a ajudar em uma execução. Foi uma providência singular que ele tenha vindo à cidade no momento do tumulto sobre o caso de Jesus, e que tenha atravessado a rua no momento em que a procissão se dirigia para o Gólgota. Simão passou na hora certa, nem antes nem depois; ele estava no local onde deveria estar, tão pontualmente como se tivesse marcado um encontro; no entanto, como dizem alguns, foi tudo mera coincidência. Não vamos falar sobre as inúmeras providências que tiveram que acontecer para levá-lo a tal local naquele preciso momento; mas o Senhor ordenou que assim fosse, e assim aconteceu. Um homem lá de Cirene, no norte da África, deve estar em Jerusalém em uma determinada data, em certa hora e minuto exato, a fim de ajudar a levar a cruz até o monte Calvário; e lá estava ele. Ó, caro amigo, não sei quantas foram as providências para trazê-lo aqui hoje; talvez algumas muito estranhas. Se algo tivesse acontecido de forma diferente, você não teria feito esta viagem; se um minúsculo detalhe fosse diferente, a situação teria mudado e hoje você estaria a centenas de quilômetros deste local, numa circunstância muito diferente desta. Você ainda não sabe por que está aqui, apenas que veio para ouvir o pregador e se juntar à multidão. Mas Deus sabe por que Ele o trouxe aqui. No futuro, quando nossas publicações forem lidas, será dito:

Este foi o mandato eterno,
Que a graça onipotente atraísse tal homem.[108]

Deus o trouxe aqui, neste local, pela pregação do evangelho, para que você seja compelido a carregar a cruz de Jesus. Essa é minha oração. "Um certo Simão de Cirene que passava vindo do campo" está aqui depois de uma longa jornada, e hoje ele iniciará uma vida mais plena, elevada e melhor.

Além disso, notemos que *Simão tinha vindo com outro propósito*. Ele viajou para Jerusalém sem pensar em carregar a cruz de Jesus. É provável que Simão fosse um judeu que vivia longe da terra de seus pais e tivesse feito uma peregrinação à Cidade Santa para celebrar a Páscoa. Os judeus amavam estar presentes em Jerusalém na festa da Páscoa. Poderíamos

---

[108] Adaptação de Spurgeon à letra do hino *Hail, Sovereign Love*, de Jehoida Brewer (1752–1817).

dizer que era época de férias; era hora de fazer uma excursão à capital; era um momento para fazer uma viagem e chegar à grande cidade bela e majestosa, que "é a alegria de toda a terra" (Sl 48:2). Simão, da distante região de Cirene, certamente deve celebrar a festa em Jerusalém. Talvez estivesse economizando seu dinheiro por meses para poder pagar a passagem para Jope; e de bom grado gastou seu ouro pela alegria de ir à cidade de Davi e ao Templo do seu Deus.

Ele tinha vindo para a Páscoa, e apenas para isso; e voltaria para casa perfeitamente satisfeito depois que a festa terminasse e após ter comido do cordeiro com as tribos de Israel. Então ele poderia dizer pelo restante de sua vida: "Eu também estive na grande festa de nosso povo, quando comemoramos a saída do Egito". Irmãos, nós estabelecemos planos, mas Deus tem outras propostas. Dizemos: "Vou entrar para ouvir o pregador", mas Deus deseja que as flechas de Sua graça fiquem cravadas em nosso coração. Muitas e muitas vezes as pessoas ouviram o evangelho, sem nenhum interesse na graça, e o Senhor foi encontrado por aqueles que não o buscavam. Ouvi o caso de alguém que não estava interessado no sermão até que o pregador usou a palavra "eternidade", e o ouvinte tornou-se prisioneiro de pensamentos sagrados e foi levado aos pés do Salvador. Existem aqueles que entraram nos lugares de adoração, mesmo cheios de planos malignos, mas neles o propósito da graça se cumpriu; eles vieram para zombar, mas permaneceram para orar. Alguns foram conduzidos pela providência de Deus a posições onde encontraram crentes e receberam a palavra de advertência que foi abençoadora para eles. Em uma ocasião, uma senhora estava em uma festa, e naquela noite conheceu César Malan, o famoso pregador de Genebra, que, seguindo à sua maneira habitual, perguntou se ela era cristã. Ela ficou surpresa e irritada e respondeu secamente que não era um assunto que ela estava interessada em discutir; então o Sr. Malan respondeu com grande doçura que ele não insistiria em falar sobre o assunto, mas que iria orar para que ela entregasse seu coração a Cristo e se tornasse muito útil para Ele. Duas semanas depois, eles se encontraram novamente, e ela perguntou ao pastor sobre como deveria ir até Jesus. Então, o Sr. Malan respondeu: "Vá a Ele como você está". Aquela senhora se entregou a Jesus: era Charlotte Elliott, a quem devemos o precioso hino que diz:

Assim como estou, sem condição,
Derramaste o Teu sangue por mim.
Senhor, és Tu quem me atrai a ti;
Ó, Cordeiro, e assim eis-me aqui.[109]

Foi uma bênção para ela estar naquela festa, e que o servo de Deus que veio de Genebra também estivesse lá e lhe falasse tão fielmente. A história de "um certo Simão de Cirene" que vem sem a intenção de carregar a cruz, mas com outros planos em sua mente, repete-se muitas vezes. Ele tem outros planos, mas está alistado no exército daqueles que carregam a cruz do Senhor Jesus!

Gostaria que você observasse mais uma vez que esse homem, naquele momento particular, não estava pensando sobre tal assunto, visto que *ele estava simplesmente de passagem*. Simão havia chegado a Jerusalém e o que quer que estivesse ocupando a sua mente parece não ter capturado a sua atenção ao julgamento de Jesus, ou ao Seu triste fim. O texto diz expressamente

---

[109] Tradução livre de uma das estrofes do hino *Just As I Am*, de Charlotte Elliott (1789–1871).

que ele "passava". Ele nem mesmo estava interessado suficientemente no assunto para juntar-se à multidão e observar a triste procissão. Havia mulheres chorando amargamente — as filhas de Jerusalém a quem o Mestre disse: "...não choreis por mim; chorai, antes, por vós mesmas e por vossos filhos!" (Lc 23:28); mas este homem estava apenas de passagem. Ele tinha pressa para se retirar daquela visão tão desagradável e por subir ao templo. Ele estava silenciosamente fazendo seu caminho em meio à multidão, concentrando-se em seus negócios; certamente ele ficou surpreso e muito angustiado quando uma mão áspera foi colocada sobre ele, e uma voz severa disse-lhe: "Carregue essa cruz". Ninguém poderia se opor a um centurião romano quando este desse uma ordem, e assim o camponês submeteu-se humildemente, desejando, sem dúvida, estar de volta a Cirene arando sua terra. Ele precisa inclinar o ombro e assumir um novo fardo e seguir os passos do personagem misterioso a quem a cruz pertencia. Simão estava apenas de passagem, mas foi alistado e pressionado pelos romanos e, a meu ver, compelido pela graça de Deus para sempre; o fato de Marcos dizer que ele era o pai de Alexandre e Rufo, implica que seus filhos eram bem conhecidos entre o povo cristão a quem Marcos estava escrevendo. Se seu filho é o mesmo Rufo mencionado por Paulo, então o apóstolo chama a mãe de Rufo de sua mãe, pois disse: "...sua mãe, que também tem sido mãe para mim" (Rm 16:13). E parece que a esposa de Simão e seus filhos se tornaram crentes e participantes dos sofrimentos de Cristo. Seu contato com o Senhor daquela forma estranha e forçada provavelmente produziu nele outra conexão, mais espiritual, que o tornou um fiel portador da cruz. Ó vocês que passam por este dia, aproximem-se de Jesus! Não é meu desejo chamar sua atenção para mim; longe de mim fazê-lo; mas eu suplico a você que volte sua atenção para o meu Senhor. Embora você talvez apenas quisesse esgueirar-se por este tabernáculo e escapulir novamente, oro para que você possa ser compelido pelo chamado de meu Senhor. Estou falando como servo de meu Senhor e insisto para que você vá até Ele. Pare onde está por um momento e permita-me implorar para que você se renda ao Seu amor, que agora mesmo estende seus laços e o rodeia. Eu ordenaria que você, pela autoridade do meu Senhor, pegasse sua cruz e a carregasse após Ele. Pareceria estranho para você, certamente, mas seria um acontecimento glorioso. Lembro-me do Sr. Knill, que quando falou da sua própria conversão usou uma expressão que hoje gostaria de usar para referir-me a alguns de vocês. Ele disse: "Era meio-dia e quinze, no dia 2 de agosto, quando um barulhão de banjo soou em todas as harpas no paraíso; porque um pecador se arrependeu". Que assim seja também com vocês. Ó, que todas as harpas do paraíso comecem a soar com os louvores da graça soberana, enquanto se entregam ao grande Pastor e Bispo das almas! Que tal obrigação divina, que o texto sugere com a imagem da ordem do soldado romano, aconteça em sua vida neste exato momento; e que assim possa demonstrar que pessoas inesperadas são frequentemente chamadas para carregar a cruz!

2. Minha segunda observação é — *que carregar a cruz ainda pode ser praticado hoje*. **Permita-me explicar, muito brevemente, de que maneiras a cruz ainda pode ser carregada.**

Primeiro, e principalmente, *ao se tornar um cristão*. Se você for tomado pela cruz, você também deverá carregá-la. Cristo será a sua esperança; a morte dele, a sua confiança; e Ele mesmo, o objeto do seu amor. Você nunca se torna um portador da cruz verdadeiramente até que coloque seus fardos aos pés daquele que suportou a cruz e a maldição em seu lugar.

Em seguida, você se torna portador da cruz *quando reconhece publicamente o Senhor Jesus Cristo*. Não se enganem, isso é o que se espera de cada um de vocês que quiser ser salvo. A promessa que lemos no Novo Testamento não é apenas para quem crê, mas para todos os que creem e confessam a sua fé. "Se, com a tua boca, confessares Jesus como Senhor e, em teu coração, creres [...], serás salvo" (Rm 10:9). Jesus diz: "Portanto, todo aquele que me confessar diante dos homens, também eu o confessarei diante de meu Pai, que está nos céus; mas aquele que me negar" — e pelo contexto entende-se que quer dizer *aquele que não o confessa publicamente* — "também eu o negarei diante de meu Pai, que está nos céus" (Mt 10:32-33). Para citar mais da inspirada Palavra de Deus: "Quem crer e for batizado será salvo..." (Mc 16:16). Deveria haver, ou melhor, deve haver uma confissão pública, como Cristo indica, da fé secreta que você tem nele. E isso quase sempre é uma cruz. Muitos gostariam de chegar ao Céu por uma ferrovia subterrânea — pois o sigilo lhes convém. Eles não querem cruzar o canal; o mar está muito agitado; mas se for feito um túnel, então eles irão para o belo país. Minha boa gente, em vocês há covardia, e eu tenho que citar um texto que tirará essa covardia de vocês: "Quanto, porém, aos covardes, aos incrédulos, [...] a parte que lhes cabe será no lago que arde com fogo e enxofre..." (Ap 21:8). Não direi mais nada, nem farei aplicações pessoais, apenas imploro que não se arrisquem. Tenha medo de ser medroso. Envergonhe-se de ter vergonha de Cristo. Que desonra é ser aquele homem que tem vergonha de confessar na frente de anjos, humanos e demônios que segue a Cristo. Que todos vocês que até hoje foram seguidores secretos do Senhor crucificado se tornem publicamente portadores da cruz! Você nem mesmo agora suplica: "Coloque meu nome na lista, Senhor."?

Além disso, alguns precisam tomar sua cruz e *começar a trabalhar para Cristo*. Você mora em uma vila onde não há pregação do evangelho: então pregue você mesmo. Você está em uma cidade no interior, onde a pregação que existe está muito longe do que Deus aprova: então comece você mesmo a anunciar a verdade. "Ai de mim", diz você, "vou fazer papel de tolo". Você tem vergonha de ser um tolo por Cristo? "Ó, mas eu terei que me humilhar." Então, humilhe-se! Isso lhe fará bem, e talvez faça alguém se humilhar também. Não há melhor pregação em todo o mundo do que a de quem se humilha diante da convicção de sua indignidade: se essa humilhação for comunicada para outros, pode ser o início de um avivamento. Se o seu fervor o sufoca, talvez outros também compartilhem desse fervor. Você ainda murmura: "Mas todo mundo vai me odiar?". E você não suportaria isso por causa de Cristo? Quando aquele bom monge disse a Martinho Lutero: "Vá para casa, para sua cela e aquiete-se", por que Lutero não seguiu esse conselho? Sim, por quê? "É muito perigoso que os jovens sejam tão ousados; você vai cometer um grande mal, então não fale nada, Martinho. Quem é você para interferir nos assuntos das grandes autoridades? Busque sua própria santidade, e não incomode os outros. Se você começar uma reforma, milhares de pessoas transformadas serão queimadas por sua causa. Portanto, aquiete-se". Bendito seja Deus que

Lutero não voltou para sua casa e não ficou em silêncio, mas fez a obra de seu Mestre e abalou Céus e Terra com seu corajoso testemunho. E onde estão os Luteros nesta manhã? Peço a Deus que o chame, e assim como você confessou Seu nome e é Seu servo, peço-lhe que dê testemunho público por Ele e proclame o poder salvífico do precioso sangue do Salvador. Venha, Simão, vejo você se encolher na cadeira; mas a cruz precisa ser carregada; portanto, curve suas costas. Afinal, é uma cruz de madeira e não de ferro. Sim, é possível suportá-la: e você deve carregá-la. Deus o ajudará.

Também é possível que um irmão precise carregar sua cruz *testemunhando contra o pecado desenfreado que o cerca.* "Deixe toda essa sujeira como está; não diga uma palavra sobre isso. Deixe as pessoas irem para o inferno, ou então você vai sujar suas luvinhas brancas." Senhores, se for preciso, vamos manchar as mãos e as luvas, vamos até arriscar a nossa reputação se necessário; mas vamos destruir a obra do diabo que está profanando Londres nestes tempos. Certamente a carne se encolhe, e com ela também nossas melhores qualidades humanas, quando nos sentimos compelidos a protestar abertamente contra os pecados cometidos em segredo pelos homens. Mas Simão, o Mestre pode fazer você carregar Sua cruz neste assunto, e se assim for, Ele lhe dará sabedoria e coragem, pois "no Senhor, o vosso trabalho não [será] vão" (1Co 15:58).

No entanto, às vezes carregar a cruz é algo mais discreto, o que pode ser simplesmente descrito como *submissão à providência*. Uma jovem amiga nos diz: "Eu sei que meu dever é morar em casa, mas meu pai é severo e a família quase sempre me oprime. Eu gostaria de escapar de lá". Ó, querida irmã, você deve carregar a cruz de Cristo e pode ser que o Senhor queira que você permaneça em casa. Portanto, carregue a cruz. E uma empregada diz: "Gostaria de trabalhar para uma família cristã. Não creio que posso ficar onde estou agora". Talvez, minha boa irmã, o Senhor a tenha colocado onde você está para ser uma luz nas trevas. Nem todos os postes de iluminação deveriam estar concentrados em uma única rua, porque se estivessem, o que aconteceria nas esquinas e nos becos? Quase sempre o dever do cristão é dizer: "No lugar onde estou vou travar a batalha pelo caráter e exemplo, com bondade, cortesia e amor para conquistar este lugar para Jesus". Claro, a maneira mais fácil é virar monge e viver no silêncio de um mosteiro e servir a Deus sem fazer nada; ou virar freira e viver em um convento, e esperar vencer a batalha da vida esquivando-se dela. Porém, isso é um absurdo! Se você se isolar deste pobre mundo, o que acontecerá com ele? Vocês, homens e mulheres cristãos, devem se levantar e defender Cristo onde a providência de Deus os colocou: se sua vocação não é pecaminosa, e se as tentações ao seu redor não são grandes demais para você, então devemos "arregaçar as mangas" e nunca sonhar em se render. Se sua vida está difícil, veja-a através da cruz de Cristo e curve seu ombro sob o peso da cruz. No começo você pode se sentir fraco, mas logo ficará mais forte e sua força será como o dia. "Bom é para o homem suportar o jugo na sua mocidade" (Lm 3:27); mas é bom para o homem carregar sua cruz tanto na velhice como na juventude; na verdade, nunca devemos desistir de um fardo tão abençoado. O que as asas são para um pássaro e as velas para um navio, é a cruz para o espírito de um homem quando ele a aceita plenamente como o fardo amado de sua vida. Verdadeiramente

Jesus disse: "Porque o meu jugo é suave, e o meu fardo é leve" (Mt 11:30). Então, Simão, onde você está? Em nome de Deus, irmão, carregue a cruz!

3. O terceiro ponto é que *existem imposições nobres para carregar a cruz.*

A imposição sobre Simão foi a mão rude do legionário romano e a voz rouca em língua latina: "Carregue essa cruz", mas também se ouvem vozes mais gentis que nos compelem hoje a carregar a cruz de Cristo.

A primeira imposição é esta: "*o amor de Cristo nos constrange...*" (2Co 5:14). Ele fez tudo isso por você; portanto, em uma imposição doce, mas irresistível, você é levado a dar-lhe alguma retribuição de amor. Jesus não aparece para você em uma visão enquanto está neste lugar de adoração? Você não vê aquela cabeça coroada de espinhos, aquele rosto carmesim com o suor de sangue, aquelas mãos e pés perfurados pelos pregos? Ele não diz a você claramente: "Eu fiz tudo isso por você; o que você fez para mim?". Assustado em sua cadeira, você cobre o rosto e interiormente responde: "Eu vou responder a essa pergunta o restante da minha vida. Serei antes de mais nada um servo de Jesus: não primeiro um comerciante e depois um cristão, mas primeiro um cristão e depois um homem de negócios". E você, minha irmã, deve dizer: "Viverei para Cristo cumprindo a função de filha, esposa ou mãe. Eu viverei para o meu Senhor; porque Ele se entregou por mim, e eu não sou mais minha, fui comprada por um alto preço".

O coração sincero também se sentirá pressionado pelo resultado de uma segunda reflexão, isto é: *a glória da vida consagrada para Deus e para o Seu Cristo*. O que significa a vida de quem trabalha no seu negócio, ganha dinheiro, enriquece e morre? Termina com um parágrafo no *Illustrated London News*, declarando que o sujeito que morreu era muito precioso: o pobre coitado não valia nada por si mesmo; suas propriedades valiam alguma coisa, mas ele não. Se ele valesse alguma coisa, ele teria enviado seu dinheiro ao redor do mundo fazendo o bem; mas, como o mordomo inútil, ele juntou as provisões de seu Senhor em pilhas até que apodrecessem. A vida de multidões de homens consiste em uma busca egoísta. É danoso quando o ser humano vive como se fosse um cerdo. Que pobre criatura é o homem comum! Mas uma vida dispendida por Jesus, embora envolva carregar a cruz, é nobre, heroica e sublime. A pequena vida de uma minhoca está no monturo; uma vida que chamam de prazer é mesquinha e miserável. Uma vida preocupada com a reputação é escravidão total — como a de um cavalo que move um moinho. Por outro lado, a vida consagrada totalmente a Cristo e à Sua cruz é vida verdadeira; é comparável à vida dos anjos; sim, é ainda mais sublime, porque é a vida de Deus na alma humana. Você que tem uma centelha da verdadeira nobreza, busque viver de modo que valha a pena, digna de ser lembrada e digna de ser o prelúdio para a vida eterna diante do trono de Deus.

Alguns de vocês talvez estejam sentindo o peso da cruz sobre seus ombros nesta manhã quando pensam sobre *as necessidades das pessoas que estão ao seu redor*. Elas estão morrendo, perecendo por falta de conhecimento, ricos e pobres igualmente, ignorantes acerca de Cristo; multidões envoltas em autojustificação. Elas estão morrendo, e aqueles que deveriam avisá-los são como cães mudos que não podem latir. Você não sente que deve resgatar as ovelhas do lobo? Você não sente compaixão em seu íntimo? O coração de vocês está transformado em aço? Certamente não podemos negar que estes tempos exigem que vivamos uma vida comprometida e de esforços. Nenhum cristão pode permanecer passivo visto que estaria incorrendo em uma falta terrível. Quer você more em Londres ou em alguma outra grande cidade em meio ao fétido pecado, ou viva no campo em meio às densas trevas que pairam sobre muitos distritos rurais, você está sob a obrigação de se levantar e agir. Pode ser uma cruz para você, mas pelo amor de Jesus, é preciso levantá-la e nunca tirá-la dos ombros até que o Senhor o chame ao Lar.

Alguns aqui devem carregar a cruz de Cristo *porque onde moram a causa de Cristo está em desvantagem*. Tenho prazer em conhecer um homem em quem o cavalheirismo mais nobre encontrou sua morada. Ele adora esposar a causa da verdade nestes dias sombrios e nublados. Ele não se deixa levar pela multidão, mas pesa todos os argumentos. Quando ele se instala em uma cidade, nunca se pergunta: "Qual é a congregação mais respeitável aqui? Onde posso encontrar aqueles que me beneficiarão em meus negócios?". Não. Ele analisa sua consciência e não sua conveniência. Ele ouve alguém dizer-lhe: "Há uma capela independente, mas é em um bairro humilde. Há uma igreja batista, mas os membros são quase todos pobres, e entre eles não há nenhum cavalheiro. E até mesmo a igreja evangélica está em declínio: as melhores famílias frequentam a igreja das elites". Mas tal homem ouve isso e seu coração está farto dessa conversa. Ele vai onde o evangelho é pregado e nada mais. A bela arquitetura pouco lhe encanta e a boa música não faz parte de sua fé: se estas coisas forem substitutas ao evangelho, ele as abomina. É pura mesquinhez para um homem abandonar a verdade em nome da reputação. Multidões que deveriam preservar a boa e antiga causa, se acovardam de suas convicções, se é que alguma vez as tiveram. É por isso que o homem leal decide se apegar a verdade de todas as maneiras, e não a abandona simplesmente porque os outros crentes são pobres e marginalizados. Se em algum momento procuramos nos acomodar ao ambiente ao redor, esse tempo já passou. Esta manhã estou me dirigindo a tal pessoa, que há muito tempo é cristão, mas escondeu metade de seu cristianismo para ser considerado respeitável ou para escapar das penalidades da fidelidade. Saia dessa posição e não seja contado entre aqueles com quem você não está unido de coração. Seja corajoso o suficiente para defender a boa causa contra todos os que se levantam; pois chegará o dia que aquele que aceitou a desonra por ser leal ao seu Deus, à sua Bíblia e à sua consciência receberá honra e recompensa. Bem-aventurado aquele que pode ser leal ao seu Senhor, custe o que custar — leal mesmo naqueles assuntos que os traidores chamam de "pequenas coisas". Hoje obrigaríamos aquele Simão de Cirene a carregar esta cruz, porque são poucos os que a carregam nestes dias corruptos.

Além disso, posso dizer para alguns de vocês que devem carregar a cruz porque sabem muito bem que não estão satisfeitos; *seus corações não têm repouso*. Você prosperou nos negócios do mundo, mas não é feliz; você está com boa saúde, mas não está feliz; você tem amigos amáveis, mas não é feliz. Só existe uma maneira de encontrar descanso para o coração: ir a Jesus. Estas são Suas palavras: "Vinde a mim, todos os que estais cansados e sobrecarregados, e eu vos aliviarei" (Mt 11:28). Se depois disso você ainda precisar de mais descanso para outros anseios mais elevados, então você deve voltar ao próprio Salvador e ouvir o que Ele continua a dizer: "Tomai sobre vós o meu jugo e aprendei de mim, porque sou manso e humilde de coração; e achareis descanso para a vossa alma. Porque o meu jugo é suave, e o meu fardo é leve" (Mt 11:29). Alguns crentes entre vocês ainda não encontraram este descanso perfeito, e a razão é porque olharam para a cruz a fim de obter perdão, mas nunca carregaram a cruz como sua ocupação de vida. Vocês estão esperando em Cristo, mas não estão vivendo para Cristo. Encontrar descanso para sua alma virá quando você estiver fazendo algo ou suportando algo por Cristo. "Tomai sobre vós o meu jugo; e achareis descanso para a vossa alma."

Portanto, há muitas maneiras de carregar a cruz por Cristo, e há muitos motivos pelos quais alguns de vocês presentes aqui devem começar a carregá-la imediatamente.

4. Para encerrar: permita-me alguns minutos para explicar que *carregar a cruz é uma ocupação abençoada.*

Tenho certeza de que Simão achou isso. Permita-me mencionar algumas bênçãos que acompanharam esse serviço especial de Simão. Primeiro, isso *o colocou em contato com Cristo*. Quando o forçaram a carregar a cruz, eles o trouxeram para mais perto de Jesus. Não fosse por essa obrigação, Simão poderia ter seguido seu caminho, ou talvez estar perdido na multidão; mas agora ele está no círculo mais íntimo, perto do Senhor. Pela primeira vez em sua vida, ele foi capaz de ver Aquele ser abençoado e, quando o viu, creio que seu coração sentiu-se atraído. Quando colocaram a cruz sobre seus ombros, Simão olhou para aquela Pessoa sagrada e viu uma coroa de espinhos circundando Sua testa; e quando Simão olhou de perto para aquele companheiro sofredor, ele viu em Suas bochechas as gotas de sangue e suor e os hematomas de golpes cruéis. E aqueles olhos tinham um olhar penetrante que podia ver no mais íntimo. Aquele rosto, aquela face incomparável, Simão nunca tinha visto algo igual. Em Jesus, majestade estava misturada com miséria, inocência com agonia, amor com tristeza. Simão nunca teria visto tal semblante tão bem, nem teria percebido tão claramente a pessoa do Filho do Homem, se ele não tivesse sido chamado para carregar a Sua cruz. É maravilhoso como podemos ver mais de Jesus quando trabalhamos ou sofremos por Ele. Ó almas crentes, eu oro a Deus para que neste dia vocês se sintam compelidas para o serviço do meu Senhor, para que tenham uma comunhão mais íntima e próxima com Ele. Se alguém fizer a vontade dele, reconhecerá a verdade da doutrina. Os que melhor veem a Jesus são aqueles que mais carregam a Sua cruz.

Além disso, *a cruz manteve Simão nos passos de Cristo.* Você entende isso? Se Jesus carregava a parte da frente da cruz e Simão o seguia, certamente ele estava colocando seus pés exatamente onde os pés do Mestre estiveram antes. A cruz é um instrumento maravilhoso para nos manter no caminho de nosso Senhor. Enquanto preparava este tópico, pensei em quantas vezes eu estive em contato consciente com meu Senhor cada vez que tive que suportar a reprovação por Sua causa; e como isso também me levou a prestar mais atenção a cada passo que dava por causa dessa mesma reprovação. Irmãos, não queremos tropeçar e nos afastar da cruz. Se o fizermos, podemos nos afastar de nosso Senhor e do caminho da santidade. Se conseguirmos manter nossos ombros sob tal fardo sagrado e ver que nosso Senhor está logo adiante, teremos a certeza de que estamos progredindo. Estar perto de Jesus é um privilégio abençoado, que facilmente é obtido carregando a cruz. Se você deseja ver Jesus, esforce-se para trabalhar para Ele. Confesse-o com coragem, sofra alegremente por Ele, e então você o verá e aprenderá a segui-lo passo a passo. Essa cruz é bendita, pois nos une a Jesus e aos Seus caminhos!

Então Simão teve esta honra: *de estar ligado à obra de Cristo*. Ele não poderia tirar o pecado do mundo, mas poderia ajudar o caído. Simão não morreu na cruz para fazer expiação, mas viveu sob a cruz para ajudar a cumprir o propósito divino. Nós não podemos interferir na paixão de Cristo, mas podemos compartilhar Sua comissão; não podemos comprar a liberdade dos escravos, mas podemos contar-lhes de sua alforria. Participar, mesmo que minimamente, da obra de Cristo é glorioso. Convido vocês que buscam honra e imortalidade a buscarem-nas dessa maneira. Participar da obra do Redentor é muito mais atraente do que toda a pompa e brilho deste mundo e de seus reinos. Onde estão as pessoas de mentalidade celestial que desejam se unir ao Senhor neste ministério? Que se manifestem e digam: "Jesus, tomei minha cruz. A partir de hoje eu te seguirei. Na vida e na morte, eu carregarei Tua cruz até que tu me dês a coroa".

Enquanto Simão carregava a cruz no meio da multidão, não tenho dúvidas de que aqueles soldados rudes lhe deram muitos chutes e murros — mas também tenho certeza de que o amado Mestre olhava para ele de vez em quando. *Simão desfrutou do sorriso de Cristo*. Eu conheço o Senhor tão bem que tenho certeza de que Ele deve ter feito isso: Ele não iria esquecer o homem que foi Seu companheiro por um momento. Ó, aquele olhar! Como Simão guardaria na memória aquele precioso olhar. Certamente ele disse: "Nunca carreguei um fardo tão leve como o que carreguei naquela manhã; porque quando o Abençoado sorriu para mim em meio as Suas aflições, me senti forte como Hércules". Quando cresceram, Alexandre, seu primogênito, e Rufo, aquele menino ruivo, sentiram que a maior honra de sua família era o pai ter carregado a cruz de Jesus. Rufo e Alexandre tinham a marca de nobreza por serem filhos de tal homem. Marcos registrou o fato de que Simão carregou a cruz e que seus filhos eram tal e tal pessoa. Eu creio que quando Simão, já idoso, deitado em seu leito de morte, disse: "Minha esperança está naquele cuja cruz eu carreguei. Bendito fardo! Coloque-me na sepultura. Este corpo não pode perecer, porque carregou a cruz de Jesus — a cruz no qual *Ele* se entregou. Levantar-me-ei novamente para vê-lo em Sua glória, porque Sua cruz me constrangeu, e certamente Seu amor me levantará". Seremos felizes se nesta vida pudermos ser colaboradores do Senhor, para que quando Ele vier em Seu reino sejamos também participantes de Sua glória. "Bem-aventurado o homem que suporta, com perseverança, a provação; porque, depois de ter sido aprovado, receberá a coroa da vida, a qual o Senhor prometeu aos que o amam" (Tg 1:12). Que Deus os abençoe, especialmente a você que veio do campo. Deus o abençoe. Amém e amém.

11

DIMAS: O LADRÃO MORIBUNDO SOB UMA NOVA PERSPECTIVA[110]

Respondendo-lhe, porém, o outro, repreendeu-o, dizendo: Nem ao menos temes a Deus, estando sob igual sentença? Nós, na verdade, com justiça, porque recebemos o castigo que os nossos atos merecem; mas este nenhum mal fez. E acrescentou: Jesus, lembra-te de mim quando vieres no teu reino. —Lucas 23:40-42

Muitas pessoas, sempre que ouvem sobre a conversão do ladrão moribundo, lembram que ele foi salvo justamente no momento de sua morte, e apegam-se exclusivamente apenas a esse fato e nada mais. Esse ladrão sempre foi citado como exemplo de salvação no último minuto; e, de

---

[110] Sermão nº 1881, ministrado na noite de domingo, dia do Senhor, em 23 de agosto de 1885, no *Metropolitan Tabernacle*, Newington.

fato, é. Seu caso mostra que sempre que um ser humano se arrepende, ele pode obter o perdão. A cruz de Cristo é eficaz até para quem está pendurado em madeiro, prestes a chegar ao seu fim. Aquele que é poderoso para salvar também foi poderoso, até no momento de Sua própria morte, para tirar outros das garras do destruidor, mesmo que estivessem prestes a morrer.

Entretanto não é apenas isso que essa história nos ensina; e é sempre uma pena que se dê atenção exclusiva a um ponto e se perca de vista todo o restante — perdendo assim o que talvez seja o mais importante. E isso aconteceu tantas vezes que produziu um sentimento contrário em algumas pessoas, de forma que elas foram na direção errada por causa do desejo de protestar contra o que pensam ser um erro comum. Outro dia li que a história do ladrão moribundo não deveria ser usada como um incentivo para se arrepender no leito de morte. Irmãos, se o autor estivesse propondo — embora eu não creia que essa fosse sua intenção — que este episódio jamais deveria ser usado para induzir alguém a postergar seu arrependimento até a hora de sua morte, ele estaria correto. Nenhum crente pode ou deve usá-lo de maneira tão prejudicial. Aquele que usa a paciência de Deus como argumento para continuar no pecado, estará totalmente errado. No entanto, tenho certeza de que esse episódio quase nunca será usado dessa forma, nem mesmo pelas piores pessoas, e tenho certeza de que não será usado dessa forma por nenhum de vocês. Tal palavra não pode ser interpretada para este propósito: não pode ser usada como incentivo para roubo e para adiamento de arrependimento. Se assim fosse, eu poderia dizer: "Posso ser um ladrão visto que este ladrão foi salvo" e com a mesma consciência afirmar: "Posso deixar o arrependimento para depois porque este ladrão foi salvo justo quando estava prestes a morrer". A questão é que não há nada bom que o homem não possa perverter e torná-lo mau, pois seu coração é mau. Assim, a justiça de Deus se torna um motivo para o desespero, e Sua misericórdia é um argumento para o pecado. Os ímpios se afogarão tanto no rio da verdade, quanto nos tanques do erro. Aquele que já tem uma mente autodestrutiva pode sufocar sua alma comendo o Pão da vida, ou desintegrar-se em mil pedaços batendo na Rocha eterna. Não existe nenhuma doutrina da graça do Deus gracioso que homens desprovidos desta graça não possam transformar em devassidão.

Porém, atrevo-me a dizer que se esta noite eu estivesse junto ao leito de morte de um moribundo e percebesse que ele está ansioso pelo destino de sua alma e com medo de que Cristo não pudesse dar-lhe a salvação visto que deixou seu arrependimento para o último momento, certamente o faria lembrar da história desse ladrão moribundo e faria isso com a consciência tranquila e sem hesitação. Eu diria a ele que, embora ele estivesse tão perto de morrer quanto aquele ladrão na cruz, se ele se arrependesse de seus pecados e olhar para Cristo com fé, ele encontrará a vida eterna. Faria isso de todo o coração, alegrando-me por ter uma história como essa para compartilhar com alguém que está às portas da eternidade. Não creio que o Espírito Santo me censuraria se eu usasse essa história dessa forma, visto que o próprio Espírito a registrou, e a gravou sabendo de antemão que seria usada dessa forma. Em qualquer caso, eu sentiria em meu próprio coração uma doce convicção de que tratei o assunto como deveria, e porque o texto se destina a ser usado em *casos extremos*, com pessoas cujo coração se volta para o Deus vivo. Ó sim, pobre alma, seja qual for a sua idade, ou o período de vida em que você está, você pode encontrar a vida eterna hoje pela fé em Cristo!

> *O ladrão na cruz se alegrou em ver*
> *Uma fonte naquele dia.*
> *Por mais vil que seja, até você*
> *Nela, dos seus pecados, se lavaria.*[111]

Há muitas pessoas boas que pensam que seu dever é defender o evangelho; mas o evangelho nunca está tão seguro como quando se apresenta despido da própria majestade. O evangelho não precisa de nós para protegê-lo. Quando o cobrimos com condições, quando o mantemos com exceções e quando o modificamos com observações, é como Davi na armadura de Saul — restringido e impedido por ela — e quase podemos ouvi-lo bradar: "Não posso andar com isto..." (1Sm 17:39). Deixemos o evangelho em paz, ele será capaz de salvar; modifique-o e o sal perderá o sabor. Ousarei expressá-lo desta forma para você. Ouvi dizer que poucas pessoas são convertidas em sua velhice; e essa declaração é considerada extremamente empolgante e impressionante para os jovens. Certamente parece que sim; mas, por outro lado, é uma afirmação muito desanimadora para os idosos. Eu me oponho à repetição frequente de tais afirmações, pois não posso encontrar apoio nos ensinamentos de nosso Senhor e

---

[111] Tradução livre de uma das estrofes do hino *There is a Fountain Filled With Blood*, de William Cowper (1731–1800).

nem de Seus apóstolos. Certamente nosso Senhor ensinou que alguns iriam trabalhar na vinha na última hora do dia; e entre Seus milagres, Ele não apenas salvou aqueles que estavam morrendo, mas também ressuscitou mortos. Nada pode ser encontrado nas palavras do Senhor Jesus contra a salvação de pessoas em qualquer momento ou idade. Na verdade, eu lhes digo que, quando se trata de sua aceitação por Deus pela fé em Jesus Cristo, não importa quantos anos você tem agora. Para cada um de nós é a mesma promessa: "…Hoje, se ouvirdes a sua voz, não endureçais o coração…" (Sl 95:7-8). E quer você esteja nos primeiros estágios da vida ou a algumas horas da eternidade, se hoje você buscar refúgio na esperança que o evangelho lhe oferece, você será salvo. O evangelho que anuncio não exclui ninguém por causa da idade ou caráter. Quem quer que você seja: "…Crê no Senhor Jesus e serás salvo…" (At 16:31) é a mensagem que temos para você. Se lhe dermos a versão mais ampla do evangelho: "Quem crer e for batizado será salvo…" (Mc 16:16), tal verdade é para todo ser humano vivo, independentemente da idade. Não temo que a história do ladrão moribundo e arrependido, que foi direto da cruz para a coroa, seja usado por você de forma inadequada; mas se você é tão ímpio e quer usá-lo assim, eu não tenho como evitar. Isso só servirá para cumprir a Escritura solene que diz que o evangelho é, para alguns, o cheiro de morte para morte, e esse mesmo evangelho é, para outros, aroma de vida para vida[112].

Porém, caros amigos, não creio que o único detalhe importante a respeito do ladrão seja o adiamento de seu

---

[112] Conforme 2 Coríntios 2:16.

arrependimento. Longe de ser o único ponto de interesse e nem mesmo é o ponto principal do texto. Para alguns, existem outros pontos que são mais notáveis. Neste caso, eu gostaria de lhes mostrar primeiramente que houve *algo de especial nos meios da conversão dele*; em segundo, *algo especial em sua fé*; em terceiro, *algo especial no resultado de sua fé* enquanto ele estava aqui na Terra; e em quarto, *algo especial sobre a promessa obtida por sua fé* — a promessa cumprida para ele no paraíso.

1. Creio que devemos, primeiramente, observar com muito cuidado *a singularidade e a peculiaridade dos meios pelos quais o ladrão foi convertido.*

Como você acha que isso aconteceu? Bem, não sabemos, não podemos dizer. Parece-me que aquele homem era um ladrão não convertido e obstinado quando foi pregado na cruz, visto que um dos evangelistas diz: "E os *mesmos impropérios* lhe diziam *também os ladrões* que haviam sido crucificados com [Jesus]" (Mt 27:44). É verdade que esta pode ser uma afirmação muito geral, e que pode se aplicar apenas a um dos ladrões, de acordo com os métodos comumente usados pelos críticos; mas eu não simpatizo com os críticos, mesmo quando eles são amigáveis. Tenho tanto respeito pela revelação que, no meu perfeito juízo, jamais aceitarei a ideia de divergências e erros no texto, e quando o evangelista diz "os ladrões", eu acredito que ele quis dizer "eles", e esses dois ladrões nos primeiros momentos de sua crucificação proferiram ofensas contra Cristo com quem foram crucificados. Parece que de alguma forma este ladrão se converteu enquanto estava pregado na cruz. Certamente ninguém lhe pregou um sermão, nenhuma mensagem evangelística foi entregue a ele ao pé de sua cruz, e nenhuma reunião especial de oração foi realizada para orar por ele. Não parece que ele tenha recebido quaisquer instruções, ou algum convite, nem uma admoestação pessoal foi dirigida a ele; e, mesmo assim, esse homem se tornou um crente sincero e receptivo ao Senhor Jesus Cristo.

Por favor, reflitam sobre tal fato e observem sua aplicação prática no caso de muitos de nós. Há muitos entre os que agora me ouvem, que receberam instruções desde a infância, que foram advertidos e admoestados, e foram convidados, mas ainda assim não se achegaram a Cristo; por outro lado, esse homem, sem ter nenhuma dessas vantagens, creu no Senhor Jesus Cristo e encontrou a vida eterna. Ó, você, que viveu sob o som do evangelho desde a infância, o ladrão não o conforta, mas o acusa! Por que você permanece na incredulidade por tanto tempo? Você nunca acreditará no testemunho do amor divino? O que mais devo-lhe dizer? O que mais alguém poderia lhe dizer?

O que você acha que convenceu esse pobre ladrão? O que me impacta é que pode ter sido — certamente foi — *contemplar nosso grande Senhor* e Salvador. Para começar, temos a conduta maravilhosa de nosso Salvador no caminho para a cruz. Talvez o ladrão conhecesse todos os tipos de pessoas na sociedade, mas nunca tinha visto um homem assim. Jamais uma cruz foi carregada por alguém de seu tipo e aparência. O ladrão se perguntou quem seria esse personagem humilde e majestoso. Ele ouviu as mulheres chorando e se perguntou se havia alguém que choraria por ele. O ladrão achava que Jesus era uma pessoa única, para que as pessoas ficassem perto dele com os olhos cheios de lágrimas. Quando o ladrão ouviu aquele misterioso homem sofredor dizer tão solenemente: "...Filhas de Jerusalém, não choreis por mim; chorai, antes, por vós mesmas e por vossos filhos!" (Lc 23:28), com certeza ele ficou chocado e maravilhado. Quando, em meio a suas dores mortais, o ladrão começou a pensar sobre a maneira singular e piedosa como Jesus olhava para as mulheres, e o abandono de si mesmo que brilhava nos olhos dele, o ladrão foi atingido por um estranho sentimento de rendição. Era como se um anjo tivesse cruzado seu caminho e aberto seus olhos para um novo mundo, e uma nova condição humana, algo que ele nunca tinha visto antes. O ladrão e seu parceiro eram sujeitos rudes e brutos; mas este entre eles era um Ser delicadamente formado e modelado, de uma ordem superior a ele; sim, superior a qualquer outro dos filhos dos homens. Quem Ele poderia ser? O que Ele deve ser? Embora o ladrão pudesse ver que Jesus sofreu, caiu e desfaleceu no caminho, o ladrou também percebeu que Jesus sequer pronunciou uma palavra de reclamação, nem respondeu com repulsa aos insultos lançados contra Ele. Seus olhos olhavam com amor para aqueles que o encaravam com ódio. Certamente aquela jornada pela Via Dolorosa foi a primeira parte do sermão que Deus pregou ao coração daquele homem perverso. Foi pregado também aos que não levaram Seu ensino em consideração, mas no ladrão, pela graça especial de Deus, houve quebrantamento enquanto ele pensava e considerava o assunto. Isso não foi uma provável e convincente ação da graça de Deus?

Quando ele viu o Salvador cercado por soldados romanos — quando viu os carrascos pegarem em martelos e em pregos e colocá-lo de costas na cruz e cravarem os pregos em Suas mãos e pés, este criminoso crucificado ficou surpreso e pasmo ao ouvir Jesus dizer: "...Pai, perdoa-lhes, porque não sabem o que fazem..." (Lc 23:34). O próprio ladrão provavelmente enfrentou seus carrascos com xingamentos; mas ele ouviu este homem sussurrar uma oração ao grandioso Pai, e sendo um judeu, como provavelmente era, ele entendeu o que aquela oração significava. Sim, ficou pasmo ao ouvir Jesus orando por Seus assassinos. Era uma espécie de pedido que ele nunca tinha ouvido antes, nem mesmo em seus sonhos. De onde poderia vir, senão dos lábios de um Ser divino? Aquela oração de amor e perdão, de natureza divina, foi a prova de que Jesus era o Messias. Quem mais poderia ter orado assim? Certamente nem Davi nem os reis de Israel, que, pelo contrário, com toda a sinceridade e coração invocaram a ira de Deus sobre seus inimigos. Nem mesmo Elias poderia ter orado assim; mas teria pedido que descesse fogo do Céu sobre o centurião e suas tropas[113]. Era um som novo e estranho para esse homem. Acho que ele não foi capaz de apreciá-lo em toda a sua plenitude; mas posso muito bem acreditar que isso o impressionou profundamente e o fez sentir que seu companheiro no sofrimento era um Ser em quem havia abundante mistério de bondade.

Quando a cruz foi erguida, aquele ladrão pendurado em sua própria cruz olhou em volta, e suponho que ele pudesse ver a inscrição escrita em três línguas: "...JESUS NAZARENO, O REI DOS JUDEUS" (Jo 19:19). Essas palavras foram sua pequena Bíblia, seu Novo Testamento, e ele interpretou de acordo com seu conhecimento do Antigo Testamento. E então, conectando os fatos — essa Pessoa estranha, esse amor encarnado

---
[113] Referência a 1 Reis 18.

cheio de paciência e majestade, essa oração estranha, e agora essa inscrição singular, tudo isso junto com os seus conhecimentos do Antigo Testamento, certamente o levaram a se perguntar: "Será que é Ele? Este é realmente o Rei dos Judeus? Ele é aquele que fez milagres, ressuscitou os mortos e afirmou ser o Filho de Deus; tudo isso é verdade e Ele é realmente nosso Messias?". Então ele se lembraria das palavras do profeta Isaías: "Era desprezado e o mais rejeitado entre os homens; homem de dores e que sabe o que é padecer [...]. Certamente, ele tomou sobre si as nossas enfermidades e as nossas dores levou sobre si..." (Is 53:3-4). Então, o ladrão provavelmente disse a si mesmo: "É isso! Eu nunca tinha entendido essa passagem do profeta Isaías, mas deve estar apontando para Ele. O castigo da nossa paz está sobre Ele. Seria Ele Aquele que é aclamado nos Salmos: '...traspassaram-me as mãos e os pés' (Sl 22:16)?". Olhando para Ele novamente, sentiu em sua alma esta convicção: "Sim, deve ser Ele. Poderia haver outro tão semelhante a Ele?". O ladrão sentiu uma convicção invadir seu espírito. Então ele olhou novamente e viu como todos os homens ao pé da cruz o rejeitavam e o desprezavam, assobiavam para Ele e o vaiavam, e isso tornava tudo mais evidente. "Todos os que me veem zombam de mim. Afrouxam os lábios e meneiam a cabeça: Confiou no SENHOR! Livre-o ele; salve-o, pois nele tem prazer" (Sl 22:7-8).

Quem sabe *esse ladrão moribundo tenha decifrado o evangelho dos lábios dos inimigos de Cristo*. Eles disseram: "Salvou os outros..." (Mt 27:42). Então ele pensou: "Ah! Ele salvou outros? Por que Ele não poderia me salvar também?". Que grandiosa porção do evangelho foi para o ladrão moribundo: "Ele salvou outros!". Acho que posso nadar até o Céu nessa prancha: "Ele salvou outros"; porque se Ele salvou outros, Ele certamente pode me salvar também.

Desse modo, as próprias coisas que os inimigos jogavam com desdém contra Cristo seriam um evangelho para este pobre moribundo. Quando tive a infelicidade de ler os miseráveis artigos do jornal enviados a nós com desprezo, nos quais nosso Senhor é alvo de zombarias, pensei: "Bem, talvez as pessoas que leem essas blasfêmias abomináveis podem com isso, apesar de tudo, aprender o evangelho". Você pode tirar uma joia do monturo e ver que seu brilho não diminuiu; e você pode captar o evangelho de uma boca blasfema, e apesar de tudo, será o evangelho da salvação. Talvez esse homem tenha recebido o evangelho por meio daqueles que zombavam de nosso Senhor moribundo; e assim, os servos do diabo, sem saber, trabalharam como servos de Cristo.

Entretanto, acima de tudo, com certeza o que o levou a entregar-se completamente deve ter sido *olhar novamente para Jesus*, pendurado naquele madeiro cruel. Possivelmente não havia nada na pessoa física de Cristo que parecesse atraente para o ladrão, visto que Seu rosto estava mais desfigurado do que o de qualquer outro homem, e Sua aparência mais deformada entre os filhos dos homens; mas naquele rosto abençoado deve ter havido um encanto singular. Por acaso não era a própria imagem da perfeição? Como imagino o rosto de Cristo, Ele era muito diferente de tudo que qualquer pintor jamais foi capaz de retratar em uma tela. Era um rosto cheio de bondade, gentileza e abnegação, mas era um rosto de natureza real. Era um rosto de justiça superlativa e ternura inigualável. Justiça e retidão eram manifestadas em Seu semblante, mas ali também infinita piedade e boa vontade para com os homens fizeram sua morada. Era um rosto que o teria impressionado imediatamente, era único, um rosto que nunca poderia ser esquecido e jamais poderia ser totalmente compreendido. Era um rosto cheio de tristeza, contudo, cheio de amor; era um rosto cheio de humildade e, no entanto, era decidido; cheio de sabedoria e, ao mesmo tempo, de simplicidade. Ele tinha o rosto de uma criança ou de um anjo, mas tinha peculiarmente o semblante de um homem. Majestade e angústia, santidade e sofrimento estavam estranhamente misturados ali. Jesus evidentemente é o Cordeiro de Deus e o Filho do homem. Quando o ladrão olhou para Jesus, creu nele. Por acaso não é muito especial que o simples olhar do Mestre tenha conquistado a alma desse homem? A visão do Senhor em agonia, e em vergonha e morte! Dificilmente haveria uma palavra: certamente não houve sermão; não houve comparecimento à adoração no *Shabat*; não houve leitura de livros piedosos; não houve apelos de uma mãe, de um mestre ou amigo. Mas a visão de Jesus o conquistou. Eu registro isso como algo muito singular, como algo que você e eu devemos lembrar, a respeito do qual devemos refletir com a mesma dedicação que refletimos sobre a conversão tardia desse ladrão.

Ó, que Deus, em Sua misericórdia converta todos aqui neste Tabernáculo! Ó, que eu possa participar disso pela pregação da Palavra! Mas ficarei tão feliz se vocês chegarem ao Céu de outra maneira; sim, se o Senhor os conduzir sem a ajuda de ministérios externos, se os conduzir a Jesus por outros métodos muito mais simples, como os que Ele adotou com esse ladrão. Se vocês chegarem ao Céu, Ele é quem terá toda a glória, e este pobre servo transbordará de alegria! Ó, se vocês olhassem para Cristo hoje para viverem! Ele está presente diante de seus olhos, evidentemente crucificado entre vocês, olhe para Jesus e seja salvo, mesmo nesta hora.

2. Agora quero que pensemos um pouco sobre *o caráter especial da fé deste homem*, pois creio que esse indivíduo exerceu uma fé singular em nosso Senhor Jesus Cristo.

Eu realmente me pergunto se seria tão fácil encontrar uma fé igual ou superior à desse ladrão moribundo, seja fora das Escrituras ou até mesmo nela.

Observe que esse homem creu em *Cristo quando literalmente o viu morrer como um criminoso*, e em circunstâncias de extrema vergonha pessoal. Nós sequer conseguimos imaginar o que significa ser crucificado. Nenhum de vocês poderiam fazer isso, pois esse espetáculo nunca foi visto na Inglaterra em nossos dias. Não existe nenhum homem ou mulher aqui que jamais tenha imaginado como foi a morte de Cristo. Isso é algo que está além de nós. Porém esse ladrão o viu com seus próprios olhos, e para que ele *o* chamasse de "Senhor", estando pendurado em uma cruz, foi um grande triunfo da fé. Ao pedir a Jesus para se lembrar dele quando Ele estivesse em Seu reino, mesmo vendo que Jesus estava esvaindo Sua vida em sangue e sendo perseguido pela morte, foi um esplêndido ato de confiança. Colocar seu destino eterno nas mãos daquele que era, aparentemente, incapaz de preservar Sua própria vida, foi uma nobre conquista de fé. Acredito que esse ladrão moribundo lidera a vanguarda quando se fala de fé, pois o que ele viu das circunstâncias do Salvador foi calculado para contradizer, em vez de encorajar sua confiança. O que ele viu serviu como um obstáculo ao invés de uma ajuda, pois ele viu nosso Senhor nos extremos da agonia e da morte, e ainda assim o ladrão acreditou nele como o Rei que em breve entraria em Seu reino.

Lembre-se, também, que quando o ladrão creu em Cristo, *todos os discípulos o haviam abandonado e fugido*. João poderia ter ficado a uma certa distância, e algumas mulheres santas poderiam ter ficado um pouco mais longe, mas ninguém estava presente para defender bravamente o Cristo que estava prestes a morrer. Judas o vendeu, Pedro o havia negado e o restante do grupo o abandonara, e foi então que o ladrão moribundo o chamou de "Senhor" e disse: "...lembra-te de mim quando vieres no teu reino" (Lc 23:42). Eu chamo isso de uma fé esplêndida. Porque, alguns de vocês não acreditam, mesmo estando rodeados de amigos cristãos e mesmo sendo encorajados pelo testemunho daqueles a quem vocês consideram com amor. Mas este homem, completamente só, se faz presente e chama Jesus de seu Senhor! Ninguém mais estava confessando a Cristo naquele momento. Não houve avivamento naquele ambiente com multidões entusiasmadas; o ladrão estava completamente sozinho e confessando o seu Senhor. Depois que nosso Senhor foi pregado no madeiro, o primeiro a dar testemunho de Seu nome foi esse ladrão. O centurião mais tarde testemunhou quando nosso Senhor morreu; mas esse ladrão foi um confessor solitário e se apegou a Cristo quando ninguém mais dizia "Amém" ao que ele afirmava. Até mesmo seu companheiro ladrão estava zombando do Salvador crucificado, de modo que este homem brilhou como uma estrela solitária na escuridão da meia-noite. Ó, senhores, vocês ousarão ser como Daniel? Vocês se atreverão a permanecer sozinhos de pé[114]? Vocês ousarão levantar-se entre uma multidão perversa e dizer: "Jesus é o meu Rei. Apenas lhe peço que Ele se lembre de mim quando vier no Seu reino?". Você confessaria essa fé quando os sacerdotes e os escribas, os príncipes e o povo, estiverem todos zombando de Cristo e escarnecendo dele? Irmãos, o ladrão moribundo demonstrou uma fé maravilhosa, e imploro que pensem nisso da próxima vez que falarem sobre ele.

E me parece que há um outro ponto que acrescenta esplendor a tal fé, isto é, que *ele próprio estava sofrendo uma tortura extrema*. Lembre-se de que ele estava crucificado. Era um homem crucificado confiando em um Cristo crucificado. Ó, quando nossa estrutura corporal é atormentada pela tortura, quando os nervos mais sensíveis estão cheios de dor, quando nosso corpo fica pendurado esperando a morte visto que não sabemos quanto tempo durará tal suplício, então esquecer o presente e viver o futuro é uma grande conquista de fé! Na hora da morte, olhar nos olhos de outro moribundo que está ao seu lado e confiar sua alma em Suas mãos, é uma fé muito maravilhosa. Ladrão bem-aventurado, porque o rebaixaram até o fundo, como um dos santos mais insignificantes, creio que devo convidá-lo a subir e ocupar um dos lugares mais proeminentes entre aqueles que pela fé glorificaram o Cristo de Deus!

Caros amigos, vejam uma vez mais que o especial na fé desse homem é que *ele viu tanto*, embora seus olhos estivessem abertos por tão pouco tempo! Ele pôde ver o mundo futuro. Ele não acreditava na aniquilação ou na possibilidade de o homem não ser imortal. Evidentemente, ele esperava

---

[114] Referência ao hino *Dare to be a Daniel*, de Phillip Paul Bliss (1838–76).

estar em outro mundo e existir quando o Senhor moribundo viesse em Seu reino. Ele acreditava em tudo isso, e é mais do que alguns acreditam hoje. Também acreditava que Jesus teria um reino, um reino após Sua morte, um reino mesmo que estivesse crucificado; acreditava que estava ganhando um reino para si mesmo por meio daquelas mãos e pés perfurados por pregos. Que fé inteligente! Ele acreditava que Cristo teria um reino do qual outros pudessem participar e, por isso, aspirava ter sua herança nele. Contudo ele tinha uma opinião realista acerca de si mesmo, e, portanto, não disse: "Senhor, permita-me que, na Tua glória, me assente à Tua direita"; ou "deixe-me desfrutar das iguarias do Teu palácio"; mas ele apenas disse: "Lembra-te de mim. Pensa em mim. Volta Teus olhos para onde estou. Pensa neste pobre companheiro moribundo na cruz à Tua direita. Senhor, lembra-te de mim. Lembra-te de mim". Posso ver uma profunda humildade nessa oração e uma exaltação confiante, doce e alegre de Cristo quando este mesmo Cristo estava em Sua maior humilhação.

Ó, prezados senhores, se algum de vocês pensou nesse ladrão moribundo apenas como alguém que adiou seu arrependimento, quero que agora pensem nele como alguém que agiu bem e acreditou grandemente em Cristo; ó, e quem dera que vocês pudessem fazer o mesmo! Que vocês colocassem uma grande confiança em meu grande Senhor! Nenhum pobre pecador confiou além da conta em Cristo. Nunca houve o caso de um culpado que acreditasse que Jesus poderia perdoá-lo e depois descobrisse que isso não era possível — alguém que acreditou que Jesus poderia salvá-lo naquele exato momento e lugar, e logo acordasse para ver que era tudo uma farsa. Não! Podemos mergulhar no rio de confiança em Cristo: estas águas são para nadar, e não para se afogar. Uma alma que glorificou a Cristo por meio da fé viva e amorosa nunca pereceu. Então venha, com todo o seu pecado, seja ele qual for, com toda a depressão profunda de sua alma, com toda a agonia de sua consciência. Venha e abrace o meu Senhor e Mestre com ambas as mãos de sua fé, e Ele será seu e você será dele.

Volte o teu olhar para Cristo,
Aceite o Seu sacrifício
E veja nele teus pecados perdoados.
Perdão, santidade e o Céu queres ter?
Glorifique o Rei dos reis,
Viva o evangelho da paz que tudo provê.[115]

Acredito que já mostrei a vocês algo especial sobre os meios da conversão do ladrão e da fé que ele professou em nosso Senhor moribundo.

3. Agora, em terceiro, com a ajuda de Deus, quero mostrar-lhes outra peculiaridade: *o resultado da fé desse ladrão.*

Já ouvi pessoas dizerem: "Bem, como podemos ver, o ladrão moribundo se converteu, mas não foi batizado. Ele nunca tomou a comunhão e jamais pertenceu a uma igreja!". Esse

---

[115] Tradução livre de uma das estrofes do hino *Ye, that in his courts are found*, de autor desconhecido; disponível em *Finsbury Chapel Collection of Hymns from the Best Authors* (Hino 208).

ex-malfeitor não podia fazer nada disso; e o que o próprio Deus considera impossível para nós, Ele não exige de nós. Esse homem estava pregado na cruz; como ele poderia ser batizado? Mas ele fez algo muito maior do que isso; visto que mesmo não conseguindo cumprir os sinais externos, o ladrão mostrou claramente o que esses sinais significam, o que, em minha opinião, é muito melhor.

Primeiramente, este ladrão moribundo, confessou o Senhor Jesus Cristo; e essa é a própria essência do batismo. Ele confessou a Cristo. Por acaso ele não o reconheceu diante do outro ladrão? Foi a confissão mais aberta que ele pôde fazer, ou por acaso ele não reconheceu a Cristo diante de todos os que estavam reunidos perto da cruz a uma distância suficiente para ouvi-lo? Foi a confissão de fé pública que ele pôde fazer. No entanto, há alguns covardes que se dizem cristãos, mas nunca confessaram Cristo a uma única pessoa, e então citam esse pobre ladrão como desculpa. Por acaso estão eles pregados na cruz? Estão agonizando e morrendo? Certamente não; mas falam como se pudessem exigir a isenção que essas circunstâncias dariam a eles se estivessem em tal situação. Que desonestidade!

O fato é que nosso Senhor nos ordena que façamos uma confissão aberta assim como uma fé secreta; e se ambas as condições não forem cumpridas, não há promessa de salvação para você, mas a ameaça de que essa salvação seja negada no final. O apóstolo diz assim: "Se, com a tua boca, confessares Jesus como Senhor e, em teu coração, creres que Deus o ressuscitou dentre os mortos, serás salvo" (Rm 10:9). E em outro lugar diz assim: "Quem crer e for batizado será salvo..." (Mc 16:16). Essa é a maneira que Cristo escolheu para se fazer a confissão pública de fé nele. Se há fé verdadeira, também deve haver uma declaração pública dessa fé. Se vocês são velas e Deus já os acendeu, Jesus diz: "Assim brilhe também a vossa luz diante dos homens, para que vejam as vossas boas obras e glorifiquem a vosso Pai que está nos céus" (Mt 5:16). Assim como os soldados da rainha, os soldados de Cristo devem usar seus uniformes; e se eles se envergonharem de seus uniformes, devem ser expulsos do regimento ao som de tambores. Aqueles que se recusam a marchar em fileiras com seus companheiros não são soldados honestos. O mínimo que o Senhor espera de nós é que o confessemos de acordo com nossas capacidades. Se você está pregado em uma cruz, não vou convidá-lo para ser batizado. Se você está atado a uma árvore para morrer ali, não vou lhe pedir que venha a este púlpito e confesse sua fé, visto que você não pode. Porém de você é exigido fazer o possível, isto é, você pode fazer uma confissão pública do Senhor Jesus Cristo tão adequada quanto a sua condição atual.

Acredito que muitos cristãos enfrentam muitos problemas porque não são honestos em suas convicções. Por exemplo, se um homem vai ao seu trabalho, ou um soldado ao seu quartel, e não hasteia a bandeira de sua fé desde o começo, será muito difícil para ele fazê-lo mais tarde. Mas se ele imediatamente e ousadamente deixa todos saberem: "Eu sou um cristão, e há certas coisas que não vou poder fazer para lhes agradar, e há outras coisas que não posso evitar, mesmo que vocês não gostem" — quando isso estiver claro desde o princípio, depois de um tempo os burburinhos desaparecem e eles o deixarão em paz; mas se você ficar quieto e em segredo, e pensar que pode agradar ao mundo e a Cristo ao mesmo tempo, você passará por momentos difíceis, e disso você pode ter certeza.

Sua vida será como a de um sapo sob as lâminas de um arado, ou como a de uma raposa no canil, se você tentar seguir pelo caminho de fazer concessões. Isso não funciona. Saia do seu confinamento. Mostre suas cores. Que todos saibam quem você é e o que você é; embora seu caminho não seja o mais suave, certamente não será tão penoso quanto poderia ser se tentasse correr com a lebre e caçar com os cães ao mesmo tempo; algo realmente difícil, senão impossível.

Tal homem manifestou-se abertamente, naquele momento e naquele lugar; ele tornou o mais público possível o reconhecimento de sua fé em Cristo.

O que ele fez a seguir foi repreender seu companheiro pecador. Ele falou ao outro ladrão em resposta às obscenidades com as quais atacou nosso Senhor. Não sabemos as blasfêmias que dizia aquele condenado incrédulo, mas o seu companheiro convertido lhe falou com toda a franqueza: "Nem ao menos temes a Deus, estando sob igual sentença? Nós, na verdade, com justiça, porque recebemos o castigo que os nossos atos merecem; mas este nenhum mal fez" (Lc 23:40-41). Nestes tempos, mais do que nunca, é necessário que os crentes em Cristo não permitam que o pecado fique sem repreensão; porém, muitos crentes não fazem nada. Por acaso não sabem que uma pessoa que fica em silêncio quando algo errado é dito ou feito pode ser considerada cúmplice desse pecado? Se você não repreender o pecado — quero dizer, é claro, em todas as ocasiões apropriadas e com o espírito adequado — seu silêncio dará consentimento para o pecado e você será um colaborador e cúmplice. Se alguém presenciou um roubo e não gritou: "Parem esse ladrão!", seria considerado aliado ao ladrão; e se alguém ouvir maldições ou ver impurezas e não proferir uma palavra de protesto, poderia muito bem se questionar se ele mesmo está bem. Os "pecados dos outros", se não forem repreendidos de alguma forma, produzem grande efeito em nossa culpa pessoal. É o que nosso Senhor espera de nós. O ladrão moribundo fez isso, e ele fez isso com todo o seu coração; e ao fazer isso ele superou muitos na igreja que erguem suas cabeças com ar de arrogância.

Em seguida, *o ladrão moribundo fez uma confissão completa de sua culpa*. Disse ao outro que também foi crucificado: "Nem ao menos temes a Deus, estando sob igual sentença? *Nós, na verdade, com justiça*". Não são muitas palavras, mas há todo um mundo contido nelas: "Nós, na verdade, com justiça". É como dizer: "Você e eu estamos morrendo por nossos crimes e merecemos a morte". Quando uma pessoa está disposta a confessar que merece a ira de Deus — que ela merece o sofrimento que esse pecado lhe causou — existe uma evidência de sinceridade nela. No caso desse homem, seu arrependimento brilhou como uma lágrima sagrada nos olhos de sua fé, de modo que sua fé se tornou uma joia com as gotas de seu arrependimento. Como já lhes disse muitas vezes, tenho minhas suspeitas quando a fé não nasce como gêmea do arrependimento; mas, no caso desse arrependido confesso, não há lugar para suspeitas. Oro a Deus que tenhamos em nosso próprio coração uma obra tão completa como essa como resultado de nossa fé.

Agora, note que *este ladrão moribundo defende bravamente seu Senhor*. Ele diz: "Nós, na verdade, com justiça, porque recebemos o castigo que os nossos atos merecem; mas este nenhum mal fez". Ele disse isso de uma maneira muito bela. Não disse: "Este homem não merece morrer", mas sim: "mas este nenhum mal fez". Isso significa que o Senhor é perfeitamente inocente. Ele nem mesmo disse: "não cometeu nenhum crime", mas chega a afirmar que Jesus não agiu de forma imprudente ou indiscreta: "mas este nenhum mal fez". É um testemunho glorioso de um homem moribundo em favor de alguém que foi contado com os transgressores e condenado à morte porque Seus inimigos o acusaram falsamente. Meus amados, oro para que possamos dar um bom testemunho de nosso Senhor como esse ladrão fez. Ele supera todos nós. Não devemos falar muito sobre sua conversão tardia; em vez disso, devemos considerar o bendito testemunho que ele apresentou em nome de seu Senhor no momento mais necessário. Quando todas as outras vozes silenciaram, um arrependido sofredor bradou dizendo: "mas este nenhum mal fez".

Veja, temos aqui outra marca da fé desse homem. Ele ora e *sua oração é dirigida a Jesus*. "Jesus, lembra-te de mim quando vieres no teu reino." A verdadeira fé é sempre a fé que ora: "...pois ele está orando" (At 9:11) é uma das evidências mais concretas do novo nascimento. Ó, caros amigos, que possamos abundar em oração, porque assim provaremos que nossa fé em Jesus Cristo é o que deve ser! O ladrão convertido abriu bem a boca em oração. Ele orou com grande confiança quanto ao reino vindouro e buscou primeiramente esse reino, excluindo todas as demais coisas. Ele poderia ter implorado por sua vida ou pedido para tirá-lo daquela dor; mas preferiu o reino e isso é uma marca sublime da graça.

Além de orar assim, vemos que *ele louva e adora ao Senhor Jesus*, pois diz: "Senhor, lembra-te de mim quando vieres no teu reino". Este pedido é como se dissesse: "Que Cristo só me dedique um pensamento e isso será suficiente. Que o Senhor se lembre de mim, e o pensamento de Sua mente será eficaz para tudo que vou precisar no mundo vindouro". Isso equivale a reconhecer a divindade de Cristo. Se alguém consegue colocar todo o seu ser na simples memória de uma pessoa, é porque tem essa pessoa em alta estima. Se a única coisa que esse homem pede ou deseja é ser lembrado pelo Senhor Jesus, ele está dando grande honra ao Senhor. Acredito que em sua oração houve uma adoração equivalente aos aleluias eternos de querubins e serafins. Em tal petição havia uma glorificação de seu Senhor que não é superada nem mesmo pelas eternas sinfonias de espíritos angelicais que cercam o trono. Caro ladrão, você fez um bom trabalho!

Ó, que possa haver aqui algum espírito arrependido que pudesse crer assim, confessar assim, defender seu Mestre assim, adorar e louvar assim; e então, a idade do convertido seria um assunto de pouca importância.

4. Agora, a última observação é esta: havia algo muito especial sobre o ladrão moribundo *pela palavra que nosso Senhor dirigiu a ele a respeito do mundo vindouro*.

O Senhor disse a ele: "hoje estarás comigo no paraíso". O homem somente pediu ao Senhor para ser lembrado por Ele, e obteve uma resposta surpreendente "...Em verdade te digo que hoje estarás comigo no paraíso" (Lc 23:43).

De certa forma, tenho um pouco de inveja desse ladrão moribundo, pelo seguinte: quando o Senhor me perdoou, e quando Ele perdoou a maioria de vocês aqui, Ele não nos deu um lugar no paraíso naquele mesmo dia. Ainda não chegamos ao descanso prometido. Não! Ainda estamos esperando aqui. Alguns de vocês estão esperando há muito tempo. Para muitos são 30 anos, outros 40 ou 50, desde que o Senhor cancelou seus pecados e, no entanto, ainda não estamos com Ele no paraíso. Há uma irmã muito querida nesta igreja, e suponho que ela conhece o Senhor há mais de 75 anos, e ela ainda está aqui conosco, e já tem mais de 90 anos. O Senhor não a levou para o paraíso no dia de sua conversão. Ele não tirou nenhum de nós da natureza para a graça, e da graça à glória, em um dia. Tivemos que esperar muito tempo. Para nós, há algo a mais para fazer neste deserto, e é por isso que ainda estamos aqui, fora do jardim celestial. Lembro-me do Sr. Baxter que disse que não estava com pressa de ir para o Céu; e um amigo chamou o Dr. John Owen, que estava escrevendo sobre o assunto da glória de Cristo, e perguntou-lhe o que ele pensava sobre ir para o Céu. Esse grande pregador respondeu: "Estou ansioso para estar lá". "Por quê?", perguntou o outro. O Dr. Owen respondeu: "Acabei de falar com o santo senhor Baxter, e ele disse que preferia estar aqui, porque pensa que pode ser mais útil aqui na Terra. O meu irmão Baxter está sempre cheio de piedade prática, mas apesar de tudo não posso dizer que estou desejoso de permanecer neste estado mortal! Preferiria estar com Cristo". Cada um desses dois me parece representar metade do apóstolo Paulo. O apóstolo era composto de ambos, visto que ele desejava partir, contudo estava disposto a ficar aqui porque era necessário ao povo de Deus. Se juntássemos os dois, como Paulo, teríamos um forte desejo de partir e estar com Cristo, e também uma disposição de esperar se pudermos servir nosso Senhor e a Sua Igreja. Mas ainda assim, eu creio que quem tem a melhor parte é aquele que se converte e entra no Céu naquela mesma noite. O referido ladrão tomou o café da manhã com o diabo, mas almoçou com Cristo na Terra e jantou com Ele no paraíso. Foi uma obra curta, mas uma obra bendita. E de quantos problemas ele escapou! De quantas tentações ele se livrou! Que mundo maligno ele abandonou! Tinha acabado de nascer, como um cordeiro no campo, e foi imediatamente apanhado pelo Pastor e carregado em Seu colo. Não me lembro de o Senhor ter dito algo assim para qualquer outro. Ouso dizer que pode ter acontecido de que alguns se converteram e chegaram ao seu lar celestial naquele mesmo momento; mas nunca ouvi falar de alguém que recebeu tal certeza diretamente de Cristo, como esse homem: "Em verdade te digo"; uma garantia tão pessoal: "Em verdade te digo que hoje estarás comigo no paraíso". Ladrão moribundo, você teve uma bênção maior do que a de muitos, "...estar com Cristo, o que é incomparavelmente melhor" (Fp 1:23); e estar com Ele tão prontamente!

Por que nosso Senhor não nos leva para o paraíso de uma vez? Ora, é porque ainda temos algo para fazer na Terra. Meus irmãos, *o que vocês estão fazendo?* Sim, o que vocês estão fazendo? Ainda existem algumas pessoas boas na Terra: Por quê? Para quê? Qual a utilidade deles? Não consigo entender. Se são povo de Deus, para que estão aqui? De manhã, eles se levantam e tomam o café da manhã e, no devido horário, almoçam e jantam, e voltam à cama para dormir; chega a hora, se levantam no dia seguinte e fazem a mesma coisa do dia anterior. Isso é viver por Jesus? Isso é vida? Isso não chega nem perto! Acaso pode ser esta a vida de Deus em nós? Ó, povo cristão, devemos justificar a decisão de nosso Senhor de nos manter aqui ainda esperando! E como podemos fazer isso se não for servindo-o até onde alcancem as nossas forças? Que o Senhor o ajude a cumprir isso! Pois você deve a Ele tanto quanto o ladrão moribundo! Eu sei que eu devo a Ele muito mais. Que misericórdia ter se convertido quando você ainda era um adolescente, ter ido ao Salvador em sua juventude! E que grande obrigação os jovens cristãos têm diante de seu Senhor! E se esse pobre ladrão acumulou uma vida inteira cheia de testemunhos em poucos minutos, nós que temos tempo, nestes anos após a nossa conversão, não deveríamos prestar um bom serviço ao nosso Senhor? Venha, despertemos se estivermos dormindo! Comecemos a viver se é que já estamos meio mortos. Que o Espírito de Deus possa ainda fazer algo de bom conosco, para que, como servos diligentes das atividades na vinha, possamos alcançar os deleites do paraíso! E que a glória para todo o sempre seja ao nosso Senhor que foi crucificado! Amém.

12

ESTÊVÃO: SUA MORTE [116]

>------- ---◆--- -------<

*E apedrejavam Estêvão, que invocava
e dizia: Senhor Jesus, recebe o meu espírito!
Então, ajoelhando-se, clamou em alta voz:
Senhor, não lhes imputes este pecado!
Com estas palavras, adormeceu.* —Atos 7:59-60

É de grande serventia para todos nós sermos lembrados de que nossa vida é apenas "um vapor que aparece por um pouco e depois se desvanece" (Tg 4:14 ARC). E por esquecer disso, as pessoas do mundo vivem sossegadas e os cristãos caminham despreocupados. Se não estivermos vigiando quanto à vinda do Senhor, o mundanismo logo devora nosso espírito assim como um câncer. Ó irmão, se você possui as riquezas

---

[116] Sermão nº 1175, ministrado na manhã de domingo, dia do Senhor, 24 de maio de 1874, no *Metropolitan Tabernacle*, Newington.

deste mundo, lembre-se de que nelas não está o seu descanso, e não dê muita importância aos confortos que elas oferecem. Se, por outro lado, você vive em aperto e está oprimido pela pobreza, não fique tão deprimido com isso, pois essas leves aflições são momentâneas e não são dignas de serem comparadas com a glória que nos será revelada[117]. Olhe para as coisas que são como se não fossem. Lembre-se de que você faz parte de uma grande procissão que está sempre em movimento; há outros que vêm e vão diante de seus olhos; você pode vê-los e então eles desaparecem, e você também está se movendo em direção a outro mundo que é mais real. "Grande sabedoria é dialogar com nossas últimas horas"[118], para fazer um ensaio de nossa partida e estar preparado para comparecer perante o grande tribunal de julgamento. Nosso dever é ter a lâmpada preparada para o momento em que o Noivo chegar[119]; somos chamados a estar sempre prontos, aguardando a aparição de nosso Senhor e Salvador Jesus Cristo, ou pelo momento em que somos informados de que o cântaro se quebrou junto à fonte, e se desfez a roda junto ao poço, e o pó voltou à terra, como o era, e o espírito voltou a Deus, que o dera[120].

A cena da morte de Estêvão pode ser útil em nossas meditações, pois, com a ajuda do Espírito Santo, projetamos nossa atenção para o momento em que também teremos que dormir. Esse é o único martírio registrado em detalhes no Novo Testamento; o Espírito Santo antecipou que haveria muitos

---

[117] Conforme Romanos 8:18 e 1 Coríntios 4:17.

[118] Tradução livre de um dos versos de *Night Thoughts*, um longo e didático poema sobre a morte, de Edward Young (1683–1765).

[119] Referência a Mateus 25:1-13.

[120] Referência a Eclesiastes 12:6-7.

martírios antes do fim da história da Igreja e que jamais devemos esquecê-los, tais como aqueles citados em *O livro dos Mártires* de John Foxe[121] e outras obras semelhantes.

Em particular, é notável que esta é a única cena de morte descrita no Novo Testamento detalhadamente, com exceção da morte de nosso Senhor. Certamente somos informados sobre a morte de outros santos e fatos pertinentes são mencionados, mas o que eles disseram antes de morrer e como se sentiram por deixar este mundo, são deixados sem registro, provavelmente porque o Espírito Santo sabia que nunca nos faltariam leitos de morte sagrados e despedidas triunfantes. Ele sabia muito bem que isso faria parte da vida diária do povo de Deus. Além disso, talvez o Espírito Santo esperasse que de Seu silêncio pudéssemos deduzir que não deveríamos dar tanta importância à maneira como um ser humano morre, mas ao caráter de sua vida. Viver como Cristo é o que deve nos interessar muito mais; uma morte triunfante é como uma coroa, mas uma vida de santidade é a cabeça onde tal coroa repousa. Obedecer aos mandamentos de nosso Senhor durante a vida é o nosso assunto mais importante; podemos deixar que o testemunho da morte seja dado a nós na própria hora da morte. Na hora da morte teremos a graça de morrer, mas agora no presente nosso principal objetivo é obter a graça que nos permitirá adornar todas as coisas com a doutrina de Deus nosso Salvador. No entanto, como este caso de Estêvão nos é dado em detalhes, devemos apreciá-lo da melhor maneira e estudá-lo com o maior cuidado, visto que é o único que temos. Logo, faremos isso esta manhã.

---

[121] Publicações Pão Diário, 2021.

Há três coisas sobre as quais falarei; primeiro: *o caráter geral da morte de Estêvão*; segundo: *sua peculiaridade mais notável*; e terceiro: *os elementos desejáveis na morte segundo o exemplo da partida de Estêvão.*

1. Vamos examinar a morte de Estêvão e observar *seu caráter geral.*

O primeiro fato que nos impressiona é que isso aconteceu bem no auge de seu ministério. Ele havia sido nomeado como oficial na igreja de Jerusalém, para supervisionar que a doações fossem bem distribuídas entre os pobres, especialmente entre as viúvas de fala grega. Estêvão cumpriu seu dever para a satisfação de toda a igreja e, portanto, seu serviço foi de grande utilidade, pois deu aos apóstolos a oportunidade de entregarem-se inteiramente ao seu verdadeiro trabalho, ou seja, a pregação da Palavra e oração. E não é pouca coisa ser capaz de suportar um fardo por outra pessoa, se desta forma, essa outra pessoa fica livre e realiza um serviço mais eminente do que nós poderíamos. Talvez eu não possa pregar, mas se eu puder aliviar certas ocupações que sobrecarregam alguém que prega, e se, ao fazer isso, eu permito que a pessoa pregue mais e melhor, estarei indiretamente pregando com essa pessoa. O cuidado de Estêvão com os pobres também evitou divisões e ressentimento, o que era um resultado de excelente qualidade. No entanto, ele não se contentou em servir apenas como diácono, então ele começou a ministrar em assuntos sagrados, como pregador da Palavra, e com grande poder, pois era cheio de fé e do Espírito Santo. Estêvão se destaca na página da história da Igreja por seu grande espírito de liderança; e isso era tão evidente que os inimigos do evangelho reconheceram sua importância e seu valor, e o tornaram o objeto de sua mais ferrenha oposição, pois o inimigo geralmente se enfurece mais contra aqueles que estão fazendo o maior bem. Estêvão marchou na primeira fileira do exército do Senhor, e ainda assim ele morreu! Alguns dizem: "É um mistério"; eu digo: "É um grande privilégio". Meus irmãos, quem desejaria ser levado em qualquer outro momento? Não é uma bênção morrer enquanto você ainda está sendo útil? Quem deseja ficar até que se torne um fardo para outros ao invés de auxílio a eles? Se formos chamados a partir bem no meio de nosso serviço, devemos nos submeter ao chamado com gratidão, e talvez devêssemos até desejar que se dissesse de nós —

Deixou seu corpo, sua fadiga cessou,
Imediatamente findou-se o labor e a vida.[122]

Ele foi levado em seu momento de maior utilidade, precisamente quando muitos estavam sendo convertidos por seu ministério; quando, por sua fé milagres estavam acontecendo em todos os lugares; quando ele, aparentemente, era mais necessário à Igreja Primitiva. E isso não é bom? É bom, primeiro, porque Deus ensina a Seu povo o quanto Ele pode fazer por meio de alguém que Ele escolhe; mas também, Ele nos mostra que não depende de nenhum homem, e que pode fazer Sua obra mesmo sem o melhor trabalhador em Sua

---

[122] Tradução livre de versos do hino *Death Welcome to the Christian*, de Charles Wesley (1707–88). Os versos originalmente são uma declaração pessoal ("meu corpo/fadiga/vida terrena/labor"), mas Spurgeon os cita conforme eram amplamente usados em funerais e obituários.

vinha. Se a nossa vida pode ensinar alguma lição e, quando já foi ensinada, a nossa morte puder ensinar outra, é bom viver e é bom morrer, o que é muito mais desejável do que adiar e dar o último voo no inverno sombrio de uma influência em declínio. Se eu pudesse escolher, preferiria ser colhido quando meu ministério estiver como o trigo do sonho de Faraó, com sete espigas saudáveis e boas[123], e não em uma época em que o vento do leste tornou tudo seco e árido. Se Deus for glorificado por nossa partida, isso não é algo bom? E será que a glória que Ele receberá não será sobremodo especial, quando Ele nos tirar do caminho para mostrar a Sua Igreja que Ele pode fazer Sua obra muito bem sem esses Seus servos, ou que pode levantar outros em seu lugar? Bem-aventurado é aquele mensageiro cuja ausência, assim como sua presença, cumpre a vontade de seu Mestre.

Mas *a morte de Estêvão foi dolorosa, e acompanhada de situações que a carne e o sangue temem.* Ele não morreu rodeado de amigos que choravam, mas de inimigos que rangiam os dentes; nenhum hino sagrado alegrou seu leito mortal, mas gritos e clamores de uma multidão enlouquecida ecoaram em seus ouvidos. Para ele não havia um travesseiro macio, mas pedras duras e cruéis; ele foi espancado e ferido por um redemoinho de pedras que o fez dormir, e ele acordou no colo de seu Senhor. Agora, irmãos, tudo isso é para nosso consolo, porque se Estêvão morreu em paz perfeita, ou melhor, na alegria e no triunfo, quanto mais podemos esperar partir em paz! Visto que não teremos a presença daquelas pessoas sinistras quando partirmos, não podemos nós esperar ser sustentados

---

[123] Referência a Êxodo 41:5-8.

e amparados pela presença de nosso Senhor e Mestre como Estêvão foi, e a graça se tornará perfeita em nossa fraqueza? Cada circunstância nos favorece porque nos consola. Se Estêvão dormiu em meio a uma saraivada de pedras, quanto mais nós esperamos dormir em paz, na mesma fé em Jesus, quando os santos se reúnem ao redor de nossa cama para se despedir de nós!

No entanto, e mais particularmente, gostaria de chamar sua atenção para o fato de que *os momentos finais de Estêvão foram calmos, pacíficos, confiantes e alegres*. Ele não se acovardou enquanto se dirigia àquela audiência enfurecida. Ele lhes disse a verdade pura e simples, com tranquilidade, como se estivesse retribuindo a eles um discurso favorável. Quando eles ficaram furiosos, Estêvão não teve medo; seus lábios não tremeram; ele não se retraiu ou suavizou uma única expressão, mas feriu-os no mais íntimo com fidelidade ainda maior. Com a coragem de um servo de Deus, firmou seu rosto como uma rocha; sabendo que estava pregando seu último sermão, ele usou a espada afiada de dois gumes da Palavra e a penetrou na alma de seus ouvintes. Pouco importava se eles franzissem a testa em desaprovação; ele não ficou intimidado quando eles rangeram os dentes. Estava tão calmo como o céu acima dele, e ele permaneceu assim quando o arrastaram para fora da cidade. Quando eles o arrastaram para fora da portão e tiraram suas capas para realizar a execução, Estêvão não deixou cair uma única palavra de medo ou grito trêmulo; ele se levantou e calmamente recomendou sua alma a Deus, e quando as primeiras pedras mortais o derrubaram no chão, Estêvão se ajoelhou, não para pedir misericórdia ou para proferir um grito covarde, mas para pedir a misericórdia de seu

Senhor para seus agressores. Então, como uma criança cansada que, depois de muitas atividades físicas em um longo dia de verão, cai no sono no colo de sua mãe, ele fechou os olhos e "adormeceu".

Portanto, cristão, acredite que se você permanecer em Cristo, assim será no seu caso também. Você não será perturbado com premonições de declínio de sua saúde; quando o médico balança a cabeça, seu coração não falhará; quando os amigos estão tristes, você não compartilhará a dor deles. Nós choramos quando nascemos, embora todos a nossa volta estivessem sorrindo; então quando morrermos, nós sorriremos, mesmo que todos ao nosso redor chorem. O cristão que está morrendo quase sempre é o único que está calmo e sereno entre todos aqueles que ocupam o quarto do qual ele parte para o Céu. Ele fala sobre o que gosta e o que espera encontrar e desliza suavemente para a glória. Por que deveríamos esperar que fosse de outra forma? O Deus de Estêvão é o nosso Deus; já temos a fé de Estêvão, ainda que seja como uma pequena semente, mas podemos tê-la no mesmo grau que ele; o Espírito Santo habita em nós da mesma maneira que habitava em Estêvão, e se em nós Ele não manifesta a mesma força, o que o impede de fazê-lo senão a nossa incredulidade? Se praticarmos a fé, desfrutaremos do mesmo repouso tranquilo do espírito quando chegar a nossa hora. Irmãos, não tenhamos medo da morte; vamos às margens do Jordão sem sentir o menor desânimo.

Observe alguns outros pontos sobre a partida de Estêvão que têm a ver com o estado da mente dele. *Sua mente estava em um estado muito elevado*. Aqui vamos primeiro observar *sua intensa sintonia com Deus*. Ao longo de toda a fala de

Estêvão e no tratamento que recebera de Israel, vemos que sua alma estava absorta em seu Deus. Estêvão não está falando contra seus compatriotas motivado por alguma má vontade; mas ele parece levá-los muito pouco em consideração. Seu Deus é aquele que absorve todos os seus pensamentos; e ele lhes conta sobre como seu Deus havia enviado José, mas seus irmãos o perseguiram; seu Deus havia enviado Moisés, mas os israelitas se rebelaram contra ele; seu Deus havia agora enviado Jesus, e os homens tinham sido traidores e assassinos. No coração de Estêvão houve compaixão por eles; isso é visto claramente em sua última oração por eles, mas seu sentimento principal é de intensa sintonia para com Deus em todas as rebeliões que Ele teve de suportar da parte dos ímpios. Certamente esta é a mentalidade dos santos no Céu. Ao ler o discurso de Estêvão, vejo que ele via os pecadores impenitentes do ponto de vista dos santos no Céu, que compartilham tão plenamente da mente de Deus e da justiça de Seu governo, que a condenação final dos rebeldes obstinados não lhes causa dor. O triunfo do bem sobre o mal deliberado, da santidade sobre o pecado mais vil e desenfreado, da justiça sobre a ingratidão que despreza o amor redentor, limpará a alma de todas as emoções que não seja o regozijo em cada ação do Altíssimo, porque é e deve ser correto. Eu sei o quão facilmente esta afirmação pode ser facilmente mal interpretada, mas é verdade, e assim há de ser.

Notemos também *como a mente de Estêvão estava fixada apenas no que é puramente espiritual*. Todo ritualismo foi descartado para ele. Ouso dizer que houve um tempo em que Estêvão sentia grande reverência pelo Templo; os primeiros cristãos judeus mantinham certa reverência pelo Templo, pois por muito tempo o haviam considerado a habitação de Deus; mas agora Estêvão diz: "Entretanto, não habita o Altíssimo em casas feitas por mãos humanas; como diz o profeta: O céu é o meu trono, e a terra, o estrado dos meus pés; que casa me edificareis, diz o Senhor, ou qual é o lugar do meu repouso?" (At 7:48-49). É digno de nota como os santos, quando estão perto de morrer, dão pouquíssima importância ao que os outros consideram de grande relevância. O que significam os rituais para um homem moribundo — um homem que tem os olhos abertos, voltados para o futuro e prestes a encontrar seu Deus? Os sacramentos são estruturas muito fracas na hora da morte. E onde está o clericalismo? As vigas se rompem sob o peso de uma consciência oprimida e as tremendas realidades da morte e do julgamento. As formas peculiares de adoração, que alguém em tempos de saúde defendia, e os detalhes doutrinários, aos quais antes atribuíam grande importância, agora parecem pequenos em comparação com os grandes temas espirituais e essenciais, quando a alma se aproxima da presença do Eterno. O santo na hora da morte torna-se mais espiritual, pois está se aproximando da terra dos espíritos, e daquela cidade da qual João disse: "... nela não vi santuário..." (Ap 21:22). Irmãos, é muito bom crescer na espiritualidade até que a casca das formas seja quebrada e descartada, porque as cerimônias exteriores, complexas ou simples, são para o ser humano o que a casca do ovo é para o pássaro; e quando a alma desperta para as formas superiores de vida, rompemos e quebramos essa casca e deixamos nossas antigas amarras. Estêvão abandonou aquelas reverências supersticiosas, que ainda contaminam muitos cristãos, e adorou a Deus, que é Espírito, em espírito e em verdade.

O mais claro de tudo é *que Estêvão superou todo o medo dos homens*. Eles sorriem ironicamente para ele e gritam com ele, mas o que isso importa para Estêvão? Ele está prestes a receber a morte reservada para um blasfemador, fora da cidade, pelas mãos de homens cruéis; mas isso não o assusta. Seu rosto brilha com uma alegria indescritível; ele não se parece com um homem que é arrastado para sua execução, mas com alguém que está a caminho de seu casamento. Ele parece um anjo imortal ao invés de um homem condenado à morte. Ó, meus irmãos, assim será com todos os fiéis! Hoje temos medo dos homens, que são como vermes; hoje estamos tão fracos que nos deixamos abalar pela opinião dos nossos semelhantes e ouvimos vozes amáveis que nos aconselham a falar baixo sobre certos assuntos, para não ofendermos este ou aquele; mas quanto mais nos sentimos prontos para ir ao Céu, mais desprezamos toda moderação e sentimos que pela verdade, por Deus, por Cristo, devemos falar abertamente, mesmo se morrermos, pois quem somos nós para temer o homem mortal e filhos de homens que são como vermes[124]? É uma grande bênção quando isso se torna, cada dia mais, a nossa condição.

Ao mesmo tempo, *Estêvão estava livre de todas as preocupações*. Ele era um diácono, mas ele não diz: "O que farão os pobres? Como ficarão as viúvas? Quem cuidará dos órfãos?". Ele nem mesmo diz: "E agora o que farão os apóstolos, visto que não poderei mais cuidar de tarefas que seriam pesadas sobre seus ombros?". Não há uma única palavra sobre isso. Ele vê o Céu aberto e pensa muito pouco sobre a igreja deixada

---

[124] Referência a Jó 25:6.

na Terra, embora a ame de todo o coração. Ele confia a igreja militante aos cuidados de seu Capitão: agora ele foi chamado à Igreja triunfante. Ele ouve o som da trombeta: "Levante-se, em marcha!", e responde a convocação. Felizes aqueles que podem assim deixar todas as suas preocupações e entrar no seu repouso. E por que não deveria ser esse o nosso caso também? Por que, como Marta, permitimos que nosso serviço diligente nos atrapalhe[125]? Nosso Senhor cuidava bem de Sua Igreja antes de nascermos; Ele não ficará no prejuízo se nos chamar para casa e, portanto, não devemos nos preocupar como se fôssemos indispensáveis e como se a igreja fosse definhar se faltarmos.

Além disso, *Estêvão não tinha ressentimentos*. Essa foi a sua doce oração no final: "não lhes imputes este pecado!". Assim como Daniel que diante de Belsazar viu a balança e esse rei pesado nela e achado em falta[126], Estêvão também viu a balança da justiça e viu seu assassinato, como um grande peso, prestes a ser colocado contra seus algozes judeus. Por isso, clamou: "Senhor, não coloque este pecado na balança". Ele não podia dizer, como o Salvador: "Eles não sabem o que fazem", pois eles sabiam disso e ficaram ofendidos com seu discurso, de modo que taparam os ouvidos para não o ouvir; mas Estêvão intercede por eles tanto quanto a verdade o permitiria, enquanto expirava sua alma. Cada filho ou filha de Deus deve abandonar seus ressentimentos de uma vez por todas, ou melhor, jamais deveriam ter algum. Não devemos levar em nosso coração a memória de algum mal, mas viver

---

[125] Conforme Lucas 10:38-42.
[126] Conforme Daniel 5:24-27.

cada dia perdoando livremente, assim como a cada dia somos livremente perdoados; à medida que nos aproximamos do Céu, o amor por aqueles que nos odeiam deve crescer mais ainda em nosso coração, pois dessa forma damos evidências de estarmos prontos para o Céu.

Para encerrar a descrição de sua morte, *Estêvão morreu como um vencedor*. Seu nome era *Stefanos*, que significa coroa, e realmente naquele dia ele não apenas recebeu uma coroa, mas tornou-se a coroa da Igreja de Cristo como o primeiro mártir. Era *ele* o conquistador e não os seus inimigos. Eles apedrejaram seu corpo, mas sua alma os venceu. Eles não tinham o poder de comovê-lo; seu olhar imóvel desafiava a fúria de seus inimigos. Estêvão foi para casa para encontrar seu Deus e ouvi-lo dizer: "...Muito bem, servo bom e fiel..." (Mt 25:21) e seus inimigos não podiam privá-lo de nada em seu caminho para lá. Ele foi mais do que um vencedor por meio daquele que o amava. Estas são algumas das características da partida de Estêvão, e eu creio que na proporção que nos cabe, elas serão as nossas também. Que Deus nos conceda esta bênção, e a Ele daremos toda a glória.

2. Agora chamo a sua atenção para um ponto muito interessante — *a peculiaridade mais notável da morte de Estêvão.*

Foi notável por este ponto singular: estava repleto de Jesus. E repleto dele de quatro maneiras: Jesus foi *visto, invocado, crido* e *imitado*.

Primeiro, *o Senhor Jesus foi visto*. O mártir olhou firmemente para o Céu e viu a glória de Deus e Jesus em pé à direita de Deus. No início, ele provavelmente estava na sala do conselho do Sinédrio, mas a visão parecia dividir o teto, remover o firmamento e abrir as portas do Céu, para que o olho ungido pudesse contemplar o interior de seus aposentos. Diz-se que ele viu o *Filho do Homem*. Agora, este é o único lugar nas Escrituras onde, além do próprio Jesus, alguém o chama de Filho do Homem. Muitas vezes Jesus se autodenominava Filho do Homem; realmente era um título comum para Ele, mas Seus discípulos jamais o chamaram assim. Talvez a glória do Messias rejeitado como homem fosse o pensamento peculiar que deveria permanecer na mente de Estêvão, para assegurar-lhe que no final o desprezado Senhor havia triunfado e, portanto, também Seu servo perseguido triunfaria. Ver o homem perfeito exaltado ao trono de Deus será sempre uma visão agradável, mas naquela ocasião foi perfeitamente apropriado, pois o próprio Senhor havia alertado Seus inimigos: "...desde agora, vereis o Filho do Homem assentado à direita do Todo-Poderoso..." (Mt 26:64). Jesus havia dito essas palavras aos mesmos homens que agora ouviam Estêvão dar testemunho dessa verdade.

Estêvão viu seu Senhor *em pé*. Nosso Senhor é geralmente descrito como sentado, mas é como se o Senhor tivesse se levantado de Seu trono para se aproximar de Seu servo sofredor, ansioso tanto para sustentá-lo como para recebê-lo quando o conflito acabasse. Jesus se levantou do trono para ver a si mesmo sofrendo novamente na pessoa de um de Seus amados membros. O lugar que o Senhor ocupava era "à destra de Deus" (At 7:56). Estêvão viu claramente o brilho inefável da glória eterna, que nenhum olho humano é capaz de contemplar se não for fortalecido por uma graça superior, e em meio a essa glória ele viu o Filho do Homem no lugar de amor, poder e honra, sendo adorado e louvado.

Agora, caros amigos, quando chegar a hora de morrermos, talvez não possamos esperar para ver com estes olhos o que Estêvão viu, mas a fé tem um grande poder realizador. O fato de Jesus estar no trono permanecerá sempre assim, e temos certeza de que Ele está "à destra de Deus"; por isso, pouco importa se o virmos com os nossos olhos naturais, pois "...a fé é a certeza de coisas que se esperam, a convicção de fatos que se não veem" (Hb 11:1). Irmãos, se sua fé for forte no momento da morte, como sem dúvida será, vocês terão uma visão e um senso de Jesus em Sua humanidade à direita Deus, e isso efetivamente removerá todo o medo de morrer; visto que vocês sentirão que "se Jesus, o homem, estiver lá, eu também, já sendo representado por Ele, estarei lá; ressuscitarei dos mortos; sentarei à destra do Pai, Seu eterno poder e divindade me levarão até onde Ele está, pois, acaso Ele não disse: 'Pai, a minha vontade é que onde eu estou, estejam também comigo os que me deste...' (Jo 17:24)"? Irei, no entanto, aventurar-me e ir um pouco mais longe. Estou convencido, por minha própria observação, que não apenas para alguns, mas para muitos santos que morrem, algo mais é dado do que as certezas da fé. Muito mais frequentemente do que supomos, vislumbres sobrenaturais de esplendor divino são concedidos aos santos no momento de sua partida. Ouvi pessoas sem muita instrução e certamente sem muita imaginação, falarem sobre o que eles viram em seus últimos momentos de tal forma que certamente as expressões que eles usaram nunca saíram de livros, mas o que eles descreveram é o que viram. Havia um frescor em suas descrições que me convenceu de que realmente viram o que eles afirmavam ter visto; e, além disso, a alegria que isso lhes trouxe, o contentamento com a vontade divina, a paciência com que suportaram o sofrimento, tudo prova que eles não estavam sob a influência de vã imaginação, mas foram realmente autorizados a ver além do véu. Se assim posso dizer, a carne em sua fraqueza torna-se um meio rarefeito; as névoas se dissipam, o véu que obscurece torna-se cada vez mais translúcido, a doença faz aberturas nele, e através do translúcido e das aberturas, a glória celestial brilha. Ó, quão pouco um homem temerá a morte, quão pouca será sua preocupação com a dor, se ele espera exalar sua alma em um monte Pisga melhor do que aquele que Moisés escalou! E como acabamos de cantar — e tenho certeza de que cantei com todo o meu coração —

Ó, se meu Senhor viesse e me encontrasse,
Minha alma abriria suas asas com anseio,
Voaria destemida e sem receio pelo portão de ferro da morte,
Não sentiria terror algum enquanto ela atravessasse.[127]

Ora, a morte exemplar de Estêvão, que as Escrituras nos apresentam como um modelo da morte de cada cristão, tem isto como distintivo: que Cristo pode ser visto. E assim será o caráter de nossa partida, se pela fé somos um com Cristo. Portanto, não tenhamos medo.

Em seguida, observe que *Jesus foi invocado*, pois esse é o significado do texto. "E apedrejavam Estêvão, que invocava e dizia: Senhor Jesus, recebe o meu espírito!" (At 7:59). Os crentes

---

[127] Tradução livre de uma das estrofes do hino *Christ's presence makes death easy*, de Isaac Watts (1674–1748).

moribundos não se preocupam com perguntas sobre a divindade de Cristo. Caros amigos, talvez haja quem possa viver com doutrinas unitaristas, mas essas doutrinas são inúteis na hora da morte, pelo menos para nós. Nesses momentos, precisamos de um Salvador divino e onipotente; queremos que Aquele que é "...sobre todos, Deus bendito para todo o sempre..." (Rm 9:5) venha em nosso auxílio em tal momento solene. Assim, Estêvão invocou o Senhor Jesus e o adorou. Não se menciona nenhum outro intercessor. Ó Estêvão, mártir de Cristo, por que você não clamou dizendo: "Ave Maria, Virgem Santa, vem em meu auxílio"? Por que você não orou a São Miguel e todos os seus anjos? Ó, não! A abominação do culto aos santos e aos anjos ainda não havia sido inventada naquela época, e se tivesse sido, ele o teria rejeitado como um instrumento enganoso do inferno. Há apenas "...um só Mediador entre Deus e os homens, Cristo Jesus, homem" (1Tm 2:5). Estêvão invocou a Cristo e a ninguém mais.

Nem o ouvimos dizer sequer uma só palavra sobre a suas boas obras, suas esmolas, sermões e milagres. Não, Estêvão invocou o Senhor Jesus e confiou totalmente nele. Ó, irmãos, é bom viver e morrer descansando plenamente em Jesus. Se esta noite você se deitar e silenciosamente pensar sobre sua partida, e se perguntar se você está pronto para morrer, você não estará em paz até que seu coração esteja ao pé da cruz, olhando para cima e vendo o fluir do precioso sangue do Salvador e acreditando humildemente que Ele reconciliou você com Deus. Não há uma forma de viver retamente nem de morrer em paz, exceto quando se invoca a Cristo.

O que mais Estêvão fez? *Ele acreditava em Jesus* e confiava apenas nele; pois o encontramos dizendo: "Senhor Jesus, recebe o meu espírito". Ele sentiu que seu espírito estava prestes a deixar o corpo e voar para um mundo desconhecido. Talvez ele tenha sentido um arrepio de admiração natural diante do grande mistério, como aquele que sentimos quando pensamos em nos despir da indumentária familiar que é o nosso corpo; mas ele colocou seu espírito nu nas mãos de Jesus, e seu medo e preocupações acabaram. Perceba que Estêvão já superou o medo! Agora ele não ora mais por si mesmo, mas intercede por seus inimigos; e então ele fecha os olhos e adormece. Esta é a simples e sublime arte de morrer. Mais uma vez, pegamos nossa alma culpada e a colocamos na estimada mão traspassada daquele que é capaz de guardá-la; e então nos sentimos seguros de que tudo está bem. O trabalho do dia acabou, as portas estão trancadas, o vigia patrulha as ruas; venha, vamos dormir. Quando Jesus é visto, invocado e crido, é doce morrer.

Mais uma vez, observemos que em Estêvão vemos *Jesus imitado*; a morte de Estêvão é uma reprodução da morte de Jesus; vamos esperar que a nossa seja assim também. De fato, o foi, mesmo nos pequenos detalhes. Jesus morreu fora dos portões da cidade, e Estêvão também; Jesus morreu orando, e Estêvão também; Jesus morreu dizendo: "...Pai, em tuas mãos entrego o meu espírito!..." (Lc 23:46); Estêvão não pôde se aproximar de Deus diretamente, mas ele se aproxima de Deus por meio do Mediador e exclama: "Senhor Jesus, recebe o meu espírito!" (At 7:59). Cristo morreu orando por Seus assassinos, e Estêvão também: "Senhor, não lhes imputes este pecado!" (v.60). Agora, se a nossa morte é para ser uma reprodução da morte de Jesus, por que temer? Até agora tem sido muito doce ser feito como Ele, e seguirá sendo doce:

até sofrer com Ele tem sido prazeroso; certamente será uma alegria poder morrer com Ele. Estamos prontos para dormir na cama de Jesus e se deitar como Ele fez no âmago da Terra, para nos levantarmos à Sua semelhança na ressurreição.

Portanto, podemos ver, amados irmãos, que a morte de Estêvão foi radiante com o brilho do esplendor de seu Senhor. Cristo foi glorificado e refletido nele. Ninguém pode questionar de quem é a imagem e inscrição que Estêvão carregava. Para que nossa vida seja assim, nossa morte também deve ser desse tipo. Que sua vida seja ver Jesus, invocar Jesus, confiar em Jesus, imitar Jesus e então sua partida será acompanhada por visões de Jesus e reproduções das atitudes de seu Mestre na hora da morte. Assim como você esteve com Ele nas tribulações da vida, Ele estará com você nas cenas finais com a morte. Felizes são aqueles cujo leito de morte Jesus preparou e que dormem no Senhor, para virem com Ele quando Ele retornar para tomar posse de Seu reino.

3. Com a morte de Estêvão, aprendemos algo sobre *o tipo de morte que sabiamente podemos desejar.*

Primeiro, é muito desejável que *nossa morte seja essencialmente como a nossa vida*. Estêvão estava cheio de fé e do Espírito Santo em sua vida, e ele também estava cheio do Espírito Santo em sua morte. Em sua vida, Estêvão foi ousado, corajoso, calmo e controlado; ele foi a mesma pessoa em meio às pedras que causaram sua morte. É muito triste quando o relato da morte de alguém não está em harmonia com a maneira como viveu. Receio que muitos sermões fúnebres causaram muita confusão, pois foram proferidos com adulações equivocadas, visto que as pessoas dizem com naturalidade: "Isso é muito estranho, eu não sabia que o falecido era um crente, até que ouvi esse relato de sua morte. Na verdade, quando ouço essas coisas maravilhosas sobre ele — eu jamais teria imaginado". Ora, é de pouca utilidade querer ter um caráter piedoso adquirido apressadamente em poucos dias de doença e morte. Não é bom morrer de repente, como se alguém tivesse mudado repentinamente para outra linha de trilhos. É melhor deslizar de um grau de graça para o próximo, e assim por diante, para a glória. Deveríamos morrer todos os dias, morrer todas as manhãs antes do café da manhã, ou seja, devemos ensaiar tudo, para que quando chegar a hora de morrer não seja algo novo para nós. A morte pode ser a borda ou o limite da vida, mas deve refletir a mesma essência que exalou durante a vida. Uma vida de barro não pode ser combinada com uma morte de ouro. Não podemos ter a esperança de jantar com o mundo e cear com Deus. Devemos habitar na casa do Senhor todos os dias.

Além disso, é muito desejável também que *a morte seja o encerramento perfeito de toda a nossa carreira*, o assentamento da pedra angular do edifício, para que, quando nada faltar para completar a obra do homem, ele possa partir. Queridos irmãos, é assim para vocês? Suponha que você morresse esta manhã nesse mesmo banco em que você está; você poderia dizer que sua vida está completa, ou seria como uma coluna quebrada, rachada no centro? Ora, há alguns que, mesmo em seus negócios, deixaram muitas coisas pendentes; por exemplo, eles ainda não fizeram seus testamentos e essa negligência causará muitos problemas para sua esposa e filhos. Alguns cristãos não têm seus assuntos mundanos em ordem, mas tudo está em desordem, relaxado e negligenciado e, portanto, se morressem em breve, teriam muitos motivos para odiar a ideia de morrer. O Sr. Whitefield, todas as noites, quando ia para a cama costumava dizer: "Não deixei fora de lugar nem um par de luvas. Se eu morrer esta noite, todos os meus negócios, deste tempo e da eternidade, estarão em ordem". Essa é a melhor maneira de viver; e assim, que a morte venha, quando quiser, à meia-noite, ao cantar do galo ou ao meio-dia, será sempre um *epílogo* desejável, a última linha no livro que temos escrito. Teremos terminado nossa jornada e servido à nossa geração, sendo nosso repouso no Senhor a conclusão adequada para essa questão.

Que nossa morte não seja como aquela que precisa de pressa e agitação para preparar a pessoa. Há pessoas em todo mundo que, se vão viajar de trem e sabem disso com um mês de antecedência, se preparam às pressas com uma hora antes de partir; Apesar de saberem a hora de partida dos trens, não conseguem chegar poucos minutos antes, mas correm logo quando toca o sino e entram no trem dando um salto para não o perder. Alguns morrem dessa forma, como se tivessem tantas coisas para fazer e estivessem sempre com pressa; além disso, com tão pouca graça que só podem ser salvos como pelo fogo. Quando um cristão mundano morre, há ainda muito a ser feito para preparar-se e estar pronto para partida; mas um verdadeiro cristão está pronto, com seus lombos cingidos, pois sabe que tem que partir; ele não sabe exatamente quando, mas está com o cajado na mão. Ele sabe que o Noivo está chegando em breve e, portanto, mantém sua lâmpada preparada[128]. Essa é a maneira de viver e morrer. Que o Espírito Santo nos coloque nessa condição, para que o anjo

---

[128] Referência a Mateus 25:1-13.

da morte não nos encontre despreparados ou nos pegue de surpresa; visto que assim voltar para casa não será nada fora do comum, mas uma questão simples. O famoso comentarista Bengel[129] não queria morrer em um desfile espiritual, com uma cena sensacional, mas queria morrer como uma pessoa que está ocupada com seus negócios, mas a quem chamam à porta. Sua oração foi atendida. Ele estava revisando as provas de suas obras quando sentiu o golpe da morte. Isso não é bom? Igualmente desejável foi o fim do Venerável Beda[130], que morreu enquanto completava sua tradução do evangelho de João. Ele disse: "Escreva rápido, pois é hora de eu voltar para aquele que me criou". Seu aluno respondeu: "Meu caro mestre, ainda falta uma oração" e o venerável homem disse: "Escreva rápido". O jovem acrescentou: "Está feito", e Beda lhe disse: "Disseste bem, agora tudo está terminado", e adormeceu. É assim que eu gostaria de partir, e é assim que todo cristão deveria desejar; não faríamos nenhuma grande mudança em nossa santidade diária, mudando apenas de lugar, mas não de serviço; tendo esperado por nosso Senhor na extremidade de uma sala, somos chamados para um lugar mais alto, e nós vamos.

Deve ser muito triste para um cristão professo morrer cheio de arrependimentos por trabalhos que foram negligenciados

---

[129] Johann Albrecht Bengel (1687–1752), conhecido também como Bengelius, foi um clérigo luterano pietista e um renomado estudioso da língua grega. Suas obras mais citadas são a edição do Novo Testamento em grego, publicada em 1734, e a sua *Gnomon Novi testamenti*, ou Anotações Exegéticas sobre o Novo Testamento, publicada em 1742 após 20 anos de trabalho.

[130] O Venerável Beda (672/3–735 d.C.), também conhecido como São Beda, foi um monge, filósofo eclesiástico, teólogo e historiador anglo-saxão nascido em Monkwearmouth, Durham, Inglaterra. Beda escreveu obras científicas, históricas e teológicas, inclusive comentários exegéticos das Escrituras.

e oportunidades desperdiçadas. É triste ter que dizer: "Vou ter que deixar minha classe da Escola Dominical sem ter alertado seriamente aquelas queridas crianças para fugirem da ira que está por vir". Seria lamentável para mim ir para casa hoje e dizer: "Preguei meu último sermão, mas não foi sincero ou direcionado para glorificar a Deus ou beneficiar meus semelhantes". É possível que o fim de uma vida desperdiçada seja outra coisa senão infeliz? Não seria trágico ser chamado quando ainda há trabalhos por fazer e propósitos não cumpridos? Ó, meus irmãos, não vivam de maneira a dificultar a sua morte.

Também deve ser muito triste se alguém é levado contra sua vontade, arrancado da árvore como uma fruta que não está madura. A maçã ainda verde agarra-se ao seu lugar, e o mesmo acontece com muitos que se agarram às suas riquezas e agarram-se firmemente às coisas do mundo, de modo que é necessário um forte puxão para separá-los do mundo. O fruto maduro está aderido à árvore, mas de forma suave, e quando uma mão gentil vem para pegá-lo, ele cede livremente, como se quisesse ser colhido, como uma maçã dourada em uma cesta de prata[131]. Que Deus o faça desapegado do mundo, e que você não se agarre tão fortemente às coisas terrenas, para que sua morte não seja violenta e sua partida um terror.

Irmãos, não queremos morrer se não sabemos para onde iremos depois da morte. Mas morreremos dessa forma se é assim que vivemos. Se você não tem certeza da sua salvação, está esperando que ela chegue até você em seu leito de morte? Caro amigo, quando a dor aumenta e o cérebro fica cansado,

---

[131] Referência a Provérbios 25:11.

muito provavelmente você ficará deprimido e, portanto, precisará de uma fé forte para seu próprio conforto. Você gostaria que seus amigos saíssem depois de visitar seu leito de morte, dizendo: "Espero que ele esteja salvo, mas tenho minhas dúvidas sobre sua condição?". Sua maneira de viver pode evitar isso. Ao falar com o piedoso Sr. Whitefield, alguém comentou: "Eu gostaria de ouvir o testemunho de suas últimas palavras". O santo Sr. Whitefield respondeu: "Não; provavelmente não vou dar um testemunho nelas". "Por que não?", perguntou o outro. "Porque já estou dando testemunho todos os dias que vivo, e já não haverá mais necessidade de testemunho quando eu morrer." Esse apóstolo angelical pregou até a última tarde de sua vida. Então ele subiu as escadas, deitou-se e morreu. Não havia necessidade de ninguém perguntar: "Qual foi a última coisa que ele disse quando morreu?". Ó, não; todos sabiam o que ele havia dito enquanto estava vivo, e isso era muito melhor. Que seu testemunho de vida seja tal que, quer você fale ou não nos últimos momentos, não haja dúvidas sobre quem você era e a quem você serviu.

Em conclusão, gostaríamos de morrer de tal forma que *até mesmo nossa morte fosse útil*. Estou convencido de que a morte de Estêvão teve muito a ver com a conversão de Saulo. Você notou que existe uma influência óbvia de Estêvão sobre Paulo? Agostinho disse: "Se Estêvão nunca tivesse orado, Saulo nunca teria pregado". Não estou dizendo que a morte de Estêvão foi o que converteu Saulo, longe disso: esta mudança foi obra da intervenção divina quando Saulo estava a caminho de Damasco; mas o que ele viu no martírio de Estêvão preparou o solo do coração dele para receber a boa semente. Parece-me que, mais tarde, Saulo está sempre citando o sermão de Estêvão em seus textos. Leia esse sermão em casa e veja se não é assim. Estêvão falou sobre a aliança da circuncisão, e esse foi um dos temas favoritos de Paulo. Quando Paulo estava em Atenas, na colina de Marte, e se dirigiu aos Areopagitas, disse-lhes: "O Deus que fez o mundo e tudo o que nele existe, não habita em santuários feitos por mãos humanas" (At 17:24), palavras quase idênticas às que Estêvão havia citado, e certamente a memória de Estêvão perante o Sinédrio deve ter invadido a mente do apóstolo naquela época. E há mais uma passagem — e é verdade que talvez eu esteja levando o paralelismo longe demais — quando Estêvão usou a expressão: "Vós que recebestes a lei por ministério de anjos..." (At 7:53), esta é uma ideia característica de Paulo; logo este apóstolo é filho de Estêvão. A morte de Estêvão é a semente da qual Paulo brota. Que privilégio é morrer de tal forma que uma fênix possa renascer das nossas cinzas! Se tivermos sido úteis ao melhor de nossa moderada habilidade, podemos, na morte, inspirar obreiros maiores que nós; nossa centelha ao expirar pode acender a luz divina em alguns faróis luminosos, que através dos mares espalhará os raios de luz do evangelho. E por que não? Deus conceda que possamos, na vida e na morte, servi-lo bem. Eu gostaria que mesmo em nossas cinzas pudéssemos dar testemunho da vida que vivemos, que estando mortos ainda possamos pregar[132].

Um pastor muito devoto e sincero teve a feliz ideia de solicitar que quando morresse seu caixão fosse colocado em um lugar onde toda a sua congregação pudesse vir vê-lo, e que em seu peito fosse colocado um papel com esta exortação: "Lembrem-se das palavras que eu falei a vocês, estando

---

[132] Referência a Hebreus 11:4.

ainda entre vocês". Sim, vamos continuar falando sobre Jesus e ganhando almas na vida e na morte, com a ajuda de Deus. Amados crentes, amem as almas dos homens e orem a Deus para salvá-los. E quanto a vocês que não são salvos, eu imploro que pensem em qual será sua condição no momento de sua morte; e se uma consciência cauterizada o levar a morrer em paz, pense no que você fará no julgamento, quando sua consciência se tornar sensível. O que você vai fazer quando os lábios do amado Redentor disserem: "...Apartai-vos de mim, malditos, para o fogo eterno..." (Mt 25:41).

Ó pecadores, busquem Sua graça com fervor,
Pois Sua ira ninguém pode suportar;
Olhem para a face do Senhor e Salvador,
Pois somente Ele o pode salvar.[133]

---

[133] Tradução livre de uma das estrofes do hino *And Will The Judge Descend?*, de Philip Doddridge (1702–51).

13

PAULO: UM MODELO DE CONVERSÃO [134]

Mas, por esta mesma razão, me foi concedida misericórdia, para que, em mim, o principal, evidenciasse Jesus Cristo a sua completa longanimidade, e servisse eu de modelo a quantos hão de crer nele para a vida eterna. —1 Timóteo 1:16

Um erro muito comum é pensar que a conversão do apóstolo Paulo foi um evento excepcional e incomum, e que não podemos esperar que os homens sejam salvos hoje em dia da mesma maneira. Diz-se que esse incidente foi uma exceção a todas as regras, uma maravilha absoluta. Mas o texto bíblico que acabamos de ler é uma contradição total a essa ideia, pois nos assegura que o apóstolo como o receptor da longanimidade

---

[134] Sermão nº 3367, publicado na quinta-feira, 14 de agosto de 1913; ministrado no *Metropolitan Tabernacle*, Newington.

e misericórdia de Deus não é uma exceção à regra, de fato, ele foi um exemplo de conversão, e deve ser considerado como um modelo típico da graça de Deus sobre outros crentes. A expressão usada pelo apóstolo no texto, "de modelo", pode significar que ele era o que os editores, no processo editorial, chamam de primeira prova, que é uma impressão prévia da obra, um protótipo das demais que virão na sequência. Paulo foi o exemplo típico da longanimidade divina, o modelo segundo o qual os outros são moldados. Para usar uma metáfora tirada de um ateliê de artista, Paulo era o esboço ideal de um convertido, um esboço da obra de Jesus em toda a humanidade, um desenho da longanimidade divina. Assim como os artistas primeiro desenham esboços a lápis como base para seu trabalho, cujos traços serão pintados à medida que sua obra avança, o Senhor trabalhou no caso do apóstolo fazendo um esboço esquemático de Sua graça usual. Para cada crente, o Senhor trabalha este esboço com uma variedade infinita de habilidades e produz o cristão individual, a partir das diretrizes que já estão todas delineadas lá. Todas as conversões são frequentemente muito semelhantes a este modelo de conversão. A transformação do perseguidor Saulo de Tarso em apóstolo Paulo é um exemplo típico da obra da graça no coração do homem.

Não nos estenderemos mais nessa introdução, mas prosseguiremos de imediato para algumas considerações sobre este tema. A primeira é que —

1. *Na conversão de Paulo, o Senhor tinha outras pessoas em mente também, e neste aspecto Paulo é um modelo.*

Sempre que um indivíduo é salvo, não é apenas para seu próprio bem, mas também para o bem de outros. Aqueles que consideram que a doutrina da eleição é algo severo não a podem negar, porque está nas Escrituras; mas em seus pensamentos talvez busquem suavizar alguns pontos, lembrando-se de que os eleitos têm uma conexão com a raça inteira. Os judeus, como povo eleito, foram escolhidos para preservar as palavras de Deus para todas as nações e para todos os tempos. Aqueles que foram pessoalmente eleitos para a vida eterna pela graça divina também o foram para serem vasos escolhidos, levando o nome de Jesus para os outros. Enquanto declaramos que nosso Senhor é o Salvador, especialmente por parte daqueles que creem, também dizemos que Ele é o Salvador de toda a humanidade[135]; e embora o Senhor tenha em mente o bem da pessoa que Ele escolheu, Ele tem desígnios de amor para com os outros por meio desta pessoa, talvez até mesmo para com os milhares que ainda não nasceram.

O apóstolo Paulo afirma: "Mas, por esta mesma razão, me foi concedida misericórdia, para que, em mim, o principal, evidenciasse Jesus Cristo a sua completa longanimidade, e servisse eu de modelo a quantos hão de crer nele para a vida eterna" (1Tm 1:16). Agora, vejo aqui muito claramente que *a conversão de Paulo estava diretamente relacionada com a conversão de muitos outros*. Será que isso não despertou a curiosidade e interesse na mente de seus irmãos fariseus? Os de sua classe, homens cultos, que estavam familiarizados com a filosofia grega e com os rabinos judeus, homens de influência, de posição, certamente perguntariam: "O que é essa nova fé que fascinou Saulo de Tarso? Aquele militante do judaísmo

---

[135] Referência a 1 Timóteo 4:10.

agora se tornou um militante do cristianismo; o que há de tão especial nisso?". Eu acredito que a conversão dele despertou naturalmente questionamentos e pensamentos, e assim levou outros de sua classe a se tornarem crentes. Além disso, meu caro amigo, se você foi salvo, você deve ver a sua salvação como um símbolo da misericórdia de Deus para com aqueles em seu grupo. Se você é um trabalhador, que sua salvação seja uma bênção para outros trabalhadores. Se você é alguém de status e boa posição, considere que Deus deseja abençoá-lo para o bem daqueles com quem você tem contato e familiaridade. Se você é jovem, Deus abençoará os jovens ao seu redor, e se você for mais idoso, sua conversão, mesmo que ocorra no último momento de sua vida, pode ser o meio de encorajar outros peregrinos mais velhos a buscar e encontrar descanso para a alma deles. Ao chamar um membro de qualquer sociedade humana, o Senhor convoca um oficial de recrutamento, que alistará seus companheiros sob a bandeira da cruz. Que este fato encoraje aquele que busca a ter esperança de que o Senhor o salvará e que, apesar de ser o único interessado em toda a sua família, fará dele o meio de salvação para todos os seus familiares.

Notamos que *Paulo frequentemente usava o relato de sua conversão como encorajamento para outros*. Ele não tinha vergonha de contar a história de sua própria vida. Alguns grandes evangelistas, como Whitefield e Bunyan, frequentemente se referiam à misericórdia de Deus demonstrada em si mesmos como um argumento para persuadir seus semelhantes. Existem outros grandes pregadores de outra escola, como Robert Hall[136] e Chalmers[137], que não mencionam a si mesmos, e eu admiro neles esta discrição; mas estou convencido de que se alguns de nós seguíssemos este exemplo, estaríamos descartando uma das armas mais poderosas de nosso arsenal. O que pode ser mais impactante, mais convincente, mais irresistível do que a história da graça divina contada pela própria pessoa que a experimentou? É muito mais eficaz do que 20 relatos de convertidos africanos[138] e infinitamente mais propensos a tocar o coração humano do que os ensaios mais elaborados sobre excelência moral. Repetidamente, Paulo compartilhou toda a história de sua conversão, porque sentiu que era o discurso mais eloquente que ele poderia comunicar[139].

Quer ele estivesse diante de Félix ou de Agripa[140], esse era seu apelo pelo evangelho. Em todas as suas epístolas, há menções contínuas da graça de Deus para com ele, e podemos ter certeza de que o apóstolo fez bem em argumentar a partir de sua própria experiência: é um raciocínio justo e convincente, e de forma alguma deve ser deixado de usar por um medo egoísta de ser considerado egocêntrico. Deus quer que usemos nossa conversão como encorajamento para outros, e que digamos a eles: "Venham e ouçam, todos vocês que temem a Deus, eu lhes direi o que Ele fez por minha alma". Apontamos para o perdão que recebemos e dizemos: "Apenas confie no Redentor vivo e você descobrirá, como nós, que Jesus apaga todas as transgressões dos que creem".

---

[136] Robert Hall (1764–1831), ministro batista inglês, escritor, reformador social e um excelente pregador.

[137] Thomas Chalmers (1780–1847), ministro presbiteriano, teólogo, economista político, autor e reformador social. Ele foi o primeiro moderador da Igreja Livre da Escócia

[138] Spurgeon não está menosprezando o trabalho dos primeiros cristãos protestantes que chegaram à África, durante toda a segunda metade dos séculos 18 e 19, mas sim enfatizando que o testemunho pessoal, ao vivo e a cores, impacta mais profundamente.

[139] Veja Atos 9:1-9; 26:9-18; 1 Coríntios 9:1; 15:8-15; Gálatas 1:15-17.

[140] Conforme narrado em Atos 24 e 26.

A conversão de Paulo foi um encorajamento para ele durante toda a sua vida para ter esperança por outros. Você já leu o primeiro capítulo da epístola aos Romanos? Bem, o homem que escreveu aquelas palavras terríveis poderia muito bem ter escrito ao final da seção: "Podem esses monstros ser regenerados? Não há sentido em pregar o evangelho para pessoas que estão tão imersas na impiedade". O referido capítulo nos mostra um esquema tão ousado tanto quanto a decência permite dos vícios indizíveis e vergonhosos em que o mundo pagão havia mergulhado, e apesar de tudo, Paulo prosseguiu em proclamar o evangelho para aquela geração suja e corrupta, crendo que Deus pretendia resgatar o povo de tal situação. Certamente, um elemento de sua esperança pela humanidade deve ter sido encontrado no fato de sua própria salvação. Em alguns aspectos, ele se considerava tão mal quanto os pagãos e, em outros aspectos, ainda pior: ele se autodenomina o *principal* dos pecadores e explica que Deus o salvou, antes de tudo, para que nele toda a longanimidade de Deus pudesse ser mostrada[141]. Paulo nunca duvidou da possibilidade de conversão de uma pessoa, não importa o quão infame o indivíduo seja, pois ele mesmo experimentou a conversão. Isso o fortaleceu em sua batalha contra os adversários mais ferozes — "Aquele que venceu uma besta tão selvagem quanto eu era, também pode domar outros e trazê-los para o cativeiro voluntário de seu amor".

Há ainda outra relação entre a conversão de Paulo e a salvação de outros, e é esta: *ela serviu como um impulso*, encorajando-o a cumprir a missão de sua vida — trazer pecadores a Cristo.

---

[141] Conforme 1 Timóteo 1:15-16.

Paulo relatou que obteve misericórdia e que, aquela mesma voz que lhe trouxe paz declarou: "…este é para mim um instrumento escolhido para levar o meu nome perante os gentios…" (Atos 9:15). E ele levou a cabo sua missão, meus irmãos. Ele foi para outras regiões, "para não edificar sobre fundamentos alheio" (Rm 15:20); pois ele se tornou um mestre construtor da Igreja de Cristo. Quão incansavelmente ele trabalhou! Quão fervorosamente ele orou! Com que poder ele pregou! Ele suportou a calúnia e o desprezo com a maior paciência. Os açoites ou apedrejamentos não o aterrorizavam. Ele sofreu prisões e desafiou a própria morte; nada poderia assustá-lo. Visto que o Senhor o salvara, ele sentiu que deveria, de todas as maneiras, alcançar outros. Paulo não conseguia ficar calado. O amor divino estava nele como um fogo, e se ele tentasse ficar em silêncio, logo teria que bradar como o profeta de outrora: "…estou cansado de [me] conter" (Jr 6:11). Ele é o homem que disse: "…pois sobre mim pesa essa obrigação; porque ai de mim se não pregar o evangelho!" (1Co 9:16). Paulo, aquele pecador notável, foi salvo para ser cheio de zelo extraordinário e trazer multidões à vida eterna. Ele poderia muito bem dizer —

Teu grande amor, ó Cristo me constrange
Para buscar as almas errantes dos homens;
Com clamor, súplicas e lágrimas, podes salvar,
Aquele que nas chamas do fogo está.

Minha vida, meu sangue, eu aqui apresento,
Se por Tua verdade eles podem servir;
Ó Deus soberano, cumpra então Teu intento!
Seja feita a Tua vontade e o Teu nome adorado para sempre![142]

Agora, vou pausar um minuto aqui para fazer uma pergunta. Caro amigo, você diz que é convertido. Que relação sua conversão já teve com outras pessoas? Deve ser uma relação muito evidente. Tem sido assim? O Sr. Whitefield disse que, quando seu coração foi renovado, seu primeiro desejo foi que seus companheiros, com os quais, em farras, ele havia esbanjado o seu tempo, pudessem vir a Cristo. Era o mais natural e recomendado que ele começasse com eles. Lembre-se de como um dos apóstolos, quando encontrou o Salvador, foi imediatamente contar a seu irmão[143]. É mais apropriado que os jovens dispensem seu primeiro entusiasmo religioso com seus irmãos e irmãs. E no caso de pais convertidos, sua primeira responsabilidade recai sobre seus filhos e filhas. Em cada pessoa transformada, as afinidades naturais, os laços de amizade, ou mesmo uma relação distante de vizinhos deve começar a agir imediatamente, e todos devem compreender que "...nenhum de nós vive para si mesmo..." (Rm 14:7).

Se a graça divina acendeu um fogo em você, é para que em seus semelhantes essa chama também possa arder. Se a fonte eterna o encheu de água viva, é para que rios de água viva fluam de seu interior. Você foi abençoado para abençoar, quem você já abençoou? Que esta pergunta chegue a todos; que ninguém se esquive dela. É a melhor forma de corresponder a Deus pois, sendo salvo por Ele, você deve esforçar-se para ser um instrumento em Suas mãos para salvar outros também. O que você fez até agora? Você já conversou com o

---

[142] Tradução livre de estrofes do hino *Shall I, For Fear of Feeble Man*, de Johann Joseph Winckler (1670–1722). Spurgeon cita a tradução para o inglês feita por John Wesley em 1739.

[143] Referência a João 1:40-41.

amigo que se senta ao seu lado, no mesmo banco? Ele já se sentou lá muitas vezes e pode ser um incrédulo; você já falou para ele sobre o Cordeiro de Deus? Alguma vez conversou com seus empregados sobre o destino da alma deles? Você já conseguiu quebrar o gelo para falar com sua própria irmã ou irmão? Caro amigo, comece hoje mesmo!

Não podemos saber de que forma misteriosa somos todos conectados aos nossos semelhantes e ao destino deles. Como você sabe, havia um sapateiro em Northamptonshire. E quem poderia ter visto a conexão entre ele e as milhões de pessoas na Índia? Mas o amor de Deus estava em seu peito, e Carey[144] não pôde descansar até que ele começou a traduzir a Palavra de Deus e pregar para seus semelhantes em Serampore. Não devemos pensar apenas nas poucas pessoas que Carey conduziu diretamente aos pés de Cristo, embora salvar uma única alma merece uma vida inteira de sacrifício; mas Carey foi o precursor e líder de um esforço missionário que não vai parar até que a Índia se curve diante do Emanuel. Misteriosamente, aquele homem atraiu, está atraindo e atrairá a Índia para o Senhor Jesus Cristo. Irmão, você não conhece a força do poder que habita em você. Acorde e experimente.

Você já leu esta passagem: "assim como lhe conferiste autoridade sobre toda a carne, a fim de que ele conceda a vida eterna a todos os que lhe deste" (Jo 17:2)? O Senhor deu a Seu Filho autoridade e poder sobre toda a carne, e com uma parte desse poder Jesus agora reveste Seus servos. Por meio de você,

---

[144] Conhecido como "Pai das Missões Modernas", William Carey (1761–1834) foi tradutor, reformador social, antropólogo cultural e fundador da Sociedade Missionária Batista Inglesa (1792). Ele foi missionário vitalício na Índia e um educador notável. Seu renome se dá principalmente pelo trabalho na área de tradução das Escrituras e pela fundação do primeiro seminário bíblico na Índia.

Ele quer dar vida eterna aos Seus escolhidos; por você, e não por qualquer outro meio, eles serão levados a Cristo. Olhe ao seu redor, homem ou mulher regenerada. Sua vida pode se tornar sublime. Levante-se! Comece a pensar no que Deus pode fazer por seu intermédio! Calcule as possibilidades que estão diante de você com o Deus eterno como seu ajudador. Sacuda a poeira e vista as belas vestes de amor abnegado pelos outros, e assim poderá manifestar como Deus tem sido grandioso ao salvar centenas de homens e mulheres graças a sua conversão. Até agora vemos que a salvação de Paulo serviu como padrão de todas as conversões, visto que era claramente voltada aos outros.

2. Segundo, *a posição de Paulo como o principal dos pecadores não o impediu de se tornar o principal na graça, e aqui novamente ele é um modelo para nós.*

Sendo o principal dos pecadores, Paulo se tornou o principal no ministério. Saulo de Tarso era um *blasfemador*, e temos que agradecê-lo por não ter registrado sequer uma de suas blasfêmias. Jamais nos oporemos à conversão de ladrões ou de limpadores de chaminés[145], de quem ouvimos tantas coisas. Eles contam a história de sua conversão; mas quando entram em detalhes sórdidos, seria melhor segurarem suas línguas. Paulo nos diz que havia sido um blasfemo, mas ele nunca repetiu uma única de suas blasfêmias. Em nosso próprio coração,

---

[145] O trabalho dos limpadores de chaminés era malvisto na sociedade inglesa industrial por ser uma das tarefas exercidas ocasionalmente por indivíduos marginalizados que perambulavam pelas ruas dos centros urbanos.

inventamos o mal o suficiente sem precisar ouvir as obscenidades dos outros. Se, no entanto, algum de vocês está tão curioso a ponto de querer saber que tipo de blasfêmia Paulo poderia ter proferido, basta conversar com um judeu convertido, e ele lhe contará as palavras horríveis que alguns de sua nação dizem contra nosso Senhor. Não tenho dúvidas de que Paulo, em seu estado de maldade, pensou perversamente sobre Cristo, até o limite de sua capacidade — considerava-o um impostor e se referia a Ele dessa forma, e acrescentou muitos epítetos vergonhosos. Paulo não disse sobre si mesmo que ele era um incrédulo e um opositor, mas que era um blasfemador. É uma palavra muito forte, mas não forte demais, visto que o apóstolo nunca foi além da verdade. Ele era um blasfemador direto e franco, que também levou outros a blasfemarem. Será que essas palavras chegarão a algum profano para levá-lo a sentir a enormidade de seu pecado? Que Deus permita que ele seja encorajado a buscar misericórdia como Saulo de Tarso o fez, pois o Senhor perdoa os homens de "...todo pecado e blasfêmia..." (Mt 12:31).

Da blasfêmia, que é o pecado dos lábios, Saulo passou para a *perseguição*, que é o pecado das mãos. Odiando a Cristo, ele odiava Seu povo também. Se deleitou em dar seu voto de aprovação à morte de Estêvão, e ficou encarregado de cuidar das roupas daqueles que apedrejaram aquele mártir. Ele arrastou homens e mulheres para a prisão e os forçou a blasfemar. Quando havia caçado os cristãos em toda a Judeia o mais assiduamente possível, ele obteve cartas para ir a Damasco, a fim de fazer o mesmo lá. Sua presa foi forçada a deixar Jerusalém e fugir para lugares mais remotos; "...E, demasiadamente enfurecido contra eles, mesmo por cidades estranhas os perseguia"

(At 26:11). Ele foi o principal em termos de blasfêmia e perseguição. Há algum perseguidor que pode ler ou ouvir tais palavras? Nesse caso, ele pode ver que o perdão é possível até mesmo para ele. Jesus, que disse: "...Pai, perdoa-lhes, porque não sabem o que fazem..." (Lc 23:34), ainda é o Intercessor para o mais violento de Seus inimigos.

Além disso, Paulo acrescenta que foi *insolente*. O comentarista Bengel considera que se isso se refere à atitude desdenhosa de Saulo — a blasfêmia era o seu pecado contra Deus, a perseguição era o seu pecado contra a Igreja e o desprezo era o pecado do seu próprio coração. Ele era insolente — isto é, ele fez tudo o que pôde para prejudicar a causa de Cristo e, portanto, prejudicou a si mesmo. Ele chutou contra o aguilhão e feriu sua própria consciência. Ele estava tão determinado contra Cristo que não poupou esforços para impedir a propagação da fé, e o fez terrivelmente; ele foi um líder na resistência contra o Espírito de Deus que naquele momento estava trabalhando com a Igreja de Cristo. Paulo foi o principal em oposição à cruz de Cristo.

Agora, observe que ele foi salvo como um modelo para mostrar que, se houver alguém aqui que é o principal dos pecadores, você também pode obter a mesma misericórdia que Paulo obteve. E também para evidenciar a você que, se você não está entre os principais, a graça de Deus que pode salvar até o principal dos pecadores, pode certamente salvar pecadores mais brandos. Se a ponte da graça pode suportar um elefante, certamente ela também pode suportar um rato. Se a misericórdia de Deus pode perdoar os maiores pecadores, também pode perdoar você. Se a porta é larga o suficiente para um gigante entrar, qualquer mortal de tamanho normal será capaz de encontrar espaço suficiente. A salvação do "chefe dos pecadores" consegue cortar a cabeça do desespero e colocá-la em um poste. Ninguém pode dizer agora que é pecador demais e que não pode ser salvo, visto que o principal dos pecadores foi salvo há 1.800 anos. Se o líder, o chefe da gangue, foi lavado no sangue precioso de Jesus e agora está no Céu, por que não eu? Por que não *você*?

Depois que Paulo foi salvo, ele se tornou o principal dos santos. O Senhor não preparou um lugar de segunda classe para ele na Igreja. Paulo tinha sido o maior dos pecadores, mas independentemente disso o Senhor não lhe disse: "Eu o salvei, mas sempre me lembrarei da sua maldade, para sua humilhação". Nada disso! Cristo o considerou fiel e o colocou no ministério e no apostolado, de forma que ele não ficou para trás nem um milímetro em relação ao chefe dos apóstolos. Irmão, se você vagou longe no pecado, agora há muito mais motivo para ir além na utilidade de seu serviço. Pois há uma razão pela qual você deve fazer isso, visto que é uma regra da graça: a quem muito é perdoado, muito ama, e muito amor leva a muito serviço[146].

Que homem foi mais claro do que Paulo em seu conhecimento da doutrina? Quem foi mais zeloso com a defesa da fé? Quem foi mais abnegado? Quem foi mais heroico? Na Igreja Cristã, o nome de Paulo, em certos aspectos, é muito próximo ao do Senhor Jesus. Vá ao Novo Testamento e veja quanto espaço é ocupado pelo Espírito Santo falando por meio de Seu servo Paulo; e então olhe

---

[146] Conforme Lucas 7:44-47.

por toda a cristandade e perceba a enorme influência desse homem, que ainda é sentida, e continuará assim até que seu Senhor venha. Ó grande pecador, se nesta hora você ainda está prestes a zombar de Cristo, minha oração é que Ele possa derrubá-lo neste exato momento e transformá--lo em um de Seus filhos; que Ele o torne tão fervoroso pela verdade quanto você agora é intenso contra ela, e tão desesperadamente determinado para o bem quanto você o é agora para o mal. Os cristãos mais fortes e poderosos e os pregadores mais fervorosos quase sempre são aqueles que foram levantados das profundezas do pecado e lavados e purificados com o sangue de Jesus Cristo. Que a graça faça isso com você, caro amigo, seja você quem for.

E assim lemos em nosso texto que o Senhor mostrou misericórdia a Paulo, e que nele de uma forma primordial pode-se ver que a proeminência no pecado não é uma barreira para a eminência na graça, mas exatamente o contrário. Agora chegamos à ênfase principal do texto.

3. *O caso de Paulo é um modelo para outras conversões como um exemplo de longanimidade.*

"Para que, em mim, o principal, evidenciasse Jesus Cristo a sua completa longanimidade, e servisse eu de modelo a quantos hão de crer..." (1Tm 1:16). Observemos com atenção a grande longanimidade de Deus para com Paulo: o Senhor concedeu a ele "a sua completa longanimidade". Não apenas a longanimidade de Deus que sempre foi demonstrada a qualquer outra pessoa, mas tudo o que poderia existir — a completa longanimidade do Senhor.

*Da Tua mais intensa graça eu desfruto,
E em mim habita o Teu amor mais profundo.*[147]

É como se ele tivesse chegado ao extremo da corda em seu pecado, e o Senhor também tivesse estendido Sua misericórdia ao máximo.

Essa longanimidade foi vista, primeiro, *em poupar sua vida* quando ele estava correndo precipitadamente para o pecado, exalando ameaças, espumando pela boca com denúncias contra o Nazareno e Seus seguidores. Se o Senhor simplesmente tivesse levantado um dedo, Saulo teria sido esmagado como uma mariposa, mas a ira do Todo-Poderoso foi contida e o rebelde sobreviveu. E isso não era tudo; depois de todo o seu pecado, o Senhor tornou possível que ele recebesse essa misericórdia. Ele era blasfemo e perseguia ao extremo; não é maravilhoso que o Senhor não lhe tenha dito: "Agora, de fato, você esgotou a minha paciência, por isso morrerá como Herodes, comido de vermes"[148]? Não seria surpresa alguma se Deus o tivesse condenado dessa forma; contudo Ele permitiu que Saulo vivesse ao alcance da misericórdia e, melhor ainda, no tempo devido o Senhor enviou o evangelho a ele e colocou as boas-novas da redenção em seu coração. No ápice da rebelião de Saulo, o Senhor o salvou. Ele não estava orando ou buscando conversão, nada disso: sem dúvida, naquele mesmo dia, na estrada para Damasco, ele profanou o nome do Salvador. No entanto a poderosa misericórdia irrompeu e, puramente

---

[147] Tradução livre de versos do hino *Christ in You, the Hope of Glory*, de Gerhard Tersteegen (1697–1769) e Paul Gerhardt (1607–76).
[148] Conforme Atos 12:23.

por seu espontâneo fluir, salvou a vida desse perseguidor da Igreja. Ó graça poderosa, graça livre, graça vitoriosa! Isso foi, sem dúvida, longanimidade!

Quando a misericórdia divina alcançou Paulo, *varreu todo o seu pecado*; cada partícula de pecado, o sangue que ele derramou e todas as suas blasfêmias, foram eliminadas de uma só vez, de modo que nunca um homem esteve mais seguro de sua purificação perfeita do que esse apóstolo. "Agora, pois, já nenhuma condenação há para os que estão em Cristo Jesus" (Rm 8:1). "Justificados, pois, mediante a fé, temos paz com Deus..." (Rm 5:1). "Quem intentará acusação contra os eleitos de Deus?..." (Rm 8:33). Percebemos o quão claro isso era para Paulo — e ele falava por experiência própria. A longanimidade de Deus havia lavado todos os seus pecados, então aquela generosidade que o alcançou nas profundezas do pecado elevou-o ao apostolado, de modo que ele começou a provar a graça de Deus no grau mais elevado de seu favor. Que privilégio deve ter sido para Paulo receber do Senhor a permissão para pregar o evangelho! Às vezes eu penso que quando Paulo estava pregando com mais fervor, ele parava um pouco e se questionava: "Paulo, é você mesmo quem está pregando?". Especialmente quando foi para Tarso, deve ter ficado maravilhado consigo próprio e com a poderosa misericórdia de Deus. Agora ele pregava a fé que antes oprimira. Muitas vezes depois de um sermão, Paulo certamente dizia ao ir para casa descansar: "Maravilha das maravilhas! Milagre dos milagres! Eu antes costumava amaldiçoar, mas agora me foi concedido pregar — eu que aterrorizava e que exalava matança, agora posso ser tão inspirado pelo Espírito de Deus que só o som do nome de Jesus me comove, e "...considero tudo como perda, por causa da sublimidade do conhecimento de Cristo Jesus, meu Senhor..." (Fp 3:8).

Ó, irmãos e irmãs, não percebemos a extensão da longanimidade até que a aceitemos em sua totalidade, de um extremo ao outro, e vejamos que Deus em Sua misericórdia não se lembra dos pecados de Seu servo, mas o eleva a um serviço eminente em Sua Igreja. Este é um exemplo para que saibamos que Deus demonstrará a mesma longanimidade para com aqueles que creem. Se você foi um blasfemador, Ele limpará a sua boca suja e a encherá com louvores celestiais. Se você teve um coração cruel e cheio de inimizade em relação a Jesus, Ele o removerá e lhe dará um coração puro e um espírito reto. Você caiu em todos os tipos de pecados? Eles são tão infames que você nem ousa pensar neles? Pense no sangue precioso de Jesus que remove todas as manchas. Seus pecados são tantos que você nem consegue contá-los? Você se sente como se já estivesse praticamente amaldiçoado ao lembrar-se de sua própria vida? Não me surpreendo com a vastidão do pecado humano, porém Jesus pode salvar qualquer pessoa que se aproxima de Deus por meio dele. Você não foi mais longe do que Saulo e, portanto, toda a longanimidade pode vir a você, e há grandes possibilidades futuras de santidade e utilidade diante de você. Mesmo que você tenha se prostituído ou tenha sido um ladrão, se a graça de Deus o purificar, ela pode fazer algo maravilhoso por você, pois muitas joias reluzentes da coroa do Emanuel foram tiradas do monturo. Você é um bloco de rocha maciço, contudo Jesus pode moldá-lo, polir e fazer de você uma coluna em Seu templo.

Irmão, não se desespere. Veja o que Saulo era e o que Paulo se tornou, e aprenda o que você pode vir a ser. Embora você mereça as profundezas do inferno, a graça o elevará às alturas do Céu. Mesmo que você sinta que seus companheiros devem ser os demônios do abismo, visto que você é um espírito perdido, creia no Senhor Jesus e um dia você andará entre os anjos e será tão alvo e puro quanto eles. O objetivo da experiência de Paulo com a graça longânime era ser um modelo do que Deus fará com você.

Assim diz a Escritura:
"Onde abundou o pecado,
A graça superabundou";
Assim, Satanás foi derrotado;
Seu domínio aniquilado.
Espalhe a boa-nova gloriosa por onde você for.
Porque Cristo triunfou!

Forte é o pecado, mas a graça é mais forte;
Cristo é supremo, diante dele o diabo é mui pequeno;
Não cedas ao pecado traiçoeiro,
Antes volte-se para Cristo por inteiro,
Pecadores, perdoados, doravante estimados.
Pois Ele triunfou![149]

---

[149] Tradução livre do hino 513, Grace abounding, de Albert Midlane (1825–1909), em *Our own Hymn-book. A collection of Psalms and Hymns for public, social, and private worship.* Compiled by C. H. Spurgeon, 1866.

4. O modo da conversão de Paulo também deve ser um modelo, e com isso terminaremos.

Não estou dizendo que devemos esperar receber a revelação milagrosa que foi concedida a Paulo, mas sim que ela é um esboço sobre os qual qualquer conversão pode ser realizada. As cores usadas para tal composição serão diversificadas, já que não há dois casos idênticos, mas será executada dentro dos mesmos contornos. Assim, a conversão de Paulo serve como uma diretriz à obra de salvação direcionada a qualquer um de nós. E como essa conversão aconteceu? Bem, claramente não havia nada em Paulo que contribuísse para a salvação dele. Você poderia passá-lo por uma peneira e não teria encontrado a menor esperança de sua conversão à fé em Cristo. Sua inclinação natural, sua formação farisaica, todas as suas circunstâncias e as ambições de sua vida, tudo o orientava para o judaísmo e o tornava o menos propenso a se tornar um cristão. O primeiro presbítero da igreja a falar com ele das coisas de Deus acreditou com dificuldade em sua conversão, pois disse: "...Senhor, de muitos tenho ouvido a respeito desse homem, quantos males tem feito aos teus santos em Jerusalém" (At 9:13). Ele não conseguia acreditar na possibilidade de um lobo tão voraz ter se transformado em cordeiro. Em Saulo não havia nada favorável para levá-lo à fé em Jesus; o solo de seu coração era muito rochoso, o arado não conseguia sulcá-lo e a boa semente não podia criar raízes. Mesmo assim o Senhor converteu Saulo e Ele pode fazer o mesmo com outros pecadores, mas deve ser uma obra de pura graça e poder divino, visto que na natureza caída do homem não há santidade sequer do tamanho da cabeça de um alfinete de onde a graça pudesse brilhar. A graça transformadora não pode encontrar um lar natural em nosso coração; ela precisa criar seu próprio terreno, e bendito seja Deus que assim pode fazer, "porque para Deus tudo é possível" (Mc 10:27)! A natureza não contribui com nada para a graça e, no entanto, a graça sempre vence. Almas humildes, sejam encorajadas por isto: mesmo que não haja nada de bom em você, a graça pode efetuar milagres e salvá-lo pelo próprio poder que dela emana.

A conversão de Paulo foi um exemplo de poder divino e nada mais, e assim é com toda conversão verdadeira. Se a sua conversão é um exemplo do poder do pregador, você precisa de uma conversão nova, verdadeira; se a sua salvação é o resultado do seu próprio poder, é um engano miserável do qual você precisa se livrar. Todo aquele que é salvo deve ter a ação do poder de Deus, o Espírito Santo: cada jota e cada til da verdadeira regeneração é obra do Espírito. Quanto à nossa força, ela luta contra nossa salvação e não a favor dela. Bem-aventurada é a promessa: "Apresentar-se-á voluntariamente o teu povo, no dia do teu poder..." (Sl 110:3). A conversão é obra da onipotência de Deus tanto quanto a ressurreição; e assim como os mortos não podem ressuscitar por si só, as pessoas também não se convertem por elas mesmas.

Entretanto Saulo mudou imediatamente. Sua conversão aconteceu uma vez e de uma vez por todas. Houve um pequeno intervalo até que ele encontrasse a paz, mas mesmo durante aqueles três dias ele já era um homem transformado, embora estivesse triste. Em um momento ele estava sob o poder de Satanás, e no seguinte ele já estava sob o senhorio da graça. Isso é verdade para todas as conversões. Embora o romper do dia seja gradual, há um momento em que o

Sol está logo abaixo do horizonte e um momento em que já não está mais. Você pode não saber o momento exato em que você passou da morte para a vida, mas este momento de fato aconteceu se você realmente é um nascido de novo. Talvez um homem não saiba exatamente sua idade, mas certamente houve um dia em que ele nasceu. Em cada conversão, há uma mudança evidente das trevas para a luz, da morte para a vida, tão verdadeira como houve na conversão de Paulo. A rapidez da regeneração nos apresenta uma esperança tremendamente preciosa! Não escapamos do pecado por uma estrada lenta, longa e laboriosa, mas pela ação libertadora de Deus. Não somos compelidos a permanecer no pecado por nem mais um único segundo sequer. A graça traz liberdade instantânea para aqueles que estão cativos. Quem confia em Jesus é salvo aqui e agora. Então, por que permanecer no pecado? Por que não erguer os olhos e obter vida e luz imediatamente?

Paulo provou sua regeneração por meio de sua fé. Ele cria na vida eterna. Em suas epístolas, ele nos diz repetidamente que foi salvo pela fé e não pelas obras. É assim com todo ser humano; se ele é salvo, é simplesmente por crer no Senhor Jesus. Paulo considerava suas obras menos do que nada, ele declarou: "...deixei de lado todas as coisas e as considero menos que lixo, a fim de poder ganhar a Cristo e nele ser encontrado..." (Fp 3:8-9 NVT), e assim também todo aquele que se converte renuncia às suas próprias obras para ser salvo somente pela graça. Se você foi alguém moral ou imoral, se viveu de forma amável e excelente, ou se foi arrastado para o canil do pecado, todo aquele que foi regenerado têm apenas uma esperança, e ela está centrada e fixada somente em Jesus. A fé em Jesus Cristo é a marca da salvação, assim como o movimento dos pulmões ou a respiração nas narinas é a prova de vida. A fé é a graça que salva a alma e sua ausência é um sinal de morte. Como isso afeta você, caro amigo? Você tem fé ou não?

Paulo foi salvo de forma positiva e evidente. Você não precisaria se perguntar: "Este homem é cristão ou não?", visto que a transformação dele era mais que evidente. Se Saulo de Tarso aparecesse aqui como ele era e o apóstolo Paulo também estivesse presente, e pudéssemos ver os dois, pensaríamos que não havia relação entre eles. O apóstolo Paulo teria dito que ele estava morto para Saulo de Tarso, e Saulo de Tarso teria rangido os dentes contra o apóstolo Paulo. Para todos os que o conheciam, a mudança era evidente, independentemente de a apreciarem ou não. Eles não tinham como deixar de ver a notável diferença que a graça havia efetivado, pois era tão grande quanto a diferença entre a meia-noite e o meio-dia. Isto é o que acontece quando um homem é realmente salvo: há uma mudança que as pessoas ao nosso redor percebem. Se você é um filho que está em casa e se torna cristão, você não pode me dizer que seus pais não perceberão a diferença em sua vida; eles certamente a verão. Um leopardo colocado em exibição pode perder suas manchas e ninguém notar? Pode um etíope tornar-se branco e ninguém falar sobre isso? Quanto a vocês, senhoras e senhores, não continuarão caminhando e circulando entre seus empregados e filhos sem que eles percebam que vocês mudaram, se vocês nascerem de novo. Pelo menos, prezado irmão ou irmã, esforce-se de todo o coração para tornar a mudança muito evidente no modo que você fala, em suas ações e em toda a sua conduta. Permita que sua conversa se torne como o evangelho de Cristo para que os homens possam ver que você, assim como o apóstolo, foi evidentemente transformado pela renovação de sua mente.

Que todos nós estejamos sujeitos à graça divina como Paulo: que o curso desordenado de nossa vida seja interrompido, que sejamos cegados pela glória da luz celestial, chamados por uma voz misteriosa, cientes da cegueira natural, livres das escamas dos olhos e livres para ver Jesus como tudo em todos. Que possamos experimentar em nós mesmos quão rapidamente a convicção se torna conversão, a conversão em confissão e a confissão em consagração.

Eu fiz isso quando investiguei até que ponto estamos conformados com o padrão que Deus estabeleceu diante de nós. Sei que somos como Paulo quanto aos nossos pecados, pois se não blasfemamos ou perseguimos, certamente pecamos quando a oportunidade surgiu. Também nos conformamos ao modelo de Paulo na grande longanimidade de Deus que experimentamos, e creio que podemos levar esse paralelo ainda mais longe: tivemos quase a mesma revelação que Paulo recebeu no caminho de Damasco, porque nós, também, descobrimos que Jesus é o Cristo. Se alguém pecar contra Cristo, não será porque não sabe que Ele é o Filho de Deus, visto que todos nós acreditamos em Sua divindade, como a Bíblia nos ensina. O padrão pode prosseguir: eu desejo que a graça de Deus aja em você, caro amigo que ainda não é convertido, e complete o quadro, dando-lhe a mesma fé de Paulo. Então você será salvo, assim como esse apóstolo foi. Além disso, você amará a Cristo acima de tudo, como Paulo, e dirá: "Mas o que, para mim, era lucro, isto considerei perda por causa de Cristo. Sim, deveras considero tudo como perda, por causa da sublimidade do conhecimento de Cristo Jesus, meu Senhor..." (Fp 3:7-8). Ele descansou na obra de Cristo em Sua morte e ressurreição e imediatamente encontrou o perdão e a vida eterna, e tornou-se, portanto, um cristão devotado.

O que você diz, prezado amigo? Você se sente motivado a seguir o exemplo de Paulo? O Espírito de Deus o leva a confiar no Salvador de Paulo, a renunciar a todas as outras crenças e a confiar somente nele? Se for assim, faça isso e você viverá. Parece que há certa mão que o detém e que você ouve um sussurro maligno que lhe diz: "Você é pecador demais?". Vire-se para esse demônio e ordene que se retire, porque o texto bíblico o contradiz: "...para que, em mim, *o principal*, evidenciasse Jesus Cristo a sua completa longanimidade, e servisse eu de modelo a quantos hão de crer nele..." (1Tm 1:16). Deus salvou Paulo. Para trás, então, ó diabo! O Senhor pode salvar qualquer um, e Ele pode salvar a mim também. Jesus Cristo de Nazaré tem o poder de salvar, e nele eu confiarei. Se algum coração humilde raciocina assim, sua lógica será boa e incontestável. A misericórdia para um é argumento a favor da misericórdia para outro, pois não há diferença, "uma vez que o mesmo é o Senhor de todos, rico para com todos os que o invocam" (Rm 10:12).

Já lhes apresentei o caso e não posso fazer mais nada; cabe apenas a cada indivíduo aceitar ou rejeitar. Um homem pode levar um cavalo ao cocho, mas nem mesmo cem homens podem fazê-lo beber. Aqui está o evangelho; se você quiser, pegue-o, mas se você não quiser, então posso aliviar minha alma lembrando-lhe que mesmo o evangelho gentil, o evangelho do amor e da misericórdia, não tem nada mais a dizer a você do que isto: "...o que não crê já está julgado..." (Jo 3:18).

Ó ímpio pecador, a ti pertencem as profundezas do inferno,

Pois desprezas a graça do Senhor;
Que correntes de vingança sentirás,
Se o Seu amor insistires em rejeitar.[150]

Deus permita que você se entregue ao amor poderoso e encontre paz em Cristo Jesus.

---

[150] Tradução livre de uma das estrofes do hino *Frailty and Folly*, de Isaac Watts (1674–1748).

14

ONÉSIMO: A HISTÓRIA DE UM ESCRAVO FUGITIVO [151]

*Pois acredito que ele veio a ser afastado
de ti temporariamente, a fim de que o recebas
para sempre.* —Filemom 1:15

A natureza é egoísta, mas a graça é amorosa. Quem se vangloria de não precisar de ninguém (e de que ninguém precise dele) é o oposto do cristão, pois quando Jesus Cristo purifica um coração Ele o expande. Ninguém é tão sensível ou compreensivo como nosso Mestre e, se realmente somos Seus discípulos, a mesma mente que estava em Cristo Jesus, estará em nós. O apóstolo Paulo possuía um grande coração e era muito compreensivo. Com certeza ele tinha

---

[151] Sermão nº 1268, publicado em 1875. Ministrado no *Metropolitan Tabernacle*, Newington.

muitos afazeres em Roma, suportando suas próprias tribulações e pregando o evangelho. Se em algum momento, como o sacerdote da parábola do Bom Samaritano, ele tivesse "passado de largo" por alguém, certamente ele poderia ser perdoado, já que estava ocupado no assunto urgente do Mestre que certa vez deu a seguinte instrução aos Seus 70 enviados: "...a ninguém saudeis pelo caminho" (Lc 10:4). Teríamos entendido se a resposta de Paulo fosse: "Não tenho tempo para atender as necessidades de um escravo fugitivo". Mas essa não era a forma de pensar do apóstolo. Ele pregou, Onésimo se converteu e, desde então, Paulo considerava-o como seu próprio filho. Não sabemos a razão pela qual Onésimo se aproximou de Paulo. Talvez tenha sido como muitos jovens rebeldes se aproximaram de mim: porque seus pais me conheciam; e assim, como o senhor de Onésimo conhecia a Paulo, o servo foi até o amigo de seu senhor para talvez pedir uma pequena ajuda em sua situação de necessidade. De qualquer forma, Paulo aproveitou a oportunidade e lhe falou de Jesus, e o escravo fugitivo, converteu-se ao Senhor Jesus Cristo.

Paulo o observou, admirou o caráter desse crente e ficou feliz por ser servido por ele. Quando considerou que era bom para Onésimo voltar ao seu senhor, Filemom, o apóstolo deu-se ao trabalho de redigir uma carta de desculpas em favor de Onésimo. Tal carta revela muita reflexão, visto que cada palavra é cuidadosamente selecionada. Embora ela tenha sido inspirada pelo Espírito Santo, a inspiração não impede o ser humano de exercitar seu pensamento e prestar atenção e cuidado ao que escreve. Cada palavra foi escolhida com um propósito. Se Paulo estivesse pedindo algo para si mesmo, não poderia ter formulado o pedido de uma forma mais sábia ou convicta. Como sabemos, Paulo não costumava escrever suas cartas de próprio punho, mas ele ditava para um copista. Supõe-se que ele tivesse alguma doença nos olhos, e que por isso, ao escrever, usava letras maiúsculas e grandes, como registrado em uma de suas epístolas: "Vede com que letras grandes vos escrevi de meu próprio punho" (Gl 6:11). Não é uma carta extensa e provavelmente ele fazia referência ao tamanho das letras que usava cada vez que ele mesmo escrevia. Esta carta a Filemom, pelo menos parte dela, foi escrita pessoalmente e não ditada. Veja: "Eu, Paulo, de próprio punho, o escrevo: Eu pagarei..." (Fm 1:19). Esta é a única carta de crédito que encontrei nas Escrituras — é uma nota promissória em branco que diz: pagarei por qualquer quantia que Onésimo lhe tenha roubado.

Devemos cultivar um espírito compassivo e demonstrar compreensão para com o povo de Deus, especialmente com os novos convertidos, ao descobrirmos que eles estão em dificuldades por decorrência de algum erro cometido no passado. Se há algo que precisa ser esclarecido, não vamos condená-los imediatamente, dizendo: "Você roubou o seu senhor, não é mesmo? Você diz ser crente, mas nós não acreditamos nisso". Tal tratamento de severa suspeita talvez seja merecido, mas não é isso que nos ensina o amor de Cristo. Devemos tentar restaurar os caídos e dar a eles o que comumente chamamos de "chance de recomeçar". Se Deus já o perdoou, certamente nós também podemos perdoar, e se Jesus Cristo os recebeu, não podem ser tão ruins para que não os recebamos. Façamos por eles o que Jesus faria se estivesse aqui, e então seremos verdadeiramente Seus discípulos.

Deste modo, apresento-lhes esse texto e notem, primeiramente, que nele está *um exemplo peculiar da graça divina*. Em seguida, o texto nos apresenta *um caso de pecado anulado*. E por fim, veremos no texto *um exemplo de relacionamento aprimorado pela graça*, porque agora aquele que foi servo por um período permanecerá com Filemom por toda a vida, não mais como escravo, mas como irmão amado.

1. Primeiro, vamos olhar para Onésimo como *um exemplo da graça divina*.

Vemos a graça de Deus em sua *escolha*. Onésimo era um escravo. Naquela época os escravos eram iletrados, leigos e desprezados. Sendo barbaramente utilizados, eles por sua vez se afundavam na mais baixa barbárie, e nem os seus senhores tentavam tirá-los desta situação. É bem provável que a tentativa de Filemom de fazer o bem a Onésimo tenha trazido grande incômodo a esse escravo, e assim provocado a fuga dele. As orações, advertências e normas cristãs de seu senhor talvez fossem desagradáveis ao escravo, e por isso tenha partido. Ele agiu de maneira errada com seu senhor, o que ele dificilmente poderia ter feito se não tivesse sido tratado como um servo de certa confiança. Possivelmente, a bondade incomum de Filemom que foi depositada em Onésimo pode ter sido demais para sua natureza indomada. Não sabemos exatamente o que ele roubou, mas evidentemente ele tinha levado algo, visto que o apóstolo diz: "E, se algum dano te fez ou se te deve alguma coisa, lança tudo em minha conta" (Fm 1:18). Onésimo fugiu de Colossos e, pensando que os ministros de justiça teriam assim menor probabilidade de encontrá-lo, dirigiu-se para Roma, que naquela época era tão grande quanto ou até maior que Londres hoje. Onésimo pensou que ali naquelas favelas, como é agora o bairro judeu de Roma, poderia se esconder; e entre aquelas gangues de ladrões que infestavam à cidade imperial, ninguém o reconheceria nem saberia nada dele, e, portanto, ele poderia viver de forma fácil e livre de ladrão. Mas preste atenção, o Senhor o viu desde o Céu com olhos de amor e pôs o Seu olhar sobre Onésimo.

Será que não havia homens livres, que Deus teve de escolher um escravo? E não havia escravos fiéis, para que Deus tivesse que escolher aquele que furtara o dinheiro do seu senhor? Será que não havia ninguém entre os educados e corteses, e foi por isso que Deus teve que lançar Seu olhar sobre um bárbaro? Não havia ninguém entre os excelentes e os honestos, para que o amor infinito se fixasse em tal ser degradado que agora se misturava à escória da sociedade? Nem quero pensar no que era a escória da sociedade na Roma antiga; pois, se as classes altas eram tão brutais em seus hábitos cotidianos quanto podemos muito bem imaginar, como era a mais baixa escória não podemos conceber. Onésimo era parte do esgoto de uma fossa de pecado. Se você puder, leia o primeiro capítulo de Romanos e verá em que condição horrível estava o mundo pagão daquela época, e Onésimo estava entre os piores. No entanto, o amor eterno, que passou por reis e príncipes e deixou que fariseus e saduceus, filósofos e mágicos tropeçassem nas trevas segundo suas próprias escolhas, fixou Seu olhar sobre essa pobre e ignorante criatura para ser transformada em um vaso de honra, digno de ser usado pelo Senhor.

Quando o Eterno curva os céus
Para visitar os seres terrenos,
Com desdém divino, Ele desvia o olhar
Das torres de reis altivos.

Ele ordena que Sua carruagem terrível desça
Rapidamente do céu para a terra
Para visitar cada alma humilde,
Com prazer em Seus olhos.

Por que o Senhor que reina nas alturas
Trataria com desdém os príncipes arrogantes?
Diga-me, Senhor, por que tais olhares amorosos
Sobre seres tão indignos?

Mortais, calem-se: que criatura ousa
Contestar Sua terrível vontade?
Não lhe peçam satisfação de Seu proceder,
Mas tremam e aquietem-se.

Assim como é Sua natureza, é Sua graça,
Totalmente soberana e disponível;
Grande Deus, quão insondáveis são os Seus caminhos,
Quão inescrutáveis são os Seus juízos![152]

"Terei misericórdia de quem me aprouver ter misericórdia e compadecer-me-ei de quem me aprouver ter compaixão"

---

[152] Tradução livre do hino *The Grace of God*, ou *Divine Condescending*, de Isaac Watts (1674–1748).

(Rm 9:15) é uma declaração que soa como um trovão seja desde a cruz do Calvário ou desde o monte Sinai. O Senhor é soberano, e faz a Sua vontade. Contemplemos com admiração esse amor maravilhoso que escolheu alguém como Onésimo!

Também, podemos ver a graça na *conversão* deste escravo fugitivo.

Observe! Parece improvável que ele se converta. É um escravo asiático da mesma classe que um marinheiro comum do sudeste da Ásia, um pagão. Contudo, Onésimo estava em uma condição ainda pior do que um desses marujos, pois estes são livres e provavelmente homens honestos. Mas Onésimo havia sido desonesto e muito ousado, visto que depois de roubar o que pertencia ao seu dono, ele teve a audácia de empreender uma longa viagem de Colossos até Roma. Mas quando o amor eterno procura converter um homem, convertido ele será. Talvez Onésimo tinha escutado Paulo pregar em Colossos e em Atenas, mas sem que isso lhe causasse alguma impressão. Em Roma, Paulo não estava pregando na Basílica de São Pedro ou em nenhum edifício tão nobre como este. Paulo não estava pregando em um lugar como o tabernáculo, onde Onésimo poderia ter um assento confortável, nada disso. Provavelmente era na parte de traz da colina Palatina, onde a guarda pretoriana tinha seus alojamentos e onde havia uma prisão chamada Pretório. Paulo ficava sentado em uma sala vazia dentro do quartel da prisão, com suas mãos acorrentadas a um soldado, pregando a todos a quem fosse permitido ouvi-lo e foi ali que a graça de Deus alcançou o coração desse jovem desregrado. Ó, que transformação imediata ocorreu nele! Agora vemos Onésimo se arrependendo de seu pecado, com o coração pesado ao pensar que havia lesado um homem bom, deprimido ao ver a depravação de seu coração e o erro de sua vida. Ele chora; Paulo prega Cristo crucificado para ele, e em seus olhos há uma expressão de alegria, pois um fardo foi tirado daquele coração atribulado. Agora, há novos pensamentos que iluminam essa mente sombria; até mesmo seu semblante mudou, e Onésimo foi completamente renovado, visto que a graça de Deus pode transformar o leão em cordeiro, o corvo em pomba.

Não tenho dúvida de que alguns de nós, são exemplos maravilhosos da escolha divina e do chamado eficaz como aconteceu com Onésimo. Portanto, devemos reconhecer a bondade amorosa do Senhor e dizer em nosso coração: "Que toda a glória seja para Cristo. O Senhor realizou isso, e a Ele seja toda honra, para sempre".

A graça de Deus foi evidente *no caráter produzido em Onésimo* depois de sua conversão, porque ele aparece como alguém útil, ajudador e valioso. Paulo afirmou isso. O apóstolo estava disposto a tê-lo como seu colaborador; não é todo aquele que se converte que escolhemos como companheiro. No caminho encontraremos pessoas estranhas, que sem dúvida entrarão no Céu porque são peregrinos que estão no caminho certo, mas de quem preferimos manter certa distância visto que são incômodos e complicados, e que são à nossa natureza como certos remédios desagradáveis ao nosso paladar. Eles são como ouriços espirituais; eles estão vivos e são úteis e certamente exemplificam a sabedoria e a paciência de Deus, mas não são bons companheiros, você não os quer por perto. Mas, evidentemente, Onésimo era de um espírito bom, terno e gentil. Imediatamente Paulo o considerou como seu irmão e expressou seu desejo de mantê-lo. Não parece ser uma prova convincente da mudança de atitude em Onésimo o fato de, tendo ele sido enviado de volta ao seu senhor, ele realmente retornar a Filemom? Como Onésimo estava longe, em Roma, ele poderia usufruir de uma vida totalmente livre morando entre uma cidade e outra, mas como ele sentia que tinha algum tipo de vínculo com seu senhor — especialmente porque lhe causara danos — ele seguiu o conselho de Paulo para retornar à sua antiga posição.

Ele voltará, levando uma carta de desculpas ou apresentação ao seu senhor, porque sabe que tem o dever de reparar o mal que fizera. Muito me alegra quando vejo pessoas que agora professam ser convertidas resolvidas a fazer restituições por danos causados anteriormente. Se eles pegaram dinheiro indevidamente, eles devem devolver esse dinheiro; seria bom se devolvessem multiplicado por sete. Se de alguma forma roubamos ou prejudicamos outra pessoa, acredito que os primeiros instintos da graça no coração sugerem que compensemos por todos os meios que estejam ao nosso alcance. Não pense que tudo foi superado dizendo: "Deus me perdoou e, portanto, posso deixar isso para trás". Não, caro amigo. Já que Deus o perdoou, tente consertar os erros e prove a sinceridade de seu arrependimento em tudo isso. É assim que Onésimo retorna a Filemom para cumprir seus anos de trabalho com ele, ou qualquer compensação que este indicasse, pois embora ele tivesse preferido ficar e servir a Paulo, sua primeira responsabilidade era para com o homem a quem ele havia lesado. Isso manifestou um espírito gentil, humilde, honesto e justo. Que Onésimo fosse elogiado por isso, ou melhor: em vez disso, que a graça de Deus seja exaltada por tudo isso! Veja a grande diferença entre o homem que saiu roubando e esse que agora retorna para ser útil ao seu senhor.

Que maravilhas a graça de Deus efetuou! Irmãos, permitam-me acrescentar: Que maravilhas a graça de Deus pode fazer! No mundo, muitos planos são implementados para a restauração dos ímpios e recuperação dos caídos. A cada um destes planos, desde que sejam bem fundamentados, desejamos sucesso; pois tudo que é puro e bom, tudo que é de bom nome, desejamos a bênção de Deus. Mas preste atenção: a verdadeira restauração do alcoólatra acontece apenas quando o coração dele é transformado; a verdadeira reintegração das prostitutas encontra-se em uma natureza renovada. A pureza nunca chegará às mulheres decaídas por meio dessas repulsivas leis de Regulamentação de Doenças Contagiosas[153], que em minha opinião carregam uma maldição em suas testas como Caim. A situação de tais mulheres afundará ainda mais sob essas leis. A mulher que se prostitui precisa ser lavada no sangue do Salvador; caso contrário, ela nunca será capaz de se purificar. As camadas inferiores de nossa sociedade nunca chegarão à luz da virtude, sobriedade e pureza, exceto por Jesus Cristo e Seu evangelho; e devemos insistir neste aspecto. Que os outros façam o que quiserem, mas que Deus nos livre de nos gloriarmos de algo "senão na cruz de nosso Senhor Jesus Cristo" (Gl 6:14). Vejo que certos irmãos estão brincando nos galhos da árvore do vício,

---

[153] O *Contageous Diseases Act* (Lei de Doenças Contagiosas) foi um dispositivo legal britânico que perdurou entre os anos de 1864 e 1886. Garantia às forças policiais o direito de examinar invasivamente mulheres suspeitas de prostituição, o que poderia levar ao seu internamento compulsório, caso sofressem de alguma doença venérea, ou à prisão e trabalhos forçados, caso se recusassem a tal exame.

tentando cortar só os galhos com a serra; mas o evangelho coloca o machado na raiz de toda floresta da maldade e, se for bem recebido no coração, derruba todas aquelas árvores espinhosas de uma vez, plantando em seu lugar pinheiros, carvalhos e sebes para embelezar a casa da glória de nosso Senhor. Por vermos o que o Espírito de Deus pode fazer pelo ser humano, propaguemos a graça de Deus e a exaltemos com todas as nossas forças.

2. Segundo, vemos tanto em nosso texto, como no seu contexto, *um exemplo* **muito interessante** *de pecado anulado.*

Onésimo não tinha direito de roubar seu senhor e fugir; mas Deus agradou-se em usar este crime para efetuar a conversão desse escravo. Isso o levou para Roma, e por consequência, o direcionou para onde Paulo estava pregando, conduzindo-o a Cristo e à recuperação de sua sanidade. Agora, quando falamos sobre isso, devemos ser cautelosos. Quando Paulo diz: "Pois acredito que ele veio a ser afastado de ti temporariamente, a fim de que o recebas para sempre" (Fm 1:15), ele não está justificando a atitude de fuga de Onésimo. Ele não está dizendo que foi correto o que Onésimo fez; de maneira nenhuma. Pecado é pecado, independentemente das consequências que possa causar, o pecado segue sendo pecado. A crucificação de nosso Salvador trouxe as bênçãos maiores sobre a humanidade, mas Jesus foi aprisionado e crucificado "...por mãos de iníquos" (At 2:23). Vender José para o mercado de escravos no Egito foi o meio usado pelas mãos de Deus para a preservação de Jacó e seus filhos em tempos de fome; mas seus irmãos não tiveram nada a ver com isso e ainda eram culpados de vender José como escravo[154].

Sempre devemos nos lembrar que a boa ou má intenção de um ato não depende do resultado desse ato. Por exemplo, se um homem tem a responsabilidade de mover a alavanca para mudar os trilhos do trem e se esquece de fazê-lo, seria considerado um grande crime se o trem batesse e uma dezena de pessoas morresse. Sim, mas igualmente, ainda seria um crime se ninguém tivesse morrido. O que merece castigo não é o resultado do descuido, mas o próprio descuido. Se o dever daquele homem fosse mover a alavanca de certa maneira e, por algum inusitado acaso, sua omissão em fazê-lo fizesse que vidas fossem salvas, o homem seria igualmente culpado por não ter cumprido seu dever. Ele não deve receber crédito, pois se seu dever está em certa atitude, sua culpa também estará em um determinado comportamento, isto é, na negligência de seu dever. Se Deus anula o pecado e produz algo bom, como às vezes Ele o faz, as más ações ainda continuam sendo pecaminosas. É pecado como sempre foi, só que agora devemos dar muito mais glória à maravilhosa sabedoria e graça de Deus, que do mal tira algum bem, e que realiza o que somente a sabedoria onipotente pode fazer. Dessa forma, Onésimo não tem desculpa por ter roubado os bens de seu senhor ou por tê-lo abandonado injustamente; ele é um transgressor, mas a graça de Deus é glorificada.

Também devemos nos lembrar e destacar que, quando Onésimo abandonou seu senhor, estava tomando uma atitude cujos resultados, muito provavelmente, teriam sido

---

[154] Conforme Gênesis 37, 41 e 42.

desastrosos para ele. Ele vivia como dependente de confiança debaixo do teto de seu bom senhor, Filemom, que tinha uma igreja em sua casa. Se estou lendo bem a epístola, tanto seu senhor como sua senhora eram devotos, e Onésimo constantemente tinha a oportunidade de aprender o evangelho a cada momento; mas aparentemente este jovem autoconfiante e imprudente não pode aguentar isso, antes, estaria contente em viver com um senhor pagão que, em um dia bateria nele e no outro o deixaria bêbado. Ele não conseguiu tolerar seu senhor cristão, sendo assim fugiu. Desperdiçou a oportunidade da salvação e foi para Roma; seguramente para as partes mais sórdidas da cidade, para juntar-se, como já mencionei, com as companhias mais indecentes.

Se ele tivesse participado das insurreições de escravos que ocorriam com frequência naquela época, como certamente teria feito se não fosse pela previsão da graça, ele seria condenado à morte como tantos outros. Ele teria tido uma estadia muito curta em Roma, pois a regra para processar um escravo ou um vagabundo era simples: se houver qualquer suspeita, corte sua cabeça. Onésimo era precisamente o tipo de pessoa que se encontrava em enorme perigo de morte e de destruição eterna. Por assim dizer, com o que ele fez, ele estava colocando sua cabeça nas mandíbulas do leão. Quando um jovem repentinamente sai de casa e chega a Londres, já sabemos no que isso implica. Quando seus amigos não sabem onde ele está, e ele não quer que saibam, logo deduzimos onde ele está e o que está fazendo. Não temos informações sobre o que Onésimo estava fazendo, mas certamente ele estava se esforçando muito para arruinar a si mesmo. Sua conduta, portanto, deve ser julgada, se pensarmos apenas em Onésimo em si, pelo que ela tendia a trazer sobre ele; se as coisas não ocorreram segundo essa tendência, isto não era mérito dele próprio, mas toda a honra deve ser dada ao poder de Deus para anular o pecado.

Amados irmãos, podemos ver como Deus tinha o controle de tudo. Assim o Senhor providenciou. Ninguém além de Paulo seria capaz de tocar o coração de Onésimo. Esse escravo morava em Colossos; Paulo não podia ir para lá, pois estava preso, então, foi necessário que Onésimo fosse até Paulo. Suponhamos que a bondade do coração de Filemom o tivesse levado a dizer a Onésimo: "Quero que você vá à Roma, encontre Paulo e escute-o". Esse desonesto escravo teria dito: "Eu não vou arriscar minha vida para escutar um sermão. Se tenho que levar dinheiro ou uma carta para Paulo, eu vou entregar-lhe, mas não quero nada com sua pregação". Às vezes, quando alguém é convidado a ouvir um pregador com o objetivo de alcançar sua conversão, e ele desconfia de que este é o objetivo de quem o convidou, é muito provável que tal conversão será a última coisa que acontecerá, pois ele chega decidido a ser à prova de fogo, e a pregação não o afetará. Provavelmente isso teria acontecido com Onésimo. Não! Ele não seria ganho dessa maneira; ele deveria ir à Roma, mas de outra maneira. E como poderia ser? Bem, o diabo o fará, sem saber que, ao fazer isso, perderá desse modo um de seus servos. O diabo tentou Onésimo a roubar, Onésimo caiu, e ao fazê-lo sentiu medo de ser descoberto, então fugiu em direção à Roma tão rápido quanto possível e camuflou-se nas favelas, onde sentiu o mesmo que o filho pródigo — um estômago faminto. Para alguns, este é o melhor pregador do mundo: a fome desperta a consciência. Muito faminto e sem saber o que fazer, sem que alguém lhe desse algo, perguntou a si mesmo se havia em Roma alguém que pudesse se apiedar dele. Mas ele não conhecia ninguém ali e poderia chegar a morrer de fome. Talvez, em certa manhã uma mulher cristã estivesse passando — e eu não ficaria surpreso — rumo ao lugar onde Paulo pregava e, vendo este pobre homem sentado curvado nas escadas de um templo, se aproximasse dele e lhe falasse sobre sua alma.

—Alma? — E ele respondesse:

—Eu não me importo com a alma, mas meu corpo agradeceria se me desse algo para comer, estou morrendo de fome.

—Venha comigo, — diria a mulher. Ela lhe daria pão e declararia:

—Eu faço isso em nome de Jesus! — E ele respondesse:

—Jesus Cristo? Já ouvi falar dele. Escutei algo sobre Ele lá em Colossos. — E a mulher então perguntaria:

—Quem lhe contou sobre Ele?

—Um homem de baixa estatura e de olhos opacos, um grande pregador chamado Paulo, que costumava vir a casa de meu senhor.

—Ora, estou indo para o lugar onde ele vai pregar, — disse-lhe a mulher —quer vir comigo para ouvi-lo?

—Claro que sim, eu gostaria de escutá-lo outra vez. Ele sempre tinha uma palavra gentil para os necessitados. — Então ele entra e abre caminho entre os soldados, e o Senhor de Paulo o instrui a dizer as palavras certas.

Poderia ter sido assim, ou poderia ter ocorrido de outra forma; pode ser que ao não conhecer ninguém mais, ele pensasse: "Bem, há aquele homem chamado Paulo. Pelo que sei ele está aqui como prisioneiro, vou ver em que prisão ele está". Ele vai ao pretório e lá o encontra, conta-lhe sobre sua extrema pobreza e Paulo conversa com ele. Então Onésimo confessa o mal que havia feito e Paulo, depois de ensiná-lo um pouco, lhe diz: "Agora, você tem que regressar e se reconciliar com o seu senhor já que causou mal a ele".

Poderia ter sido de qualquer maneira, mas o Senhor providenciou para Onésimo estar em Roma e ouvir Paulo, e o pecado de Onésimo, que foi totalmente proposital de sua parte, e, portanto, dissociado da ação de Deus, é então anulado e superado por uma misteriosa providência para levá-lo onde o evangelho possa abençoar sua alma.

Agora, quero me dirigir a alguns de meus irmãos cristãos sobre esse assunto. Você tem um filho que foi embora de casa? Ele é um jovem obstinado e cheio de manias, que partiu porque não podia tolerar as restrições de uma família cristã? É triste que seja assim, muito triste, mas não desanime, sequer pense em se desesperar por isso. Você não sabe onde ele está, mas Deus sabe; você não pode segui-lo, mas o Espírito Santo de Deus pode. Ele foi para Xangai? Ah, lá pode ter um Paulo que será o meio para a salvação dele, e como este Paulo não está aqui, é necessário que seu filho vá até ele. Ele está indo para Austrália? Lá pode ter uma palavra pronunciada com a bênção de Deus para seu filho, e é a palavra certeira que o alcançará. Eu não posso pregá-la a ele daqui, ninguém em Londres pode; mas o pregador que está lá, este sim pode e assim Deus permite que seu filho vá até lá com todas suas manias e necessidades, para que possa chegar aos meios da graça, que será efetiva para a salvação dele. Muitos jovens marinheiros foram imprudentes, inconscientes, ímpios e distantes de Cristo, e acabaram por parar em um hospital no estrangeiro. Ah, se a mãe deles soubesse que o filho caiu doente de febre amarela, quão preocupada ela ficaria, porque pensaria que seu querido filho morreria lá em Havana ou em outro lugar, e nunca voltaria para casa. Contudo é justamente em tal hospital que Deus queria o encontrar. Um marinheiro me escreveu algo parecido. Ele contou: "Minha mãe me pediu para ler um capítulo por dia, mas eu nunca li. Fui internado em um hospital em Havana e estando ali, havia perto da minha cama um enfermo que estava agonizando, e numa noite ele morreu; mas antes de morrer, ele me disse: "Amigo, você pode vir aqui? Eu quero falar com você. Tenho algo aqui muito valioso para mim. Eu era um jovem muito cruel, mas a leitura daquele pacote de sermões me levou ao Salvador, e estou morrendo na boa esperança da graça. Agora, quando eu morrer, você quer pegar esses sermões e lê-los, para que Deus o abençoe por meio deles? E você poderia escrever uma carta ao homem que os pregou e imprimiu, para dizer a ele que Deus usou seus sermões para minha conversão? Espero que aconteça o mesmo com você". Era um pacote com sermões meus, e Deus os usou para salvar este jovem, que, sem dúvida, chegou àquele hospital porque um homem que conhecera a Cristo entregaria as palavras com que Deus o havia abençoado, e elas também abençoariam o seu amigo.

Você não sabe, prezada mãe, você não sabe. A pior coisa que pode acontecer com um jovem, muitas vezes é a melhor que poderia ter acontecido. Às vezes fico pensando ao ver jovens abastados e de boa posição que ficam aficionados com suas apostas no turfe e todo tipo desperdício: "Bem, é terrivelmente ruim, mas assim que o dinheiro acabar, e vai acabar logo, e eles tiverem que andar pedindo dinheiro, serão como o jovem da parábola que deixou seu pai". Quando ele desperdiçou tudo, e uma terrível escassez e fome atingiu toda a região, ele começou a sentir necessidade, assim ele declarou: "Levantar-me-ei, e irei ter com o meu pai..." (Lc 15:18). Talvez a doença que sempre vem acompanhada com o vício, talvez a pobreza que sempre vem como homem armado seguindo de perto a extravagância e a libertinagem, sejam somente outra forma do amor enviado para fazer que o pecador se volte para si mesmo, considere seus caminhos e busque o Deus eternamente misericordioso. Vocês, cristãos, quando veem as crianças de rua, os pobres andarilhos nas ruas, sintam compaixão por eles. Aqui há uma estimada irmã, a senhorita Annie Macpherson[155], que vive somente para eles. Que Deus a abençoe e seu trabalho! Ao vê-los, não podemos nos alegrar em sua condição, mas sempre pensei que a pobreza e a fome de uma daquelas pobres crianças têm voz mais potente para a maioria dos corações do que o vício e a ignorância; e Deus sabia que não estávamos prontos nem éramos capazes de ouvir o grito do pecado da criança, então Ele adiciona a fome da criança para que isso possa penetrar em nosso coração. As pessoas podem viver no pecado, e serem aparentemente felizes, se são ricas e tiverem tudo; e se o pecado não tem empobrecido aos pais e se não deixou eles na miséria e nem a seus filhos, então, é possível que não vejamos tal pecado, e por isso não sentimos a disposição de lutar contra ele. No caso de algumas doenças,

---

[155] Annie Parlane Macpherson (1833–1904), evangélica e filantropa escocesa que, chocada pela pobreza no East End de Londres, abriu em 1869 o Lar para Crianças a fim de abrigar crianças pobres e órfãs. No local, as crianças, além de serem abrigadas, podiam ser alimentadas, educadas e treinadas. Com a crescente demanda, sua organização se expandiu e viabilizou o envio de crianças para lares no Canadá e outras colônias britânicas da época.

é uma bênção quando o sintoma se manifesta na pele do paciente. É horrível ver a pele daquela forma, mas é melhor do que esconder a doença dentro; e muitas vezes o pecado exterior e a miséria exterior são uma espécie de exposição da doença, de modo que o olho de quem sabe onde está o remédio, o leva a fazer algo para curá-lo, e assim a doença secreta da alma recebe o tratamento apropriado. Onésimo poderia ter ficado na casa em Colossos e jamais ter sido um ladrão, mas ele teria se perdido na miséria da autojustificação. Mas agora seu pecado é visível. O patife manifestou a depravação de seu coração, e agora que se encontra sob o olhar e a oração de Paulo, ele experimenta a conversão.

Eu imploro que vocês nunca se desesperem diante de um homem, uma mulher ou uma criança por seu pecado estar evidente e poder ser visto na superfície de seu caráter. Em vez disso, diga a você mesmo: "Este pecado está ali para que eu possa vê-lo, para que eu possa orar a respeito. Foi colocado à minha vista para que eu pudesse cuidar de trazer essa pobre alma a Jesus Cristo, o poderoso Salvador, que pode salvar até o pecador mais desamparado". Olhe para essa situação à luz da diligente e sincera benevolência, e levante-se para vencê-la. Nosso dever é ter esperança e continuar orando. Quem sabe foi por isso "que ele veio a ser afastado de ti temporariamente, a fim de que o recebas para sempre". Talvez o rapaz fosse tão obstinado que seu pecado o levou a uma crise, e isso lhe concedeu um novo coração. Talvez a maldade de sua filha se desenvolveu para que o Senhor possa convencê-la de seu pecado e trazê-la aos pés do Salvador. De todas as formas, mesmo se for um caso muito ruim, espere em Deus e continue orando.

3. Reiterando: nosso texto pode ser visto *como um exemplo de relações melhoradas* — "Pois acredito que ele veio a ser afastado de ti temporariamente, a fim de que o recebas para sempre, não como escravo; antes, muito acima de escravo, como irmão caríssimo, especialmente de mim e, com maior razão, de ti".

Você sabe que leva muito tempo para aprendermos grandes verdades. Talvez Filemom ainda não houvesse percebido que ele estava agindo errado em ter escravos. Na história existe exemplos de homens muito bons que não sabiam desta verdade. Durante muito tempo, John Newton não sabia que estava cometendo um grave erro no comércio de escravos, e George Whitefield, quando deixou os escravos que herdou no orfanato em Savannah, não pensou nem por um momento que estava fazendo mais do que se estivesse negociando com cavalos ou com prata e ouro. O sentimento público ainda não era iluminado, embora o evangelho sempre tenha atingido a própria raiz da escravidão. A essência do evangelho é que devemos fazer aos outros o que gostaríamos que os outros fizessem a nós[156], e ninguém gostaria de ser escravo de alguém, e, portanto, ninguém tem direito algum de ter outro ser humano como seu escravo. Talvez, quando Onésimo escapou e voltou, a carta de Paulo pode ter aberto os olhos de Filemom sobre sua própria postura. Sem dúvida ele poderia

---

[156] Referência ao conhecido princípio, *Regra de Ouro*, que tem como base a afirmação de Jesus em Mateus 7:12 — "Tudo quanto, pois, quereis que os homens vos façam, assim fazei-o vós também a eles; porque esta é a Lei e os Profetas". Entenda que a Regra de Ouro bíblica não é "ética de reciprocidade", mas sim um mandamento ativo quanto amar o próximo, mesmo que este seja um inimigo (Mt 5:43-48).

ter sido um excelente senhor e poderia ter confiado em seu servo, sem tratá-lo como um escravo; mas talvez ele não o considerasse como um irmão. E agora que Onésimo voltou, ele será um servo melhor e Filemom será um senhor melhor, mas ele não terá mais escravos. Agora ele vai considerar seu ex-escravo como um irmão em Cristo.

É isso que a graça de Deus faz quando alcança uma família. Ela não altera as relações: não dá ao filho o direito de ser impertinente e grosseiro, nem de esquecer que deve ser obediente a seus pais; não dá ao pai o direito de controlar seus filhos sem sabedoria e amor, porque nos é dito que não devemos provocar a ira de nossos filhos para que eles não desanimem[157]; não dá ao servo o direito de ser o senhor, nem tira do senhor sua posição ou permite que ele exagere em sua autoridade; mas, em todos os relacionamentos, a graça adiciona o elemento de suavidade e doçura. Rowland Hill[158] dizia que não daria nem meio centavo pela piedade de um homem se depois de sua conversão seu cachorro ou gato não melhorassem de qualidade de vida. Essas palavras têm muito peso. Tudo vai melhor em sua casa quando as rodas estão bem lubrificadas pela graça. A dona da casa talvez fosse um pouco rude, difícil e irritável; no entanto, quando ela recebe a graça de Deus, a graça acrescenta um pouco de doçura à sua natureza. Talvez a empregada fosse propensa à preguiça, levantando-se tarde pela manhã, muito desleixada, e deleitando-se em fofocar junto a porta; mas, se ela

---

[157] Conforme Colossenses 3:21.
[158] Rowland Hill (1795–1879), administrador e educador britânico, criador do sistema de postagem de um centavo, aprovado por lei em 1840. Ele é conhecido principalmente por instigar a reforma do serviço postal na Inglaterra ocorrida em 1860. O sistema de correios implantado foi posteriormente adotado em todo o mundo.

for verdadeiramente convertida, todo esse tipo de coisa desaparece. Ela se torna consciente e cumpre suas tarefas como deveria. O chefe da família — bem, você já sabe que ele é o senhor, mas quando ele é de fato um verdadeiro cristão, há bondade, gentileza e consideração nele. O marido é o cabeça da esposa, mas sendo transformado pela graça, ele não é opressivo com sua esposa, como alguns o são. A esposa também faz sua parte e com toda gentileza e sabedoria, procura que seu lar seja o mais agradável possível. Caro amigo, não acredito em sua religião se ela diz respeito apenas ao templo e à reunião de oração, e não ao seu lar. A melhor religião de todas é aquela que sorri à mesa, que é diligente no trabalho com a máquina de costura e que é amigável na sala de estar. Prefiro a religião que sabe lustrar as botas, e que o faz com excelência; que prepara a comida e seus pratos apetitosos; que mede o comprimento do tecido na loja e não tira nem um centímetro, que vende 100 metros de um artigo e não etiqueta 90 como se fossem 100, como muitos comerciantes fazem. Este é o verdadeiro cristianismo, que toca todas as áreas da vida.

Se realmente somos cristãos, seremos transformados em todas as nossas relações com nossos semelhantes. Por isso, devemos considerar de forma muito diferente àqueles que supostamente são inferiores a nós. Não é certo que os cristãos sejam tão intolerantes com as pequenas faltas de seus funcionários, especialmente se estes forem cristãos. Esta não é maneira de corrigi-los. Eles veem um pequeno erro e imediatamente caem sobre as pobres moças, como se elas tivessem matado alguém. Se o seu Senhor, que é o mesmo que o meu, tratasse-o assim, eu me pergunto onde você estaria? Quão levianamente alguns despedem suas empregadas domésticas por pequenos erros.

Eles não dão ouvidos a explicações, não dão uma segunda chance: simplesmente as dispensam. Muitos rapazes foram demitidos por seus empregadores cristãos por motivos banais, quando deveriam saber que esses jovens estavam expostos a todos os tipos de riscos; muitas empregadas domésticas foram jogadas nas ruas como cães, sem que tomassem providências para ajudá-las a encontrar outro trabalho e sem fazerem nada para impedi-las de se perderem. Pensemos nos outros, especialmente aqueles a quem Cristo ama como nós. Filemom poderia ter dito: "Não, não. Não quero que você volte, caro Onésimo. Você sabe, gato escaldado tem medo de água fria e árvore que nasce torta, morre torta. Você roubou meu dinheiro; não vou recebê-lo em casa novamente". Já ouvi esse tipo de expressão, e você? Você já se sentiu assim? Se a sua resposta for sim, vá para casa e peça a Deus para tirar esse sentimento da sua vida, pois é algo ruim para se ter na alma. Você não pode levar tal coisa para o Céu. Se o Senhor Jesus Cristo o perdoou tão livremente, você vai segurar seu servo pelo pescoço, dizendo: "...Paga-me o que me deves" (Mt 18:28)? Que Deus não permita que continuemos tendo tal comportamento. Tenha compaixão, sempre esteja disposto a compreender e perdoar. É muito melhor sofrer um mal do que causar o mal; é muito melhor ignorar um erro que você pode ter notado do que observar um erro que deveria ser esquecido.

Que haja amor em tudo que você fizer,
E bondade nas palavras,[159]

---

[159] Tradução livre de versos do hino *Against Quarreling and Fighting*, de Isaac Watts (1674–1748).

Assim diz o pequeno hino que nos ensinavam quando éramos crianças. Logo, devemos colocar isso em prática agora mesmo e —

Viva como o bendito Filho da virgem,
Aquela criança mansa e humilde.[160]

Que Deus nos conceda isso em Sua graça infinita.

Para terminar, quero acrescentar um último comentário. Se a misteriosa providência de Deus se manifestou em Onésimo chegar a Roma, eu me pergunto se também não há uma providência de Deus para que alguns de vocês estejam aqui nesta noite! É possível. Essas coisas acontecem. Aqui vêm pessoas que nunca tiveram a intenção de comparecer. A última coisa no mundo em que acreditariam seria em alguém lhes dizendo que eles viriam para cá, mas aqui estão eles. Enfrentaram todas as circunstâncias e complicações e, de alguma forma, chegaram até aqui. Talvez você tenha perdido o trem e entrado aqui para esperar o próximo. Talvez seu barco não esteja partindo tão cedo quanto você esperava e por isso veio até aqui. É por isso que você está aqui esta noite? Portanto, imploro que você considere estas questões em seu coração: "Será que Deus quer me abençoar? Será que Ele me trouxe propositalmente aqui esta noite para entregar meu coração a Cristo como Onésimo fez?". Caro amigo, se você crer no Senhor Jesus Cristo, você terá o perdão imediato de todos os seus pecados e será salvo. O Senhor o trouxe aqui, em Sua infinita sabedoria, para você ouvir isso. Espero que

---

[160] Idem.

Ele também o tenha trazido aqui para aceitar isso, e que você prossiga seu caminho totalmente transformado.

Há cerca de três anos, eu estava conversando com um pastor idoso e ele começou a procurar algo no bolso do colete, mas demorou muito para encontrar o que queria. Por fim, ele tirou uma carta, quase rasgada em pedaços, e disse: "Que o Deus Todo-Poderoso o abençoe! Que o Deus Todo-Poderoso o abençoe!". Então, perguntei s ele: "Amigo, do que se trata?". Ele respondeu: "Eu tinha um filho e eu pensava que ele seria minha ajuda na minha velhice, mas ele desviou-se e também se afastou de mim. Eu não sabia para onde ele tinha ido, pois ele apenas me disse que estava indo para os Estados Unidos. Comprou uma passagem de barco para seu destino de onde sairia do cais de Londres, mas não partiu no dia exato que havia planejado".

Este pastor idoso me fez ler a carta, e eu a li; e a carta dizia algo assim: "Pai, estou aqui nos Estados Unidos. Encontrei uma oportunidade e Deus me fez prosperar. Estou escrevendo para pedir o seu perdão pelos muitos danos que lhe causei e pela dor que o fiz sentir, porque — bendito seja Deus! — encontrei o Salvador. Sou membro de uma igreja aqui, e espero passar minha vida inteira servindo a Deus. Foi assim que aconteceu: não viajei no dia em que planejei. Fui ao Tabernáculo para ver aquele lugar, e lá Deus me encontrou. O pastor Spurgeon disse o seguinte: "Talvez aqui esteja um filho perdido. O Senhor o chama pela Sua graça". E assim foi, Ele me chamou". Esse pastor dobrou a carta, e a guardou em seu bolso e me disse: "Agora este meu filho já morreu e está no Céu, e eu o amo, meu irmão, e vou amá-lo enquanto eu viver, porque você foi o instrumento para trazê-lo a

Cristo". Há alguém assim aqui nesta noite? Estou convencido de que há alguém na mesma condição; e em nome de Deus eu rogo-lhe que ouça a advertência que comunico deste púlpito. Não saia deste lugar como você entrou. Ó, jovem, o Senhor em Sua misericórdia lhe dá outra oportunidade de você se arrepender do erro de seus caminhos, eu suplico hoje e aqui — assim como você está — que você eleve seu olhar ao Céu e diga: "...Ó Deus, sê propício a mim, pecador" (Lc 18:13), e Deus o escutará. Em seguida volte à casa de seu pai e diga a ele o que a graça de Deus fez por você, e maravilhe-se no amor que o trouxe aqui para levá-lo a Cristo.

Caro amigo, mesmo que não haja uma explicação misteriosa, aqui estamos. Estamos onde se prega o evangelho, e isso nos traz uma responsabilidade. Se alguém se perde, é preferível que se perca sem ter ouvido o evangelho, do que se perder como alguns de vocês que perecem ao som de uma proclamação tão clara e sincera do evangelho de Jesus Cristo. Quanto tempo alguns de vocês ficarão divididos entre duas opiniões? Parece que Cristo nos diz: "...há tanto tempo estou convosco, e não me tens conhecido?..." (Jo 14:9). Todo esse ensino, pregação, convite e ainda continuam sem se arrepender?

> *Ó Deus, Tu que convences o pecador, convence-o de que ele está perdido. Que ele não demore mais, que não fique protelando para que não venha a se arrepender de tal escolha fatal, quando já for tarde demais.*

Que Deus o abençoe, em Cristo Jesus. Amém.

ÍNDICE DE VERSÍCULOS-CHAVE

- Mateus 9:9 — *Mateus: um homem chamado Mateus*
- Marcos 15:21 — *Simão de Cirene: vindo do campo e forçado a servir*
- Marcos 15:43-46 — *José de Arimateia*
- Lucas 2:29-30 — *Simeão:* Nunc dimittis
- Lucas 3:16 — *João Batista: o desatar das correias de Suas sandálias*
- Lucas 19:5 — *Zaqueu: Jesus precisa?*
- Lucas 23:40-42 — *Dimas: o ladrão moribundo sob uma nova perspectiva*
- João 1:42 — *André: utilidade do dia a dia*
- João 1:45-51 — *Natanael: debaixo da figueira*
- João 20:28 — *Tomé: "Senhor meu e Deus meu!"*
- João 21:20 — *João: o discípulo a quem Jesus amava*
- Atos 7:59-60 — *Estêvão: sua morte*
- 1 Timóteo 1:16 — *Paulo: um modelo de conversão*
- Filemom 1:15 — *Onésimo: a história de um escravo fugitivo*